JN109828

慶應義塾保険学会叢書

企業のリスクマネジメントと保険

日本企業を取り巻く環境変化とERM・保険戦略

柳瀬典由 編著

慶應義塾大学出版会

慶應義塾保険学会叢書刊行の辞

　慶應義塾と保険事業は，歴史的に深い関わりをもっている。近代的保険は，塾祖福澤諭吉の著書『西洋旅案内』（1867）の中で初めて日本に紹介されたが，福澤諭吉は，その後も多くの著作活動の中で，国家経済の発展と国民生活の安定を図る上で，保険が重要な役割を担うべきであることを強く説いている。爾来，小泉信吉，荘田平五郎，阿部泰蔵，早矢仕有的ら，福澤精神を受け継いだ多くの門下生が，保険会社の設立に賛同参画し，その後の保険事業の礎を築く上で大きな役割を果たした。

　こうした中で，慶應義塾保険学会は，戦後復興期に保険事業が立ち直りの兆しを見せかけた1952（昭和27）年７月２日に，園乾治教授（当時）を中心に設立された，他には類例のない学会組織である。設立趣意書には，「我等有志相図り，慶應義塾保険学会を設立する所以は内外の時勢に鑑み，保険業界並に学会にある塾員塾生相結び，提携を緊密にし，学理の研究を深作し，実務の向上進歩を図り，微力を傾注して先人の偉業を継ぎ，義塾の斯界における伝統に光輝を副えんとするものである」とあり，保険業の復興発展に対して並々ならぬ熱意を注いだことが窺える。

　そして，慶應義塾卒業生を中心とした有志が，産学協同の理念の下，学理と実務の相互発展を目指した。その後，理事長が庭田範秋教授（現名誉教授）に引き継がれると，活動範囲は一層拡大し，その成果は高い社会的評価を受けつつ，今日に至っている。会員の多くは，塾員で構成されているが，塾外の参加者もこのところ次第に増えてきている。現在，年５回の講演会・研究会ならびに年１回の機関誌『保険研究』の発行を行っており，地味ではあるが着実な活動を続けている。

　このたび創刊される慶應義塾保険学会叢書は，上述のような学会設立以来の理念を尊重しながら，多様かつ複雑な様相を呈している保険現象について理論的・実証的研究を行うことで，その成果を広く世に問うことを目的に刊行している。今後も，学会叢書の刊行を通じて，現代保険が直面する問題の本質を解明しながら，保険の健全な発展に向けて積極的に政策提言を行うつもりである。

　　2006年３月20日

　　　　　　　　　　　慶應義塾保険学会理事長　堀田　一吉

はしがき

本書の問題意識・意義

　バブル崩壊の 1990 年代初頭から現在までの日本経済の長期的な低迷は，しばしば，「失われた 30 年」といわれる。その間，かつて 1 位だった世界競争力ランキング（IMD）は，2023 年には 35 位にまで低下している。自由な市場経済においては，企業はリスクをとらなければ利潤を得ることはできない。つまるところ，利潤の源泉はリスクテイクに求められる。したがって，日本企業の価値を高めるためには，「アクセル」としての適切なリスクテイクが必要であり，そのことが日本経済の復活の必要条件でもある。

　他方で，リスクへの取組み方次第では，企業の存続そのものを揺るがすほどの深刻な事態も懸念される。ここに，「ブレーキ」の役割としてのリスクマネジメントの必要性が生じる。企業のリスクマネジメントは，リスクを適切に管理することによってリスクコストを小さくし，企業価値を高めることを目的とする意思決定のプロセスである。「ブレーキ」としてのリスクマネジメントが機能しているからこそ，企業は安心してリスクテイクに従事することができる。いうならば，「アクセル」と「ブレーキ」のバランスを上手くとることは，企業の持続的なリスクテイク，そして日本経済の復活のための十分条件でもある。

　近年，日本企業のリスクマネジメントへの関心は大きく高まりつつある。その背景として，グローバル化や競争の激化，自然災害の多発など，日本企業を取り巻く環境が大きく変化していることが考えられる。その一方で，戦前は財閥，戦後はメインバンクや安定株主を中核とする強力な企業系列や株式持ち合いによって，組織的な取引関係が形成されてきた。そして，グルー

プ内の企業が「互いに助け合う」ことによって，グループ全体としての長期安定的な成長を可能にしたといわれる。いいかえれば，戦後の日本経済には，自由な市場経済という観点からはやや特殊ともいえる独自の制度や商慣行が存在し，それは，個々の企業が直面するさまざまなリスクを軽減するための「暗黙のセーフティネット」として重要な役割を果たしてきたのかもしれない。いうまでもなく，このような経営環境下では，個々の企業のリスク対応は「受け身」なものとならざるを得ず，企業の保険購買の意思決定に関しても，保険業界との長期安定的な関係を重視することが合理的な判断であった可能性さえある。

　しかしながら，近年の日本企業を取り巻く環境変化，特に，従来のメインバンクや安定株主などの存在感が低下し，外国人投資家や機関投資家の発言力が大きく増すなか，「暗黙のセーフティネット」の機能が低下しつつある。「暗黙のセーフティネット」に頼ることができない時代に入ったからには，日本企業には，より主体的・能動的なリスク対応，すなわち，全社的リスクマネジメント（Enterprise Risk Management: ERM）とその一環としての保険戦略の策定が強く求められることになる。

本書の構成

　本書は，ERM と保険戦略の理論と実務に関する研究者と実務者との共同研究の成果であり，全体で 3 つの部から構成される。

　第 1 部「企業リスクマネジメントの理論と実際」では，日本企業を取り巻く環境変化についての現状認識を整理したうえで，日本企業の ERM と保険戦略のあり方について考える。いわば，本書の総論的な位置づけである。第 1 章「企業リスクマネジメントと損害保険——歴史を踏まえた課題と将来展望（柳瀬典由・山﨑尚志）」では，なぜ，企業保険が全社的意思決定としてのリスクマネジメント戦略の一環として明確に位置づけられる必要性があるのかという問題を議論する。加えて，明治以来の企業保険の歴史的変遷を整理することを通じて，わが国の損害保険業のルーツでもある企業保険への回帰の意義と課題についても提起する。第 1 章の問題提起を受けて，第 2 章「リスクマネジメントと企業価値——企業の保険需要を中心に（柳瀬典由・山﨑

尚志)」では，保険購買（保険需要）を含むリスクマネジメントの意思決定が企業価値を高める理由について，コーポレートファイナンスの観点から理論的に整理する。そのうえで，理論と実際のギャップを把握すべく，企業の保険購買管理を担当するリスクマネジャーを対象とした最近の調査結果を紹介する。

　第1章と第2章では主に，損害保険の需要者（ユーザー）である企業と供給者である損害保険業について焦点をあてているが，両者をつなぐ役割にある保険仲介者の視点も重要である。そこで，第3章「日本企業に見られる保険リスクマネジメントの課題──保険ブローカー（仲立人）の視点から（平賀暁・上垣内真）」では，保険ブローカー（仲立人）の視点から，日本企業のリスクマネジメントの現状と課題，具体的には，保険プログラムの組成に至るマネジメント体制とそれを遂行するプロセスの改善すべきポイントについて考察する。第1章から第3章までは，暗黙の裡に大企業を念頭においた議論であるが，ERM と保険戦略に関する取組みは，中小企業にも適用可能である。大企業と比べて中小企業の取組みは遅れているが，中小企業がリスクマネジメントを軽視してよいということではない。そこで，第4章「中小企業のリスクファイナンスの動向（岡田太）」では，中小企業の特徴を整理したうえで，それが企業のリスクマネジメントにどのような影響を与えるかについて考察する。そのうえで，経営資源が不足している中小企業に対してどのような協力や支援を行うべきか，利害関係者の役割についても検討する。

　第1部が総論的な位置づけであるのに対し，第2部「企業リスクマネジメントの最前線」では，損害保険以外のリスクマネジメント手法の各論について議論する。具体的には，キャプティブとパラメトリック保険に関する最新動向を理論・実務の観点から考察する。第5章「ERM におけるキャプティブの新動向──キャプティブをめぐる経営者と株主の利害対立（石田成則）」では，キャプティブ創設の動機と誘因に関する学術研究を概観するとともに，米国のキャプティブに関する税控除や規制緩和，キャプティブ形態の多様化やソルベンシー問題等について考察する。また，日本におけるキャプティブ組成の意思決定プロセスについて，経営者・株主間の利害対立の視点から実

証的に検討し，キャプティブを組成する環境を整備するための望ましい政策を提言する。いうまでもなく，キャプティブは企業のリスクマネジメント手法として重要であるにもかかわらず，日本企業の利用は110社程度（全世界では約6,000社のキャプティブが存在）であり，その活用が一般的といわれる海外のグローバル企業と比べて限定的である。こうした背景をふまえ，第6章「なぜ海外のグローバル企業はキャプティブを活用するのか（隅山淳一）」では，保険会社のサービス価値の観点から，グローバル企業がキャプティブを活用する動機について検討する。

第5章と第6章で取り上げたキャプティブ以外にも，近年，注目を浴びつつあるのがパラメトリック保険である。これは，損害と因果関係のあるパラメーターが，契約時に設定された条件を満たした場合にあらかじめ定められた保険金が支払われる仕組みであり，保険金支払いを迅速にし，災害後に企業が必要とする流動性を補い，企業の資本構成への影響を軽減する効果をもたらすことが期待されている。そこで，第7章「パラメトリック保険がリスクファイナンスにもたらす新たな領域（服部和哉）」では，パラメトリック保険が従来のリスクファイナンスにもたらす新たな機能について考察するとともに，無形資産に対するパラメトリック保険の活用可能性や実損塡補型とパラメトリック保険の組合せによる効果等について検討する。

第1部と第2部に共通する目的は，ERMと保険戦略の展望・課題の全体像を明確にすることにある。しかしながら，個々の企業の具体的な取り組みからも学ぶべきことは多い。そこで，第3部「ケースに学ぶ企業リスクマネジメント」では，先進的なERM・保険戦略を採用している日本企業の事例を通じて，あらためて，その課題について考えたい[1]。第8章「三菱重工の保険リスクマネジメント改革（柳瀬典由）」では，2010年代中葉以降の三菱重工の保険リスクマネジメント改革について考察する。具体的には，ERM体制の構築に向けた経営トップの役割を確認したうえで，同社の2つの保険戦略（グローバル保険プログラムと地震保険プログラム）の内容と課題につ

---

[1] 柳瀬他（2024）は，より多くの日本企業の保険戦略の事例について，リスクマネジャーの視点から紹介している。

いて議論する。第9章「INPEX のリスクマネジメント（浅井義裕・石井昌宏）」では，特にリスクが高い業種でもある石油・天然ガス開発事業に属する企業である INPEX の取り組みを紹介する。具体的には，同社が実施するプロジェクトおよび企業価値増加等の諸条件が，同社のリスクマネジメントをどのように規定しうるのかについて検討する。いずれの事例研究も，研究者と企業のリスクマネジャーがペアになり，内容について検討を重ね，最終的に研究者サイドが論考に仕上げるというスタイルを採用した点で注目に値する。これにより，現場のリスクマネジャーの目線に加えて，研究者による理論的な解釈も可能となっている。

おわりに

　本書の内容は，「企業リスクファイナンス研究会」（座長：慶應義塾大学 柳瀬典由）における議論がベースとなっている。同研究会は ERM と保険戦略のあり方に強い問題意識を持つ研究者・実務家をメンバーとするもので，2020年9月以降，定期的に開催されており，これまで30回を数える（2024年1月1日現在）。また，同研究会では，以下の趣旨・目的のもと，2021年7月以降，「日本企業のリスクマネジメントに関する実態調査」（主催：慶應義塾大学 柳瀬典由研究室）を支援しており，調査結果の一部は本書（第2章）でも活用されている[2]。

　「災害大国日本において，上場企業等の大企業ですらリスクファイナンスが十分とは言えない現状がある。こうした現状認識のもと，その原因・背景，処方箋のあり方について，データに基づいて議論する必要がある。そのためには，日本企業のリスクマネジメント・保険購買に関するデータベースを構築するとともに，その活用方法（政策提言，実務，学術研究，教育・啓蒙活動等）のあり方についての議論が急務である。」

　本書の出版にあたっては，慶應義塾保険学会設立70周年記念事業の一環

---

[2]　同調査のウェブサイト（https://sites.google.com/keio.jp/erm）

として，同学会からは多大なご支援をいただいた。また，慶應義塾大学出版
会の木内鉄也氏には，草稿の段階から数多くの建設的なコメントを寄せてい
ただいた。この場を借りて心から感謝の意を表したい。

令和 6 年 1 月

執筆者を代表して

柳瀬 典由

目　次

第1部　企業リスクマネジメントの理論と実際

第1章　企業リスクマネジメントと損害保険
——歴史を踏まえた課題と将来展望　　*3*

柳瀬 典由・山﨑 尚志

第4章　中小企業のリスクファイナンスの動向　*69*

岡田 太

第2部　企業リスクマネジメントの最前線

第7章　パラメトリック保険がリスクファイナンスにもたらす新たな領域　*139*

服部 和哉

第3部　ケースに学ぶ企業リスクマネジメント

第8章　三菱重工の保険リスクマネジメント改革　*171*

柳瀬 典由

第9章　INPEX のリスクマネジメント　*191*

浅井 義裕・石井 昌宏

執筆者紹介

柳瀬 典由（やなせ　のりよし）　編者／第 1 章，第 2 章，第 8 章執筆
慶應義塾大学商学部教授

山﨑 尚志（やまさき　たかし）　第 1 章，第 2 章執筆
神戸大学大学院経営学研究科教授

平賀 暁（ひらが　さとる）　第 3 章執筆
マーシュ ブローカー ジャパン株式会社取締役会長

上垣内 真（かみこうち　まこと）　第 3 章執筆
マーシュ ジャパン株式会社執行役員

岡田 太（おかだ　ふとし）　第 4 章執筆
日本大学商学部教授

石田 成則（いしだ　しげのり）　第 5 章執筆
関西大学政策創造学部教授

隅山 淳一（すみやま　じゅんいち）　第 6 章執筆
AIG 損害保険株式会社ブローカー＆クライアント・エンゲージメント部長

服部 和哉（はっとり　かずや）　第 7 章執筆
MST リスクコンサルティング株式会社
リスクソリューション第二部部長

浅井 義裕（あさい　よしひろ）　第 9 章執筆
明治大学商学部教授

石井 昌宏（いしい　まさひろ）　第 9 章執筆
上智大学経済学部教授

第 1 部

企業リスクマネジメントの理論と実際

第1章

企業リスクマネジメントと損害保険
——歴史を踏まえた課題と将来展望

柳瀬 典由・山﨑 尚志

1　はじめに

　わが国では，長らく，メインバンクを中核とする企業系列や株式持ち合いによって長期継続的・安定的な関係が形成され，それは企業リスクに対する「暗黙のセーフティネット」として重要な役割を果たしてきたといわれる。こうした経営環境下では，企業グループ内でのリスクシェアリングが機能するため，個々の企業価値最大化を志向した企業単位での保険購買の合理性は必ずしも高いとは言えず，むしろ，損害保険業界との長期継続的・安定的な関係が重視されてきた可能性がある。

　しかしながら，近年では，自然災害の多発，株主構成の変化やコーポレートガバナンス改革，国際化の進展等，日本企業を取り巻く環境が大きく変化しつつある。特に，従来の安定株主の存在感が低下し，外国人投資家や機関投資家の発言力が大きく増すなか，「暗黙のセーフティネット」の機能が大きく減衰している可能性がある。そうであるならば，日本企業の保険購買のあり方にも大きな変革が求められるはずである。すなわち，企業保険が全社的意思決定としてのリスクマネジメント戦略の一環として明確に位置づけられる必要性が高まっている。しかしながら，その実態は十分に理解されていない[1]。

　他方，企業保険の供給側にも大きな環境変化が生じている。戦後長らく厳

しい監督規制下にあったわが国の損害保険業界においては，1995年の保険業法改正を嚆矢として，従来の認可制に代わる届出制や特約自由方式（特約の新設や変更については届出すら必要としない方式）の導入，あるいは，欧米に倣った保険ブローカーの制度化等，各種の規制緩和が進展している。こうした背景のもと，損害保険会社が販売する企業保険商品も多様化し，利用者の事業特性等に適合した保険商品が各社独自の名称で販売できる制度的条件も整備されてきた。その一方で，保険業法改正後，四半世紀を経てもなお，欧米のような企業保険に係る保険ブローカー市場の層は薄く，国内損害保険市場では従来からの企業系列を中心とする取引が重きを占めているという指摘もある。しかしながら，その実態は十分に理解されていない。

　そこで，本章の前半では，全社的意思決定の観点からリスクマネジメント手法としての損害保険の位置づけを整理したうえで，日本企業を取り巻く環境変化として，自然災害の多発と一連のコーポレートガバナンス改革を取り上げる。そして，こうした環境変化が企業の保険購買の役割・機能にどのような変化をもたらす可能性があるのかという点を議論する。また，本章の後半では，現在のわが国の企業保険の特質を考察するための基礎として，明治以来の損害保険業の歩みを企業分野に焦点を当てつつ概観する。

2　日本企業を取り巻く環境変化と企業のリスクマネジメント

（1）リスクマネジメントの一手法としての損害保険

　損害保険は，その利用者である企業の視点に立つと，リスクマネジメントの一手法として位置づけられる（図1-1）。リスクマネジメントは，リスクコントロールとリスクファイナンスに大別される[2]。リスクコントロールとは，予想損失の頻度（確率）やその強度（大きさ）に作用することで損失の期待

---

1)　損害保険業が対象とするマーケットは家計保険（personal lines）と企業保険（commercial lines）という2つの分野から構成される。本章では，企業分野の損害保険について企業保険と称する。なお，企業分野の損害保険の詳細については，内藤（2020）ならびに中出・嶋寺（2021）を参照のこと。

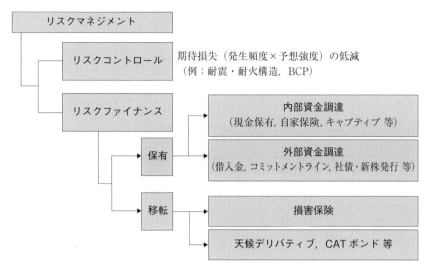

出典：柳瀬・石坂・山﨑（2018），図表 1-4 をもとに筆者作成。

図 1-1　企業のリスクマネジメント

値（期待損失）を低減する手法の総称であり，予想損失の頻度を低下させる損失予防と，予想損失の強度を低減させる損失低減に分類される。リスクコントロールの具体的方法としては，耐震・耐火構造設備への投資のようなハード面の対応に加えて，事業継続計画（Business Continuity Plan: BCP）のようなソフト面の対応もある[3]。

　他方，リスクファイナンスとは，発生した損失を埋め合わせるために資金を入手する手法の総称であり，リスク保有とリスク移転（転嫁）に分類される[4]。リスク保有とは，損失の一部または全部の支払いについて，企業自らがその責任を保有し続けることをいう。したがって，リスクの保有のための

---

2)　これら以外にも，企業内部でリスクシェアリングの効果を享受することが可能である。例えば，地震や風水害等の自然災害に対して，事業拠点の地理的分散を図るべく，国内外の工場等の拠点の配置を再検討することが考えられる。ただし，事業の特性上，事業拠点の変更がきわめて困難な場合やそもそも不可能な場合もある点，留意が必要である。例えば，造船事業を行う生産拠点は，造船ドックが建設可能な地理的条件という制約の中での拠点変更という問題に直面する。また，特殊な部品等を迅速に調達できる地域が限定されることにより，事業拠点を変更することが困難な場合も考えられる。

原資は，企業が生み出すキャッシュフローを社内に留保（内部資金調達）するか，事後的に損失を補填するための外部資金調達を行うか，ということになる。例えば，内部資金調達の方法としては，準備金や引当金，自家保険を設定し，現金・預金等の流動性の高い資産で運用する方法や，会社外部にキャプティブを設立する方法などが考えられる[5]。また，外部資金調達の方法としては，事後的な銀行借入や社債・新株の発行に加えて，コミットメントラインを設定することも考えられる。これに対して，リスクの移転とは，リスクを保険会社や資本市場の投資家等，第三者に移転することをいい，損害保険はその伝統的手法である。最近では，損害保険以外にもデリバティブや証券化[6]の仕組みを活用した手法が登場しており，大規模な自然災害リスクを対象とした保険デリバティブ（天候デリバティブ）やカタストロフィ・ボンド（Catastrophe Bond: CAT ボンド）はその代表例である[7]。

（2）自然災害の多発

　世界経済フォーラム（ダボス会議）では，企業の経営者を対象として，今後10年以内に自国でのビジネスを行ううえで最も懸念するグローバルリスクについての調査（World Economic Forum Executive Opinion Survey）が行われているのだが，経営者が毎年，高い関心を示す項目は自然災害である。特に，巨大地震のみならず，頻発する大規模な風水害等への関心も高まってお

---

3)　内閣府「事業継続ガイドライン―あらゆる危機的事象を乗り越えるための戦略と対応―」（令和3年4月）の定義によると，BCPとは「大地震等の自然災害，感染症のまん延，テロ等の事件，大事故，サプライチェーン（供給網）の途絶，突発的な経営環境の変化など不測の事態が発生しても，重要な事業を中断させない，または中断しても可能な限り短い期間で復旧させるための方針，体制，手順等を示した計画」のことを指す。

4)　リスクコントロールが期待損失そのものを小さくするなど損失分布の性質を変化させる手法であるのに対して，リスクファイナンスは誰がリスクを最終的に負担するのかという問題を扱うものであり，この点に両者の本質的な相違があると言える。

5)　キャプティブとは，自社または関連グループのリスクを専門的に引き受けるために，バミューダやケイマンのような租税回避地（タックスヘイブン）に設立される専属保険子会社のことをいう。

6)　デリバティブとは，取引の対象となる資産（原資産）の価値に依存して，その価格が決定される契約のことをいい，先渡しや先物，オプションなどがある。また，証券化とは，将来キャッシュフローを生み出す資産を原資として証券を発行し，資本市場における不特定多数の投資家から資金を調達する仕組みのことをいう。

り，これら自然災害に伴って生じうる事業中断が企業経営に甚大な損失を及ぼすことが懸念されている。

表1-1は，主に財物損害をカバーする火災保険（地震保険は除く）の保険料収入（収入積立保険料を除く）と保険金支払いの推移に加えて，風水害等に係る保険金の支払いの概略をまとめたものである[8]。これによると，保険契約者との直接の保険契約に係る保険料・保険金を表す元受ベースで見ても，再保険取引等を加味した正味ベースで見ても，近年の保険金の支払額は増加傾向にあり，損害率も年度間の短期的な増減はあるものの上昇傾向にある。特に，大阪，京都，兵庫等を中心に甚大な被害を出した台風21号による保険金支払いの急増によって，2018年度の損害率は100％を上回っており，その後も高い水準で損害率が推移していることが確認できる[9]。

さらに，2012年度以降，風水害等（自然災害）による支払保険金に関する開示情報を用いて，その金額と対象となるイベント数を集計したところ，ごく少数の風水害等を原因として巨額の保険金支払いが生じていたことがわかった。例えば，2018年度は，わずか3つのイベントだけで，火災保険の

---

7)　CATボンドは，自然災害を対象とする保険リンク証券（Insurance-Linked Securities: ILS）であり，リスクが顕在化する確率は低いものの，発生した場合の損害規模が甚大な異常災害（カタストロフィ）に関するリスクを，証券化のスキームを用いて資本市場に移転する仕組みである。CATボンドの発行主体は，特別目的事業体（Special Purpose Vehicle: SPV）を設立するとともに，契約を締結し，プレミアムを支払う。SPVは，資本市場を通じて債券を投資家に発行し，集めた資金を安全資産で運用する。平常時は，CATボンドの発行主体から集められたプレミアムと安全資産からの運用収益から，投資家に対して利息が支払われる。他方，あらかじめ定められた異常災害のリスクが顕在化（例：大地震の発生）した場合には，CATボンドの発行主体は，SPVから資金を得ることで異常災害の発生に伴う損失をカバーすることができる。その場合，投資家にはCATボンドの発行主体に支払われた金額を控除した残額が償還されることになり，元利金の減額が生じることになる。

8)　なお，表1-1に関する数値の解釈は厳密なものではなく，おおむねの傾向として解釈している点，留意してほしい。例えば，火災保険の保険料と保険金（正味・元受）は国内損害保険会社（トーア再保険社と地震再保険社は除く）に関するものであるが，風水害等の支払保険金には外国損害保険会社のそれが含まれている。ただし，わが国の損害保険市場全体の規模からして，外国損害保険会社の占めるウェイトはわずかであり，おおむねの傾向を知るうえでそれが重要な影響を及ぼすことはないと考えられる。

9)　損害率が100％を上回るということは，平均的に見て，保険料収入だけでは保険金の支払いが賄えない事態が生じていることを意味する。

表 1-1　自然災害（風水害等）による財物保険への影響

年度	正味			元受			風水害等（地震を除く）			概算	
	正味収入保険料	正味支払保険金	損害率	元受正味保険料	元受正味保険金	損害率	支払保険金	イベント数	e/d	再保険料	再保険金
	a	b	b/a	c	d	d/c	e			a-c	b-d
2006	996,471	489,880	49%	1,320,841	462,938	35%	–	–	–	-324,370	26,942
2007	970,162	398,818	41%	1,271,386	385,438	30%	–	–	–	-301,224	13,380
2008	977,162	400,720	41%	1,264,335	388,443	31%	–	–	–	-287,173	12,277
2009	959,608	392,981	41%	1,255,029	369,118	29%	–	–	–	-295,421	23,863
2010	913,001	365,495	40%	1,172,248	339,337	29%	–	–	–	-259,247	26,158
2011	934,995	843,832	90%	1,211,604	1,102,986	91%	–	–	–	-276,609	-259,154
2012	972,835	787,258	81%	1,239,724	884,393	71%	57,514	1	7%	-266,889	-97,135
2013	1,050,353	656,295	62%	1,262,237	616,499	49%	66,486	5	11%	-211,884	39,796
2014	1,126,590	718,685	64%	1,302,462	715,768	55%	294,432	2	41%	-175,872	2,917
2015	1,210,889	678,702	56%	1,362,246	629,474	46%	189,712	2	30%	-151,357	49,228
2016	1,019,211	589,313	58%	1,173,350	563,197	48%	15,817	2	3%	-154,139	26,116
2017	1,050,006	683,439	65%	1,218,966	653,607	54%	161,590	5	25%	-168,960	29,832
2018	1,063,145	1,097,379	103%	1,276,913	1,768,973	139%	1,357,813	3	77%	-213,768	-671,594
2019	1,149,259	909,801	79%	1,394,362	1,605,017	115%	914,936	3	57%	-245,103	-695,216
2020	1,234,762	797,338	65%	1,449,058	1,109,192	77%	219,561	3	20%	-214,296	-311,854

注：保険料，保険金の単位は百万円。
出典：日本損害保険協会の開示資料をもとに筆者計算。

保険金支払い（元受ベース）に対してその約8割に相当する支払保険金が発生している。こうしたなか，正味支払保険金（元受正味保険金＋受再正味保険金−回収再保険金）から元受正味保険金を差し引いた金額は，ここ数年，大幅なマイナス（再保険による回収超過）が続いており，今後の損害保険会社の再保険コストがさらに上昇する可能性が示唆される。

　もちろん，表1-1の情報のみからは，家計保険と企業保険を区分して把握することはできないが，日本企業の自然災害リスクの移転に係るコスト（支払保険料等）が上昇基調にあることは，おおむね理解できる。さらに，風水害等のリスクが相対的に高い地域に事業拠点が集積する企業においては，高額の保険料負担のみならず，十分な付保（保険購買）すら難しくなることも予想されるため，キャプティブの活用等，積極的なリスク保有を含むリスク

ファイナンス・スキームの体系的活用，すなわち，全社的リスクマネジメント（ERM）の重要性がますます求められる。その一方で，リスクを引き受ける損害保険会社側も，事業会社にとって利用可能な保険料率でのキャパシティの提供に努力するとともに，保険以外の選択肢も含めた企業のリスクマネジメント戦略全般に関しての専門的価値の提供がより一層重要になると予想される。

（3）コーポレートガバナンス改革とリスク情報開示の強化

　近年のコーポレートガバナンス改革ならびにリスク情報開示の強化の動きもまた，ERM の重要性を示唆する経営環境の変化である。こうした背景には，戦後の日本経済の特徴でもある安定株主の存在感が低下する一方で，発言力を大きく増してきた外国人投資家や機関投資家の存在がある。

　わが国のコーポレートガバナンス改革は，2015 年 6 月，企業の持続的な成長と中長期的な企業価値の向上のための自律的な対応を促す仕組みとして「コーポレートガバナンス・コード」が策定されたことにより本格化してきた。コーポレートガバナンス改革は，2014 年 2 月公表の「責任ある機関投資家」の諸原則（「日本版スチュワードシップ・コード」）と「コーポレートガバナンス・コード」の 2 本柱から構成される。前者は，年金基金やその委託を受けた運用機関などの機関投資家に対するもの（機関投資家の行動原則）であり，後者は，そうした機関投資家の主な投資先企業である上場企業に対するもの（企業の行動原則）である。2 つの「コード」に共通しているのは，日本経済の再生と成長の観点から，投資家と企業との間の「建設的な対話」の重要性である [10]。

　さらに，コーポレートガバナンスの実効性を高めるためには，株主をはじめとする多様なステークホルダーとの対話が重要となる。特に，リスクマネジメントとの関係では，企業が直面する事業等のリスクに関して，企業・ステークホルダー間で情報を共有し相互に意思疎通を図り，適切な合意形成を

---

10)　これら 2 つの「コード」はその後も改訂が繰り返され，「日本版スチュワードシップ・コード」は 2020 年 3 月改訂版，「コーポレートガバナンス・コード」は 2021 年 6 月改訂版が最新のものである（2024 年 1 月現在）。

達成しようとする試み（リスクコミュニケーション）の促進が期待されている。

　こうしたなか，わが国では，2003年4月1日以降の事業年度から「企業内容等の開示に関する内閣府令」（「内閣府令」）が改正され，ディスクロージャーの充実の一環として，事業等のリスクの開示が義務づけられてきたが，2020年3月31日以後に終了する事業年度に係る有価証券報告書からさらに拡充されることになった。その内容としては，事業等のリスクについて，顕在化する可能性の程度や時期，リスクの事業へ与える影響の内容，リスクへの対応策についても説明を求めるなど，その開示内容がより具現化されることになった。さらに，近年，企業の気候変動対応の重要性が増すなか，サステナビリティ開示に関する国際的議論も急速に進展している。わが国でも，2023年1月に改正された「内閣府令」において，有価証券報告書等におけるサステナビリティ情報の「記載欄」が新設され，その必須記載事項の1つとして「リスク管理」が明記されている。今後は，気候変動関連のリスクの特定や，当該リスクに対する評価や対応の具体的な内容に係る開示が強く求められることになる。

　このように，事業等のリスクの開示がさらに充実し，気候変動関連リスクの管理に関する開示が必須事項となるなか，企業は自らのリスクマネジメントの方針・内容について，より一層，投資家への説明責任が増大する可能性がある[11]。そして，損害保険が企業リスクマネジメントの一手法として理解されるのであれば，企業の保険購買もまた，全社的な観点から明確に位置づけられることが必要となる。

3　わが国の損害保険業の歩み——企業保険を中心に

（1）損害保険事業の萌芽と企業保険の発展 [12]

　わが国の損害保険の歩みは，江戸時代末期の開国の時期に外国から輸入さ

---

[11]　Kim and Yasuda（2018）は，日本における事業等のリスク開示の導入期を自然実験として利用することで，当該開示が企業のリスクに及ぼす因果関係を実証的に検証している。その結果，事業等のリスク開示の義務化は，投資家の企業リスク評価を高める効果があることを示している。

れた火災保険と海上保険に始まる[13]。1853 年のペリー来航によって終止符が打たれた鎖国政策の後，1859 年の開港条例に基づいて運上所（税関）が設置され，外国との通商が再開された。当時，欧米諸国との輸出入の取り決めの中で，保税倉庫内の保管貨物の火災保険については，外国保険会社が引き受けるべきことが規定されていたため，多数の外国保険会社がわが国での営業を開始することになった。また，同時期，外国との取引を行う日本の会社等による保険需要の高まりを背景に，外国保険会社による日本の会社等を相手とする海上保険の営業も開始された。

　このように，外国から輸入されたわが国の損害保険事業ではあるが，海上保険を皮切りに，国内資本による保険事業がその中心的役割を果たすようになる。1873 年，政府の保護のもと北海道開発を目的として設立された保任社により海上請負の業務が開始されるも短期間で廃業[14]，その業務は第一国立銀行による海上受合として引き継がれ，1879 年のわが国最初の近代的保険会社，東京海上保険の開業まで続けられた。その後，安田財閥の資本による帝国海上保険や大阪保険などが営業を開始，競合企業が出現することで国内における競争が激化する一方で，当時の国内市場の発展に伴う沿岸航路の活況，海運業の発展，外国貿易の進展等，海上保険に対する需要拡大要因に恵まれた結果，順調な発展を遂げることになった。

---

12)　本節の記述は，高木（1964），水島（1968），長崎・高木（1989）に拠るところが大きい。

13)　損害保険の起源とされる海上保険は，貸付機能とリスク負担機能が未分離であった冒険貸借から分化する形でルネサンス期の地中海商人の発案により誕生した仕組みであり，それがわが国に外国から紹介されるのは江戸時代末期の開国期まで待つことになる（長崎・高木，1989）。他方で，わが国でも，17 世紀初め，朱印船貿易の時代にポルトガル人から伝承されたと言われる抛金（なげかね）という慣習が広く利用されていた。これは，基本的には冒険貸借と同じ仕組みである。しかし，抛金の慣習は鎖国政策とともに消滅し，海上保険へと発展することはなかった。江戸時代に入ると，廻船問屋や船主によって，積荷の運送中に生じた損害を自らが負担する条件の運送契約が行われるようになった。もちろん，輸送中のリスク負担の対価を含むものとして，高額の運賃が設定されていたが，これが海上請負と呼ばれる慣習である。海上請負は，沿岸航路の発展に伴って広く行われるようになり，明治初期に至るまで利用されたが，リスク負担機能が契約として分化しておらず，海上保険とは異なるものであった。

14)　大阪・東京・函館間の海上交通の発展に加え，積荷の海上請負や荷為替を行うために設立されたのが保任社である。

このように，わが国の損害保険事業は，明治時代に入ってから海上保険を核とする企業保険を中心に創成されてきたわけだが，これは，明治政府の殖産興業政策上，緊急の課題とされた統一的市場の形成や海運業の育成の一環として，政府が海上保険を営む保険会社に対して積極的な保護を与えてきたことがその背景にある（水島，1968）。

他方，海上保険と並ぶもう1つの柱である火災保険に関しては，開国の時期における保管貨物に係る火災保険の引受はあるものの，明治期前半においては，企業保険の基盤となる国内産業自体が未成熟であり，家計保険としての火災保険がわずかに市場を形成していたにすぎなかった。転機となるのは，1894（明治27）年から1895（明治28）年にかけて勃発した日清戦争後の好況や資本主義化の進展である（水島，1968）。産業の発展によって，企業保険としての火災保険の引受額が急増することになったのである。なお，この発展過程において，工場物件や倉庫物件等を事業として包括的に管理する財閥資本との緊密なつながりを有する保険会社が有利な立場にあったことは容易に想像できる。

その一方で，特に火災保険の分野では価格競争が激化した。これは，火災保険が家計保険としての性格を併せ持つことがその背景にある。当時，家計の保険需要の高まりを期待して新規参入する保険会社が急増するとともに，相次ぐ大火により深刻な損失を被った保険会社の中には，過度に低い保険料率による新契約獲得を志向するものも現れた。加えて，外国保険会社の競争的圧力も高まりを見せたため，火災保険料率を中心とした熾烈な競争が展開された。そして，こうした家計分野を中心とする価格競争の激化は工場物件や倉庫物件を対象とする企業保険分野にも波及していった。こうしたなか，保険会社側は深刻な価格競争に対する自衛的措置としてカルテルの協定を試みるものの，倉庫業者を中心とする企業側も自家保険の創設をちらつかせるなど，保険会社側を牽制，保険料率の引下げの圧力を高めていった（水島，1968）。このように，当時の火災保険分野では，緊張感のある企業保険市場が形成されていたことをうかがい知ることができる。

表 1-2　大正期における損害保険の市場集中度の変化

(%)

	計		海上保険		火災保険	
	1912 年度	1926 年度	1912 年度	1926 年度	1912 年度	1926 年度
上位 1 社	27.8	17.2	54.1	35.3	15.4	9.7
上位 3 社	46.1	27.9	78.6	55.4	43.0	21.7
上位 5 社	61.1	37.7	94.7	70.7	65.1	31.2
上位 10 社	–	55.4	–	89.8	–	49.8

出典：箸方（1968）より筆者作成。

（2）財閥資本を中心とする保険企業グループの形成 [15]

わが国の損害保険業においては，第1次世界大戦中に活発な会社新設が行われた結果，市場集中度が低下した。例えば，1912（大正元）年度の上位5社（東京海上，神戸海上，東京火災，帝国海上，共同火災）の保険料収入比率は61.1％であったが，1926（昭和元）年度のそれ（東京海上，大阪海上，日本火災，帝国海上，横浜火災）は37.7％にまで低下している（表1-2）。こうした傾向は，海上保険，火災保険といった保険種目別にも顕著に見られる [16]。

このように，大正期を通じて市場集中度が一見，低下傾向にあることを確認できるのだが，損害保険の場合，再保険や共同保険を中心とする保険企業グループの形成，とりわけ財閥資本の存在がその背後にあることに留意する必要がある（箸方，1968）。例えば，1907（明治40）年，東京海上が77％，明治火災が23％を出資することで，両社の海上再保険・火災再保険「のみ」を引き受ける再保険専門会社である東明火災が設立され，さらに，東京海上と明治火災は1915（大正4）年，両社の資本交換および人事面での提携を進めている [17]。1919（大正8）年には，三菱合資会社の自家保険部門の独立によって新設された三菱海上火災を含め，三菱財閥系の保険グループを形成するに至っている [18]。このように，当時の市場集中度の実態を理解するため

---

15)　本節の記述は，箸方（1968）に拠るところが大きい。

16)　海上保険上位5社は以下のとおりである。1912年度は，東京海上，帝国海上，日本海上，神戸海上，東洋海上の5社，1926年度は，東京海上，帝国海上，大阪海上，三菱海上，大正海上の5社である。また，火災保険上位5社は以下のとおりである。1912年度は，東京火災，共同火災，明治火災，日本火災，横浜火災の5社，1926年度は，東京海上，日本火災，横浜火災，東京火災，明治火災の5社である。

には，主要な財閥資本を中心とする保険企業グループの視点を考慮すること
が重要となる。

　箸方（1968）はこの点に着目し，1926（昭和元）年度の損害保険業の市場シェ
アを保険企業グループ別ならびに主要財閥資本別で分類している（表1-3）。
これによれば，当時の主要な保険企業グループの市場シェアの合計は，総収
入保険料，正味収入保険料，責任準備金のいずれの指標で見ても7割から9
割を占めており，市場占有率はかなり高い水準にあったことがうかがえる。
また，主要財閥資本による市場シェアの合計に関しても，5割から7割強で
ある。新設会社の増加により一見，市場占有率が低下しているように見える
当時の損害保険市場であるが，実態としては比較的少数の保険企業グループ
による寡占化が進んでいた可能性がある。

　さらに，表1-3によれば，正味収入保険料単位あたりの責任準備金の比
率（[3]/[2]）において，保険企業グループ，特に主要財閥資本系のグループ
ではその値が高く（例えば，東京海上グループでは252.2%，三菱財閥系では
300.4%），グループ以外では当該比率が低水準（5割から6割程度）にあるこ
とも確認できる。責任準備金は保険会社が将来の保険金の支払いに備えて，
保険料や運用収益等を財源として積み立てる準備金であり，当該比率が高い

---

17)　東明火災は1942（昭和17）年に日新火災（現 東京海上グループ）に合併されている。
　　なお，東京海上は，1915（大正4）年に大規模増資を行い，同社の新株と明治火災の株
　　式との交換を行うことで，両社の相互的な資本関係を構築するとともに，両社の経営陣
　　が相互に乗り入れを行うことで，人事面での提携も強化している。
18)　東京海上火災保険（1964）によれば，三菱海上火災の源流は，三菱合資会社が1897
　　（明治30）年頃に創設した自家保険にある。三菱合資会社は従来，海上保険を東京海上に，
　　火災保険を明治火災に付保していたが，リスクが高い小型船に関して東京海上が保険引
　　受を拒絶したことから，これを対象として自家保険を実施した。その後，小型船以外に
　　ついても，同社は原則として30%を自家保険とし70%を付保する方針を策定するとと
　　もに，1913（大正2）年には，この自家保険を管理する部門として保険課が設置された。
　　ところが，1914（大正3）年に第1次世界大戦が勃発し日本経済が好景気に見舞われる
　　と，三菱の諸事業も大きく拡大し，三菱合資会社の主力事業も次々と株式会社として独
　　立する動きが加速することになる（1916年：造船部門と製鉄部門，1917年：商事部門，
　　1918年：銀行部門）。こうしたなか，同社の自家保険部門を独立の保険会社として新設
　　することへの要請が高まるとともに，保険業法の規定上，保険会社ではない三菱合資会
　　社が旧三菱合資事業を営業する各社の保険の引受を行うことが不可能となり，同社の保
　　険課の発展的解消によって新たに三菱海上火災が設立されるに至った。

表 1-3　保険企業グループの市場占有率（1926 年度）

	[1] 総収入保険料		[2] 正味収入保険料		[3] 責任準備金		[3]/[2]
	金額（円）	比率	金額（円）	比率	金額（円）	比率	
保険企業グループ別							
東京海上グループ	71,686,953	36.1%	31,501,601	31.1%	79,446,838	59.9%	252.2%
東京火災グループ	19,169,034	9.6%	8,480,984	8.4%	6,051,000	4.6%	71.3%
日本火災グループ	23,209,311	11.7%	12,439,408	12.3%	14,295,000	10.8%	114.9%
神戸海上グループ	7,412,956	3.7%	2,619,304	2.6%	4,421,000	3.3%	168.8%
大阪海上グループ	11,482,117	5.8%	5,188,182	5.1%	5,836,000	4.4%	112.5%
共同火災グループ	6,980,627	3.5%	4,278,658	4.2%	2,595,000	2.0%	60.6%
横浜火災グループ	9,076,037	4.6%	5,737,023	5.7%	3,980,000	3.0%	69.4%
その他	49,701,701	25.0%	31,108,789	30.7%	16,052,655	12.1%	51.6%
主要財閥資本別							
三菱	57,361,650	28.9%	24,376,439	24.1%	73,231,196	55.2%	300.4%
三井	5,724,587	2.9%	1,950,013	1.9%	2,550,000	1.9%	130.8%
住友	4,687,917	2.4%	2,598,574	2.6%	2,465,642	1.9%	94.9%
安田	19,169,034	9.6%	8,480,984	8.4%	6,051,000	4.6%	71.3%
川崎	23,209,311	11.7%	12,439,408	12.3%	14,295,000	10.8%	114.9%
その他	88,566,237	44.6%	51,508,531	50.8%	34,084,655	25.7%	66.2%
全社計	198,718,736		101,353,949		132,677,493		130.9%

出典：箸方（1968），p.136 をもとに筆者作成。

ということは保険会社としての財務健全性（保険金支払い能力）が高いことを意味する。このことから，この時期の損害保険市場では，主に財務健全性が高い財閥系の損害保険会社が市場を支配していた構図が浮かび上がってくる。

（3）保険行政の転換と戦後の損害保険市場

　第1次世界大戦期の好景気のなかで発展した損害保険業であるが，大戦後の景気低迷，1923（大正 12）年の関東大震災などを背景に低迷期に入る。さらに 1927（昭和 2）年の金融恐慌期には経営危機に陥る損害保険会社も現れ，大規模会社を中心とした業界の再編成が進展，保険企業グループはさらに集約されるとともに，保険料率協定も強化されていった。このように，わが国の損害保険業は会社間の比較的自由な競争から業界内協調が重視される

時代へと変化することになるのだが, 1939(昭和14)年には, 保険事業に対する監督・規制の強化や業界の整理統合を目指して保険業法の抜本改正が行われた[19]。その後, 第2次世界大戦が長期化するなか, 国家統制下で保険会社の整理統合が急速に進展した。損害保険会社の数は激減し, 終戦直前の1945(昭和20)年には全額政府出資の特殊法人として損害保険中央会が設立され, 日本の損害保険会社はすべて国家管理体制下に入ることになった。

戦争によって日本の保有船舶数は激減し, 貿易も著しく制約されるなか, 海上保険事業は壊滅的な打撃を受けるとともに, 工場や倉庫, 住宅等, 都市の建造物も広範囲にわたって被災, さらに, 終戦後に相次いだ各地の大火によって火災保険市場も著しく縮小した。戦争の惨禍は, 海外の営業網など, わが国の損害保険業が明治以来長きにわたって蓄積してきた重要な経営資源を喪失させるとともに, 国内市場の壊滅的な縮小を招いた。しかしながら, 1950年代に入ると日本経済も回復基調に入り, 外国との貿易も再開され, それに伴って損害保険業も急速に回復することになる。

その一方で, 戦時体制下で改正された保険業法のもと, 戦後も引き続き監督当局による厳格な監督・規制が継続されるとともに, 1948(昭和23)年には「損害保険料率団体に関する法律」(料団法)が制定されたことで, 保険会社が共同して料率を算出し大蔵大臣の認可を受けてこれを使うことができるようになった。そのため, 1947(昭和22)年に公布された独占禁止法において, 損害保険事業における価格カルテルは適用除外という扱いになり, 1951年の保険業法と料団法の一部改正により, 損害保険各社に対して料率算出団体が算出する保険料率の遵守義務が課せられることになった。こうして, 1990年代中葉までの長い期間にわたって, 厳格な監督・規制と競争制限的な政策のもと, 戦後の日本経済の発展と歩調を合わせるように損害保険

---

19) 19世紀末, 保険業に係る特段の監督・規制が存在しないなか, 火災保険市場を中心に泡沫会社を含む新規参入が相次ぎ, 会社の乱立によって競争が激化, 経営基盤が脆弱な保険会社の撤退等によって, 保険契約者をはじめとする利害関係者の利益が脅かされる事態が生じていた。こうしたなか, 1900(明治33)年にわが国最初の保険業法が制定された。なお, 最初の保険業法は1939(昭和14)年改正のものとは違って, 免許制を前提としつつも自由競争主義に立脚するもので, その後の比較的自由な保険市場の形成に寄与したと言える。

業も発展を続けることになる。

　なお，この時期の重要な変化として，家計部門，特に自動車保険の比重が大幅に増したことが挙げられる。すでに述べたとおり，わが国の損害保険事業は，海上保険や企業向けの火災保険からなる企業保険を中心に創成されてきた。他方，戦後の高度経済成長によってわが国の家計部門が豊かになるなか，持家促進による住宅向け火災保険の拡大に加え，特にモータリゼーションの進展による自動車保険分野の急成長によって，損害保険分野でも家計保険の比重が急速に拡大したのである。表 1-4 は元受正味保険料ベースで計算した損害保険種目別構成比の推移を示している。これによれば，高度成長期の 1960 年代以降，自動車保険と自賠責保険の構成比が急増し，現在では 5 割を超えるシェアを自動車関連の保険が占めていることがわかる。

（4）規制緩和・自由化と業界再編・統合 [20]

　現在の損害保険業の監督・規制環境は，1995 年に全面改正され 1996 年 4 月に施行された保険業法（新保険業法）を基盤としている。この改革の柱は，①規制緩和・自由化の推進による競争の促進および事業の効率化，②保険業

表 1-4　損害保険種目別構成比の推移

(%)

年度	火災	海上・運送	自動車	自賠責	新種	傷害
1902	58.0	42.0	–	–	–	
1926	71.1	28.0	0.6	–	0.3	
1935	71.4	25.7	1.9	–	1.0	
1955	60.8	27.3	6.9	3.8	0.9	0.3
1965	37.6	17.0	17.3	23.8	3.6	0.7
1975	27.9	11.1	26.7	24.3	5.8	4.2
1985	21.5	5.3	27.3	15.8	5.4	24.7
1995	18.1	3.0	34.7	10.1	7.4	26.7
2005	17.3	3.3	40.8	13.3	9.3	16.0
2015	17.6	3.1	44.0	11.3	13.0	11.0
2020	16.6	2.8	44.4	8.4	16.6	9.3

注：元受正味保険料ベースで計算している。
出典：日本損害保険協会『ファクトブック』（各年度版）より筆者作成。

の健全性の維持，③公正な事業運営の3つであり，それ以前の競争制限的な政策とは大きく異なるものである[21]。その後，1996年11月に日本版ビッグバン構想が発表されるとともに，同年12月には日米保険協議が決着し，1998年12月に「金融システム改革のための関係法律の整備等に関する法律」（金融システム改革法）が施行されたことで，今日に続く損害保険市場や損害保険業の基礎が形成された。

　特に価格を含む商品設計の自由化は，重要な意味を持つ。それまでは，料率算出団体が算出する保険料率の遵守義務が損害保険各社に課せられてきたが，その使用義務が原則撤廃されることになった[22]。こうした業界全体の自由化のなか，企業保険の分野でも，従来の認可制に代わる届出制の導入や，特約の新設・変更については届出すら必要としない特約自由方式の導入，あるいは欧米に倣った保険ブローカーの制度化等，さまざまな規制緩和が行われてきた。これにより，損害保険会社が販売する保険商品も多様化し，顧客企業の事業特性に適合した商品が各社独自の名称で販売されるようになった。

　他方，保険料率に対する規制が緩和されたことで付加保険料における価格競争圧力が高まるなか，損害保険会社は社費や代理店手数料といった事業費の効率化を進めた。さらに，保険商品設計の自由度が高まったことで，システム開発・運用等のコスト負担が大きな課題となっていた。こうしたなか，日本の損害保険業は国内の主力市場の飽和化・縮小に直面することになる。つまり，少子高齢社会の進展等により自動車保有台数や住宅着工件数が頭打ちになることで，国内の家計保険部門の保険料収入が伸び悩む状況に陥った

---

20)　産業組織の観点から自由化前後の日本の損害保険業を包括的に考察した研究として，植草（1999）や井口（1996），井口（2008）がある。また，柳瀬他（2007）や柳瀬（2007）は，規制緩和後の損害保険業の効率性・生産性の検証を行っている。

21)　具体的な改正点としては，①に関しては子会社方式による生・損保の相互参入，商品・料率についての届出制の導入，保険ブローカー制度の導入等，②に関してはソルベンシー・マージン基準の導入や保険契約者保護基金の創設等，③に関しては区分経理の導入やディスクロージャーについての規定の整備等を挙げることができる。

22)　具体的には，料率算出団体が算出する保険料率は，自賠責保険と地震保険を除いて，純保険料率に限定されるとともに，その使用義務も撤廃された（参考純率としての扱い）。各社はこの参考純率をそのまま利用するか，各社の価格政策に従って修正して使用することも許容される。そのうえで，各社独自の付加保険料率を考慮することで営業保険料を算出し，監督官庁への認可申請を行うことになる。

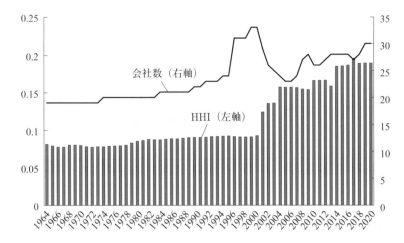

注：HHI は，元受正味保険料（積立保険料部分を除く）ベースで計算している。また，縦軸（左）は HHI，縦軸（右）は会社数（国内元受損害保険会社）を示している。
出典：保険研究所『インシュアランス損害保険統計号』（各年度版）をもとに筆者計算。

図 1-2　損害保険市場の集中度の推移

のである。こうした課題に対応すべく，特に大手損害保険会社は，経営統合や持株会社化による経営効率の向上を志向することになる。

　図 1-2 は，国内元受損害保険市場の会社数とハーフィンダール・ハーシュマン指数（HHI）に関する 1964 年度から 2020 年度までの推移を示している。戦後，競争制限的な政策のもとでは新規参入・退出がきわめて少なかったため，損害保険会社の数も長期間，安定的に推移していたことがわかる[23]。その後，新保険業法が施行され，子会社方式での生損保相互参入が始まったことを受け，1996 年度には会社数が急増している。しかしながら，2000 年度を頭打ちとしてその後は増減を繰り返し，2020 年度には 30 社が事業を行っている。これは，他業種や外資系等による新規参入がある一方で，既存の損害保険会社間の合併が進んだことがその背景にある。他方，HHI に関

---

23)　戦後 15 社からスタートした日本の損害保険業は 1950 年前後に国内 4 社が参入し 19 社体制になった後，1972 年の沖縄本土復帰に伴って 1 社参入し 20 社体制となる。その後は，若干の外資系企業の参入があったものの，おおむね安定的な企業数で推移してきたと言える。

しては，新保険業法の施行直後ではなく，大手損害保険会社間の再編・統合が始まった2001年度あたりから急増し，その後も上昇傾向にある。

さらに，グループとしての保険会社経営の視点から，同一の保険持株会社の傘下の企業を1つにまとめたうえで上位3社（東京海上グループ，SOMPOホールディングス，MS&ADホールディングス）による市場占有率を計算すると，それは2020年度に87%に達する。これは，戦前期の財閥資本を中心とした保険企業グループの場合よりも，損害保険市場の寡占度が高いことを示唆するものである。

（5）企業保険への回帰

日本の損害保険業は海上保険や企業向けの火災保険からなる企業保険を中心に創成され，戦前期には財閥資本を中心とする企業保険グループが重要な役割を果たしてきた。そして，戦後の高度経済成長によって家計部門が豊かになるなか，特にモータリゼーションの進展による自動車保険分野の急成長によって，家計保険の比重が急速に拡大した。しかしながら，2000年代以降は戦後の主力種目である自動車関連の保険のシェアは頭打ちの状態にある。これは，少子高齢化の進展等により自動車保有台数が伸び悩むなど，近年の社会経済環境の変化に拠るところが大きい。こうしたなか，損害保険業界は経営統合による経営効率の改善などの経営努力を進めるとともに，新たな事業機会を模索している。

ここで，あらためて表1-4（元受正味保険料ベースで計算した損害保険種目別構成比の推移）を見てみよう。2000年代以降，自動車関連保険の低迷とは対照的に新種保険のシェアの増加は著しく，1995年度には7.4%にすぎなかった構成比が2020年には16.6%にまで大きく増加している。さらに，新種保険の内訳を分析すると，賠償責任保険と利益保険（費用・利益保険）が新種保険全体の6割強のシェア（賠償責任保険39.7%，費用・利益保険23.3%）を占めており，企業保険を中心とした新たな事業機会の可能性を確認することができる。また，現在主力の自動車保険についても，自動運転技術の発達により将来的に完全運転自動化（レベル5）が実現した場合には，運転に伴う責任も大きく変化する。自動運転のレベルの向上により運転者の運転タス

クは大幅に減少し，損害賠償責任の範囲は縮小される一方で，自動運転システムの機器やソフトウェアの不具合等による事故の増加が予想されるのである。このことは，自動車やシステムの製造者側の責任が問われることが一般的になり，それに対応する賠償責任保険の重要性が高まることを示唆する。

　このように，戦後，家計保険分野が急成長するなか，やや影を潜めていた企業保険への回帰傾向が今後加速するのであれば，企業保険の需要側にある企業を取り巻く環境変化を理解し，どのようなリスクに高い関心を持ち，どのようなリスク対応を行う可能性があるのかについて整理しておくことは，損害保険業界の今後を考えるうえでもきわめて重要である[24]。

4　おわりに

　損害保険業が対象とするマーケットには，家計保険と企業保険という2つの分野がある。家計保険が対象とするリスクは，家計ごとの差異はある程度存在するものの，保険集団全体としては大数の法則が適用しやすく，危険選択や保険料の算定を中心とするアンダーライティングにおいても，比較的画一的な対応が許容される。これに対し，企業保険が対象とするリスクは，その種類が多様であることに加え，企業ごとの個別性が高く，その内容も専門的である。したがって，個別性，専門性が高い企業保険の分野では，保険の需要側にある企業のリスクマネジメントに対する考え方が変化することにより，損害保険に期待される役割も大きく変貌する可能性がある。近年では，自然災害の多発，株主構成の変化やコーポレートガバナンス改革，国際化の進展等，日本企業を取り巻く環境が大きく変化している。このことは，企業の保険戦略がERMの一環として位置づけられる必要性を示唆するものである。

---

[24]　スイス・リー・インスティチュート（2019）によれば，日本の企業保険市場は世界第3位の規模にあるものの他の先進国企業と比べて日本企業の付保は低水準にあり，特に自然災害やサイバー攻撃等に伴う事業中断リスクへの資金的対応が不十分であることから，今後の企業保険市場には十分な成長余地がある。

　他方，保険の供給側に視点を移すと，わが国の損害保険業は，その歴史的な背景のもと，独特の業界慣行を形成してきたとも言える。明治以来，海上保険や企業向けの火災保険からなる企業保険を中心に創成されてきたわが国の損害保険業は，戦前期には財閥資本を中心とする企業保険グループが重要な役割を果たすものの，戦後は自動車保険分野の急成長によって家計保険の比重が急速に拡大してきた。しかしながら，近年では主力の自動車関連の保険のシェアが頭打ちとなる一方で，新種保険，とりわけ賠償責任保険や利益保険（費用・利益保険）等の企業保険の重要性が再び高まりつつある。

　とはいえ，戦前期の財閥系保険会社によるグループ形成に加え，特に戦時体制下以降の流れを汲む厳格な監督・規制，競争制限的な政策が戦後も長く継承されてきたことは注目に値する。このことは，現在のわが国の企業保険の特質を探るうえでも重要であろう。

第2章

リスクマネジメントと企業価値
——企業の保険需要を中心に

柳瀬 典由・山﨑 尚志

1 はじめに

　近年，自然災害の多発，株主構成の変化やコーポレートガバナンス改革，国際化の進展など，日本企業を取り巻く環境が大きく変化するなか，企業保険が全社的リスクマネジメント（ERM）戦略の一環として明確に位置づけられる必要性がますます高まっている。これからの日本企業に求められるのは，リスクが顕在化した際の資金調達手段（リスクファイナンス）をいかに合理的に決定するかという視点であり，それは必ずしも保険のみで実現できるものではない。こうした変化は，企業保険の供給側にある損害保険会社に対しても重要な問題を提起するものである。すなわち，リスクマネジメントサービスを含む保険商品や他のリスクファイナンス商品を開発するうえで，企業が保険に何を求めているのかを的確に把握することが，これからの損害保険業界においてますます重要になるのである。そこで，本章では，保険購買（保険需要）を含むリスクマネジメントの意思決定が企業価値を高める理由について理論的に整理する。そのうえで，現時点での理論と実際のギャップを把握すべく，企業の保険購買管理を担当するリスクマネジャーを対象とした最近の調査結果を紹介する。

2 リスクマネジメントと企業価値

(1) リスクマネジメントに関する価値無関連性命題

　リスクマネジメントは，企業が直面するリスクを適切に管理することを通じて，企業価値の最大化を志向する一連の意思決定である。リスクマネジメントを実行するには金銭的な費用が必要となるため，それは財務的な判断を必要とする一種の投資機会に係る意思決定と捉えることができる。このことから，企業リスクマネジメントは，コーポレートファイナンスの観点で議論することが一般的である。通常，コーポレートファイナンスでは，経営者は企業価値最大化を目的として意思決定を行うことを前提としているため，リスクマネジメントの意思決定においても企業価値の最大化をその目的としている（Doherty, 2000; Harrington and Niehaus, 2003; 柳瀬・石坂・山﨑, 2018 他）。

　企業価値評価で一般的に用いられる割引キャッシュフロー（Discount Cash Flow: DCF）法によると，企業価値はその企業が将来にわたって生み出す正味キャッシュフロー（Net Cash Flow: NCF）の期待値（期待 NCF）を加重平均資本コスト（Weighted Average Cost of Capital: WACC）で割り引いた値として求められる。資本コストはその企業に出資する投資家が要求する収益率であり，その大きさは投資家が負担するリスクを反映している。したがって，リスクマネジメントの意思決定が企業価値に影響を与えるのであれば，将来の期待 NCF もしくは資本コストのいずれかの経路を通じて達成されるはずである。

　企業リスクマネジメント理論の発展において重要な役割を果たしたのが，Cummins（1976）や Mayers and Smith（1982）を嚆矢とする一連の企業の保険需要に関する研究である。これらの議論で重要な点は以下のとおりである。まず，株主はすでに資本市場を通じて十分な分散投資を行っており，当該企業はそのポートフォリオのごく一部を構成するにすぎないということ（分散化制約が存在しない状況）である。そして，法人税や期待倒産コストなど，取引コストやエージェンシーコストを無視した場合にリスクマネジメントの意思決定は企業価値に影響を及ぼさないということである。

　そもそも，CAPM（Capital Asset Pricing Model）が成立するような完全資本市場のもとでは，証券のトータル・リスクは，システマティック・リスクとアンシステマティック・リスクに分割される。分散化制約が存在しない状況下では，株主は分散投資によって自身のポートフォリオから各企業のアンシステマティック・リスクを取り除くことができるため，投資家の要求収益率である資本コストはシステマティック・リスクのみが反映されることになる。しかしながら，保険によって軽減されるリスクの多くは企業固有の要因に起因するものであり，システマティック・リスクとは関連性を持たない。そのため，企業の保険購買によって資本コストは低下せず，企業価値は変化しないということになる。

　また，仮に企業がシステマティック・リスクを減少させるようなリスクマネジメントを実行したとしても，その対価がシステマティック・リスクの減少分に釣り合うような形でリスク移転主体に支払われることになるため，DCF法における分子部分（期待NCF）と分母部分（WACC）が同時に低下する。その結果，企業価値は変化しない。このように，完全資本市場下においては，リスクマネジメントの意思決定は企業価値とは無関連であり，これをリスクマネジメントに関する価値無関連性命題という。

　もっとも，現実には多くの企業が保険やデリバティブを利用しているという事実は，実際の世界が完全資本市場下ではないことの裏返しでもある。そこで，以降に展開される企業リスクマネジメントの理論では，完全資本市場の諸仮定を緩めることで現実の世界との整合性を取り，リスクマネジメントが企業価値に及ぼす影響を説明する。

（2）リスクコストと企業価値

　リスクマネジメントが企業価値に及ぼす影響を検討する際，リスクコスト（Cost of Risk）という概念を導入することで議論がより明確になる。理論的には，リスクコストとは，リスクが存在することによって生じるコストの総称のことである。資本市場の不完全性を前提としたとき，さまざまな要因からリスクコストが顕在化する[1]。ここでは，リスクの存在が将来の期待NCFを経由して企業価値に及ぼしうる主な要因を整理する。

1）財務上の困難

取引コストやエージェンシーコストが無視できる状況では，リスクマネジメントは期待 NCF に影響を及ぼさない。しかし，これらの状況を考慮に入れたうえで企業が財務上の困難に直面すると，さまざまな追加コストが発生する。

例えば，債権者（金融機関など）は経営難に陥った企業に対してより高い金利を要求するかもしれないし，取引先は信用取引における支払条件を変更するかもしれない。また，従業員や顧客と企業との契約関係も悪化し，追加的なコストが発生する可能性がある。これらの議論に共通するのは，企業と債権者・取引先・従業員・顧客といった広義の債権者との契約関係が，企業の財務上の困難によって明示的・暗黙的に変化する可能性があるという点である。さらに，企業が倒産すると，裁判費用，破産管財人，弁護士，会計士への報酬，倒産手続き中の企業資産の管理費用など，さまざまな倒産コストが発生する。

リスクマネジメントによって財務上の困難が生じる可能性を軽減すれば，これらの期待コストを低減し，企業の期待 NCF に正の影響を与えることが可能となる（Mayer and Smith, 1982, 1990; Smith and Stulz, 1985 他）。

2）株主・債権者間のエージェンシーコスト

現実の世界では，企業の将来キャッシュフローの分配に関して，株主とその他の利害関係者との間に利益相反が生じ，エージェンシーコストが発生する可能性がある。

企業が負債を抱え過ぎると，株主と債権者間のエージェンシー問題が深刻化する。このような状況下で，企業の最終的な意思決定権を持つ株主は，非常にリスクが高いが，成功すれば大きなリターンを得られるプロジェクトを採用するかもしれない。そのプロジェクトの成功率は高くないが，その結果

1）リスクコストには，起こりうる損失の期待値（期待損失）も含まれるので，厳密に言えば，リスクコストの存在は資本市場の不完全性に依存しない。しかし，コーポレートファイナンスにおいて主に議論の対象となるのは，期待損失の削減を意図するリスクコントロールではなく，将来の不確実性を扱うリスクファイナンスであるため，ここでは期待損失を含めずにリスクコストの議論を進める。

会社が倒産したとしても倒産に伴うコストの大半は債権者が負担するため，有限責任下の株主が被る影響は小さい。この仕組みを資産代替問題という。

また，企業が過剰債務に陥り，債権者が投資による収益の多くを受け取るようになった場合では，株主は投資資金を調達しないことを選択するかもしれない。この仕組みを，デットオーバーハング（過剰債務）による過少投資問題という。資産代替問題もデットオーバーハングも，いずれも非効率な投資を促すため，企業価値に負の影響を与える。

財務上の困難に陥る可能性が高まるほど，こうしたエージェンシーコストは大きくなる。そこで，適切なリスクマネジメントによって財務的困難の可能性を低下させ，エージェンシーコストを軽減することができれば，非効率な投資の可能性も減少し，企業の将来の期待 NCF に正の影響を与えることが可能となる。例えば，Mayers and Smith（1987）は，企業の保険購買によって過少投資問題の緩和が実現可能であることを示している。

3）外部資金調達にかかる取引コスト

さらに，外部資金調達に伴う取引コストの存在も，企業のリスクマネジメントの意思決定に影響を及ぼす要因である。企業が外部から資金を調達する際，証券会社に支払う証券発行手数料，所定の登録書類の作成，情報開示手続きに伴う諸費用により，一般に外部資金調達コストは内部資金調達コストよりも高くなる。また，企業と投資家の間に情報の非対称性がある場合，情報の劣る投資家が証券価格を過小評価するため，外部資金調達のコストはより大きくなる。

このような外部資金調達のための取引コストの存在は，企業にとって魅力的な投資機会を見送る原因となりうる。例えば，ある企業が予想外に大きな損失を被り，その損失を補うために内部資金が使われ，その結果，内部資金が枯渇したとする。このとき，企業に有利な投資機会があったとしても，その投資を実行するための外部資金調達にコストがかかり過ぎるならば，必要な投資資金を確保できず，投資は見送られる。この場合，将来起こりうる損失に備えて必要な資金をあらかじめ確保する手段を講じれば，こうした過少投資の問題を軽減することができるので，企業の将来の期待 NCF に正の影

響を与えることが可能となる。例えば、保険に加入していれば、保険金で損失を補塡し、内部資金を有利な投資機会に充てることができる。

4）株主・経営者間のエージェンシーコスト

株主と経営者間のエージェンシーコストを削減するという観点からも、リスクマネジメントの動機を説明することができる（Smith and Stulz, 1985; Han, 1996; Tufano, 1996; Géczy et al., 1997; Graham and Smith, 1999; Haushalter, 2000; Knopf et al., 2002; Rogers, 2002 他）。

経営者の利益は、必ずしも株主の利益と一致するわけではない。自らの資産を広く分散可能な株主とは異なり、経営者は自らの報酬の請求先を多数の企業に分散させることは困難である。そのため、経営者への報酬が当該企業のキャッシュフローに連動する場合、経営者は自らの報酬が企業業績に連動するリスクに対してプレミアムを要求する。

リスクマネジメントによって企業のキャッシュフローを安定させることで、経営者の報酬の不確実性を低減できれば、経営者が要求するプレミアムは減少するため、その分、企業の将来の期待 NCF を経由して企業価値に正の影響を与えることができる。

また、経営者と株主間の情報の非対称性により経営能力と企業業績の関係が株主にうまく伝わらない場合、経営者は株主から過小評価される可能性がある。この場合、優秀な経営者は積極的にリスクヘッジを行い、自らの能力と無関係なキャッシュフローの変動を抑えることで、自身の経営能力を伝えようとするかもしれない。

5）法人税

法人税の存在も、リスクマネジメントの意思決定に影響を与える要因である。一般に、法人税には累進性があり、課税構造は非線形である。この場合、企業がリスクマネジメントによって課税所得を安定化させることができれば、多期間にわたる累積納税額を節約することができ、期待 NCF を増加させて企業価値に正の影響を与える。

また、適切なリスクヘッジを行えば、企業は負債利用コスト（支払利息）

の損金算入による節税の恩恵をより受けることができる。コーポレートファイナンスにおけるトレードオフ理論では，節税効果と倒産コストの期待値（期待倒産コスト）のトレードオフに着目し，両者の効果を統合して企業価値を最大化する最適資本構造の存在を示している。ここで，保険などのリスク移転によって期待倒産コストを抑制できれば，負債利子の損金算入によるメリットをより多く享受することができる（Graham and Rogers, 2002 他）[2]。

6）保険会社によるサービス価値

リスクマネジメントの意思決定の中でも保険購買に特徴的な要因として，保険会社によるサービス価値の存在がある（Mayers and Smith, 1982; Anand et al., 2021 他）。一般に，企業保険には，保険事故が発生した際の請求権に加えて，さまざまなリスクコントロール・サービスが付随している。これには，事故発生前の損失防止や損失軽減のためのコンサルティングサービスや，事故発生後に損失額の増加を抑えるための損失軽減のサービスが含まれる。こうしたリスクコントロール・サービスによる期待損失の軽減は，保険以外のリスクファイナンス手法では得られない企業保険に固有の特徴である。これを保険会社によるサービス価値と呼ぶ。

もちろん，企業が独自にリスクコントロールを実施したり，専門業者からリスクコントロール・サービスを購入したりすることも可能である。しかしながら，そういった場合のコストは，一般に，保険会社に支払う付加保険料に含まれるサービス価値提供のためのコストよりも負担が大きくなる。というのも，保険会社は多様かつ複数の企業のリスクコントロール・サービスを包括的に取り扱うことで，規模の経済性や範囲の経済性を享受することができるからである。加えて，保険会社は，サービス価値の提供と保険金の支払いを一体的に行うことになるので，リスクコントロール・サービスの供給者・需要者間のエージェンシーコストの削減も可能になる。つまり，企業のリス

2）　リスクマネジメントの意思決定は，期待倒産コストへの影響を通じて，企業の最適資本構造にも影響を与える。つまり，資本構成の決定とリスクマネジメントの問題は相互依存的，すなわち表裏一体であるため，それぞれの決定を独立して行うべきではない（Simpi, 2002）。

クコントロールの水準が上がれば，保険金支払いの期待額が下がるため，保険会社側にとって効率的なリスクコントロール・サービスを提供するインセンティブが働くのである。

このように，保険会社によるサービス価値が低コストで提供される場合には，そのことが期待NCFに正の影響を与えるので，これもまた企業の保険需要を説明する重要な要因である。このことは，後に紹介するサーベイ調査において，企業側が保険に加入する目的として「事故対応のノウハウやサポート」を求める企業が多いことからも示唆される。

もちろん，多くの企業と取引関係にある保険会社には，リスクコントロールに関する幅広い知識を習得する機会があるため，保険会社が提供するサービス価値が高くなる場合がある一方で，事業の専門性や独自性がきわめて高い場合には，日々の業務の中で高度な経験を蓄積できる立場にある企業自らがリスクコントロールを実施したほうが望ましい場合もある。そうした場合には，必ずしも，保険会社によるサービス価値が企業価値に正の影響を与えるわけではない点に留意すべきである。

7）リスクマネジメントに伴う追加的コスト

資本市場の不完全性に起因するさまざまなコンフリクトを考慮すると，リスクマネジメントはリスクコストを低下させ，企業の将来のNCFを増加させることが期待される。一方で，リスクマネジメントの実施には追加的コストが発生することに留意する必要がある。例えば，付加保険料やデリバティブ購入のための手数料はリスクマネジメントに伴う典型的な追加的コストであり，企業のキャッシュフローを減少させる要因である。

もちろん，リスクが存在しなければリスクマネジメントの意思決定は不要であるため，リスクマネジメントに伴う追加的コストもまた，リスクコストの一種と考えられる。したがって，リスクマネジメントによって企業価値を最大化するためには，リスクマネジメントの便益（期待NCFの増加）と，リスクマネジメントを実行するための追加的コスト（期待NCFの減少）を評価し，リスクコストが最小化される水準でリスクマネジメントの意思決定を行う必要がある。

（3）リスクマネジメントと資本コスト

　リスクコストの議論は，基本的に将来の期待 NCF の経路（すなわち，DCF 法による分子部分）を通じた企業価値の向上を前提としている。一方で，企業のリスクマネジメントが資本コスト（DCF 法による分母部分）に及ぼす経路はありえるのだろうか。

　先に議論したとおり，分散化制約が存在しない状況では，保険需要は資本コストには影響を及ぼさないが，現実の企業が分散化された株主によって構成されているとは限らない。例えば，株式が上場されておらず自由に売買できない非公開会社の場合，株主は効率的に分散投資を行うことができず，アンシステマティック・リスクは除去されずに残ることになる。そうした状況では，リスクマネジメントによってアンシステマティック・リスクを取り除くことで資本コストの低下を実現し，企業価値を高める可能性がある。

3　日本企業のリスクマネジメントと保険需要

　前節では，主にコーポレートファイナンスの観点から，企業のリスクマネジメントに関する理論的枠組みや実証研究の動向について整理した。ここで，以下の疑問が浮かんでくる。第一に，日本企業のリスクマネジメントや保険購買の実態はどのようなものなのだろうかという点，第二に，日本企業は企業価値の最大化という観点からリスクマネジメントや保険購買に関する意思決定を行っているのだろうかという点である。残念ながら，これらの疑問を実証的に検証するために必要な公開情報，例えば，企業による支払保険料などの開示は脆弱である。そこで，本節では，日本企業のリスクマネジメントや企業保険の実態を把握することを目的として実施された最近のサーベイ調査の結果を分析し，その考察を行う[3]。

---

[3]　アンケートに基づくサーベイ調査ではなく，詳細なインタビューに基づく事例研究も徐々に蓄積されつつある（本書第8章，第9章を参照）。

（1）リスクマネジメント全般に関するサーベイ調査

　企業のリスクマネジメントに関連する海外の調査研究としては，Servaes et al.（2009），Giambona et al.（2018），Bodnar et al.（2019）などがあるが，日本企業を対象としたものは数少ない。例外として，花枝・芹田（2020）が挙げられる [4]。

　花枝・芹田（2020）は，2012 年 6 月時点で国内の証券取引所（JASDAQ を含む）に上場している全企業（銀行，証券，保険会社を除く）に対して質問票を郵送し，445 社から回答を得た。回答者の大半（69.2%）は財務・経理部門に所属しており，次いで経営企画部門（17.2%）が多かった。

　この調査において，企業がリスク対策として重要視していることを尋ねたところ，「いざというときに備えて現預金を確保（積み増）しておく」（57.5%）が最多となった。また，「配当政策や自社株買いに柔軟性をもたせることによって，内部資金を確保しやすくする」（46.7%）という回答も多くあった。これらはいずれも，リスクファイナンスにおけるリスク保有を行っているとみなすことができる。一方，利用しているリスク移転手段としては，保険が 34.8% と最も多く，デリバティブは 14.0% にとどまった。このように，日本の上場企業は，リスク移転よりもリスク保有を重要視しているという事実が浮き彫りになる [5]。

　花枝・芹田（2020）の調査は，近年の日本企業のリスクマネジメントの実

---

4)　Asai（2019）は，中小企業の保険需要に関するサーベイ調査（2014 年 1 月〜 2 月）を行っており，メインバンクとの関係が比較的弱い中小企業ほど，保険需要が高い傾向にあることなどを確認している。また，自然災害に対するリスクファイナンス（保険を含む）に関するサーベイ調査としては，澤田他（2017）が，経済産業研究所（RIETI）が 2015 年に実施した「企業の災害保険需要に関するアンケート調査」の結果を要約している。また，内閣府の「激甚化する大規模自然災害に係るリスクファイナンス検討会」においても，自然災害への財務的な備えに関する事業者向けの意識調査（2016 年 10 月）が行われているが，その対象は「中堅企業」と「中小企業」である。ほかにも，東北大学大学院地域産業復興調査研究プロジェクトが 2012 年に実施した「震災復興企業実態調査」において，被災地地域における地震保険の加入状況が報告されている。ただし，いずれのサーベイ調査も上場企業を中心とする大企業のリスクマネジメント・保険に係る購買体制・購買内容などの詳細には対応していない。

5)　なお，リスクファイナンス手法の観点からは外れてしまうが，「立地の分散化など実体的なビジネス活動」を重要な「リスクへの対処法」と回答した企業も多く（46.3%），大震災などの巨大災害への懸念が高まるなか，興味深い結果であると言える。

態を知るうえで貴重な資料であるが，質問のほとんどがデリバティブの利用に関するものである。その一方で，彼らの調査によれば，日本企業のリスク移転手段として，デリバティブよりも保険に高い関心が向けられていることも示唆されている。そこで，以下では，上場企業を中心とする日本の大規模企業の保険需要に焦点を当てた最近のサーベイ調査を紹介する。

（2）企業の保険需要に焦点を当てたサーベイ調査

　実務の現場に目を向けた場合，保険購買が必ずしも財務的意思決定の枠組みに組み込まれていない可能性も考えられる。そのため，企業の保険需要に焦点を当てた調査を行う場合，財務責任者へのアプローチだけでなく，保険・リスクマネジメント担当者に直接質問することも有効である。以下では，慶應義塾大学柳瀬典由研究室が 2021 年 7 月に実施した調査結果を紹介することにより，日本企業の保険需要の実態を概観する[6]。

1）調査対象

　調査は，PARIMA（Pan-Asian Risk and Insurance Management Association）[7] 日本支部，マーシュブローカー・ジャパン，マーシュ・ジャパン，AIG 損害保険の協力を得て，日本企業の保険・リスクマネジメント担当役員・管理職等を対象に，2021 年 7 月 1 日から 31 日にかけて実施し，57 社（上場企

6）　保険・リスクマネジメント担当者を直接の対象としたサーベイ調査としては，マーシュ・ジャパンとマーシュブローカー・ジャパンが，東日本大震災直後の 2011 年 12 月から 2012 年 1 月にかけて実施したものもある。柳瀬（2023a）は，当該調査の個票データの分析を行うとともに，今回調査（2021 年 7 月実施）の分析結果との比較を行うことで，最近 10 年間の変化の傾向を捉えることを試みている。また，調査の継続性の観点から，慶應義塾大学柳瀬研究室では，2022 年 12 月から 2023 年 2 月にかけて同様のサーベイ調査を実施している（柳瀬，2023b）。

7）　PARIMA は，シンガポールに本部を置くアジア圏における被保険者団体であり，保険会社や保険ブローカーがスポンサーとなる組織である。入会資格は，企業サイドで保険購買などのリスクマネジメント業務に従事している者に限られ，保険会社や代理店・保険ブローカーは入会することはできない。2018 年 10 月に日本で PARIMA Tokyo Conference 2018 が開催されたことを契機として，日本支部の会員も 300 名（2019 年 1 月現在）を超える規模に成長しており，今後の企業リスクマネジメント実務の展開において重要な役割を果たしつつある。

表 2-1　調査対象企業の特徴

パネル (A)　売上高	本調査 (N=57)	東証一部 (N=2,174)
100 億円未満	1.8%	9.0%
100 億円以上 500 億円未満	3.5%	35.2%
500 億円以上 1,000 億円未満	7.0%	15.0%
1,000 億円以上 2,000 億円未満	12.3%	15.3%
2,000 億円以上 5,000 億円未満	21.1%	12.3%
5,000 億円以上 1 兆円未満	17.5%	6.5%
1 兆円以上	36.8%	6.7%
パネル (B)　業種区分（TOPIX-17）	本調査 (N=57)	東証一部 (N=2,174)
食品	5.3%	4.2%
エネルギー資源	3.5%	0.7%
建設・資材	5.3%	8.0%
素材・化学	14.0%	9.1%
医薬品	3.5%	1.7%
自動車・輸送機	7.0%	3.2%
鉄鋼・非鉄	3.5%	2.5%
機械	14.0%	6.4%
電機・精密	17.5%	8.8%
情報通信・サービスその他	7.0%	23.7%
電気・ガス	1.8%	1.0%
運輸・物流	3.5%	3.6%
商社・卸売	10.5%	8.3%
小売	0.0%	9.1%
銀行	0.0%	3.7%
金融（除く銀行）	3.5%	2.6%
不動産	0.0%	3.4%
パネル (C)　海外売上高比率	本調査 (N=57)	東証一部 (N=2,174)
50% 以上	40.4%	15.0%
30% 以上 50% 未満	26.3%	10.5%
10% 以上 30% 未満	14.0%	13.3%
0% 以上 10% 未満	15.8%	2.6%
海外売上なし	3.5%	58.5%

出典：筆者作成。

業 49 社，非上場企業 8 社）から有効回答を得た。表 2-1 は，調査対象企業の
特徴（①企業規模（売上高），②業種（TOPIX-17），③海外売上高比率）を，
2020 年度（2020 年 4 月期〜 2021 年 3 月期決算企業）の東証一部上場企業と
比較しつつ，示している。

　パネル（A）は，売上高（連結基準）の分布を示している。調査対象企業
では，売上高 5,000 億円以上が全体の 54.3 ％（17.5%+36.8%），売上高 1 兆
円以上が全体の 36.8% である一方で，東証一部上場企業では，売上高 5,000
億円以上が全体の 13.2 ％（6.5%+6.7%），売上高 1 兆円以上が全体の 6.7% で
ある。このため，かなりの大規模企業を中心にサンプルが構成されているこ
とがわかる。次に，パネル（B）は，業種分布（TOPIX17 基準）の分布を示
している。調査対象企業では，電気・精密，機械，自動車・輸送用機器，素
材・化学の業種の割合が東証一部上場企業に比べて特に高く，情報通信・サー
ビスその他の業種の比率が特に低いことが確認できる。最後に，パネル（C）
は，海外売上高比率の分布を示している。海外売上高 50 ％以上の企業は，
東証一部上場企業では全体の 15.0% にすぎないが，調査対象企業の場合，
その割合は 40.4% とかなり高い。このように，本調査サンプルは，①企業
規模が大きく，②伝統的な製造業を中心とする，③海外売上の依存度が高い
企業群から構成されていることがわかる。

　次に，今回調査の回答者属性としては，全体の 28.1% が財務・経理部門，
次いで 24.6% が人事・総務部門，そして 21.1% がリスクマネジメント部門
であった（表 2-2）。さらに，売上高 5,000 億円以上の企業に限った場合，財
務・経理部門は 45.2% である一方，人事・総務部門は 6.5% にとどまっている。
このように，特に大規模な企業では，保険・リスクマネジメント担当者が財
務・経理部門に所属する傾向が見て取れる。

2）リスクマネジメントの目的

　表 2-3 は，リスクマネジメントの目的ごとの重要度を示しており，「重要
でない」から「非常に重要」までの 4 段階で尋ねたうち，「非常に重要」と
回答した人の割合をまとめたものである。なお，設定した項目はサンプルが
主に欧米企業からなる Giambona et al.（2018）とほぼ同じである[8]。これ

表 2-2　回答者属性

所属部署	全サンプル (N=57)	売上高別	
		5,000 億円以上 (N=31)	5,000 億円未満 (N=26)
人事・総務部門	24.6%	6.5%	46.2%
財務・経理部門	28.1%	45.2%	7.7%
経営企画部門	7.0%	6.5%	7.7%
法務部門	7.0%	0.0%	15.4%
監査部門	0.0%	0.0%	0.0%
リスクマネジメント部門	21.1%	29.0%	11.5%
購買部門	1.8%	3.2%	0.0%
その他	10.5%	9.7%	11.5%

出典：筆者作成。

によると，「予期しない損失の回避，拡大防止」の割合が最も高く，Giambona et al.（2018）の結果と同じ傾向を示している。しかし，欧米企業を中心としたサンプルに比べて，日本企業では「株主満足度の最大化（株主の期待への応答）」の重要度は低い。その一方で，「財務的に厳しい時期においても投資機会を確保できるよう内部資金を確保」することが相対的に重要であることもうかがえる。もちろん，調査対象が財務担当者か保険・リスクマネジメント担当者かという違いがあるため単純な比較はできないが，この点は，日本企業のリスク対応として「いざというときに備えて現預金を確保（積み増し）しておく」ことが最も重要であることを確認した花枝・芹田（2020）の結果とも整合的である。

---

8)　Giambona et al.（2018）は，2010 年 2 月から 4 月にかけて，3,624 人の CFO を含む Duke Quarterly CFO survey に参加している企業を中心にオンライン調査を行い，1,161 人からの回答を得ている。回答者の想定としては，リスクマネジメントの方針と実施について重要な決定権を有する人である。属性としては，全体の 45% が北米，欧州が 20%，アジアが 27% であり，欧米企業が中心のサンプルとなっている。また，事業会社のみならず，金融業も 35% 存在する。37% は公開企業であるが 45% は非公開企業，政府・非営利組織も 11% 含まれている。このように，日本企業を対象とする当該サーベイ調査とは実施時期，属性，サンプル数とも異なるため，単純な比較は難しいが，あくまで参考情報として掲示している。

表2-3　リスクマネジメントの目的

目的（複数回答）	本調査		Giambona et al. (2018)	
	非常に重要	順位	非常に重要	順位
予期しない損失の回避，拡大防止	44%	1	50%	1
企業価値の増大	37%	2	39%	3
財務的に厳しい時期においても投資機会を確保できるよう内部資金を確保	28%	3	29%	6
営業キャッシュフローの安定化	25%	4	28%	9
会計上の利益の予測可能性の向上	23%	5	29%	7
株主満足度の最大化（株主の期待への応答）	21%	6	41%	2
将来キャッシュフローの増加	19%	7	38%	4
自社の信用格付けの維持・改善	19%	8	31%	5
事業計画の立案や意思決定を容易化	12%	9	28%	8
負債コストの削減	12%	9	23%	10
借入可能額の増加	9%	11	12%	13
株式コストの削減	5%	12	13%	11
株価ボラティリティの減少	4%	13	12%	12

出典：花枝・芹田（2020）の図表8-2および本稿の調査に基づき筆者作成。

3）リスクマネジメント体制

　理論的には，企業の保険購買はリスクマネジメントの一環として位置づけられる。そのため，リスクマネジメント体制全般について，責任者の役職，専任担当者の有無・人数，設置部署（専門部署の有無など），委員会の有無・開催頻度，基本方針・文書化の状況を把握するとともに，リスクマネジメント担当者が外部のステークホルダーとのコミュニケーションにどの程度関与しているかについても調査している。

　まず，リスクマネジメント体制の責任者の役職について，社長などの会社代表者または代表者に準ずる取締役が全体の75％（33％＋42％）を占めており，この傾向は売上高5,000億円以上か否かにかかわらず確認できる（表2-4）。ただし，代表者に準ずる取締役が担当する割合は，売上高5,000億円未満で31％である一方，売上高5,000億円以上では52％であり，大規模な企業ほど，会社の代表者とは別にリスクマネジメント担当の取締役を選任している可能性が示唆される。

表2-4 リスクマネジメント体制の責任者

責任者の職位	全サンプル (N=57)	売上高別	
		5,000 億円以上 (N=31)	5,000 億円未満 (N=26)
社長など会社の代表者	33%	26%	42%
社長など会社の代表者に準ずる取締役等	42%	52%	31%
それ以外の役職者	21%	23%	19%
その他・未回答	4%	0%	8%

出典:筆者作成。

表2-5 リスクマネジメントの専任担当者

専任担当者	全サンプル (N=57)		売上高別			
			5,000 億円以上 (N=31)		5,000 億円未満 (N=26)	
	割合	平均人数	割合	平均人数	割合	平均人数
あり	58%	(4.5)	65%	(5.7)	50%	(2.7)
なし	35%	–	26%	–	46%	–
不明	7%	–	10%	–	4%	–

出典:筆者作成。

　また，リスクマネジメントを担当する専任担当者がいる企業は58%と過半数を占め，売上高5,000億円以上（65%）と5,000億円未満（50%）の双方で同様の傾向が見られた（表2-5）。また，専任担当者の平均人数は4.5人であるが，売上高5,000億円以上では5.7人，5,000億円未満では2.7人となっており，大規模な企業ほど専任スタッフが多いことも確認できる。

　次に，リスクマネジメントを担当する部門の現状を確認する。表2-6は，すでにリスクマネジメントを担当する部門を設置している54社の担当部署の分布を示している。全体の半数弱（46%）の企業がすでに専任部署を設置しており，この傾向は大規模な企業で顕著である。専任部署以外では，人事・総務部門が26%と最も多く，次いで財務・経理部門（20%），経営企画部門（19%），法務部門（17%），監査部門（13%）の順となった。ただし，売上高5,000億円以上の大企業では，財務・経理部門が全体の24%を占め，売上高5,000億円未満の企業よりも若干高い。一方，財務・経理以外の部門（人

表 2-6　リスクマネジメントの担当部門

担当部署	全サンプル (N=54)	売上高別	
		5,000 億円以上 (N=29)	5,000 億円未満 (N=25)
専任部署	46%	59%	32%
人事・総務部門	26%	24%	28%
財務・経理部門	20%	24%	16%
経営企画部門	19%	14%	24%
法務部門	17%	10%	24%
監査部門	13%	7%	20%
購買部門	2%	3%	0%
その他	7%	3%	12%

出典：筆者作成。

事・総務，経営企画，法務，監査）の担当割合は，売上高 5,000 億円未満の比較的小規模な企業で高い傾向があることがわかる。

　さらに，全社的な意思決定の一環としてリスクマネジメント体制が整備されているかを確認するため，リスクマネジメント委員会の設置，開催状況およびリスクマネジメント方針や規程・マニュアルの策定状況を把握する。一般的に，リスクマネジメント委員会は，会社や企業グループ全体のリスクを一元的に管理する目的で設置されるが，70% の企業がすでに委員会を設置済みである（表 2-7　パネル（A））。ただし，その割合は，売上高 5,000 億円以上の企業で 81% である一方，売上高 5,000 億円未満の企業では 58% である。また，売上高 5,000 億円未満の企業では，今後も設置される予定がない企業の割合が 31% もある。このように，特に大規模企業において，リスクマネジメント委員会の設置が進展していることが確認される。なお，リスクマネジメント委員会設置済み企業の 9 割以上において定期的に委員会が開催されており，その平均開催回数は年 4.1 回（3 か月に 1 回程度）である（表 2-7　パネル（B））。

　このように，大規模企業を中心に，リスクマネジメント体制の整備は進んでいると思われるが，それが有効に機能しているかどうかの判断は難しい。そこで，規程・マニュアルを策定している 50 社を対象に，その内容に関し

表 2-7 リスクマネジメント委員会の開催・開催状況

パネル (A) 設置の有無	全サンプル (N=57)	売上高別	
		5,000 億円以上 (N=31)	5,000 億円未満 (N=26)
ある	70%	81%	58%
ない（今後の設置予定なし）	21%	13%	31%
ない（今後設置される予定）	4%	3%	4%
その他	5%	3%	8%

パネル (B) 開催状況	全サンプル (N=40)	平均回数	5,000 億円以上 (N=25)	平均回数	5,000 億円未満 (N=15)	平均回数
定期開催	95%	(4.1)	92%	(4.2)	100%	(3.9)
都度開催	5%	–	8%	–	0%	–

出典：筆者作成。

て質問を行った。表 2-8 はその結果を示している。74% の企業がリスクの分析・評価（リスクの洗い出し，マッピングなどによる分類，対応の優先順位づけなど）を行っており，68% で定期的に当該リスクの見直しを行っている。一方で，リスクの定量化，リスクコントロール・リスクファイナンスの方針まで策定している企業は，全体の 4 割程度である。この結果は，本調査対象が大規模企業に偏っていることを考慮すると，その水準は低いようにも見える。このことから，ERM 体制が形式的には確立されつつあるものの，その実践的な活用という点ではまだ不十分であることが示唆される。

　なお，リスクの定量化やリスクコントロール・リスクファイナンスの方針を策定している企業を対象として，これらの企業が財務的インパクトを検討しているかどうかについても確認したところ，そのうちの 84% が「検討あり」と回答している（表 2-9　パネル (A)）。特に，当期利益やフリーキャッシュフローへの影響を検討して，リスクの定量化やリスクコントロールやリスクファイナンスの方針を策定していることが確認された（表 2-9　パネル (B)）。

　最後に，リスクマネジメント担当者が投資家とのコミュニケーションに，どの程度関与しているかを確認する。2019 年 1 月に公布・施行された「企業内容等の開示に関する内閣府令の一部を改正する内閣府令」では，2020 年 3 月期の有価証券報告書から，事業等のリスクについて顕在化する可能

表 2-8　リスクマネジメント規程・マニュアルの内容

規程・マニュアルの内容 （複数回答）	全サンプル (N=50)	売上高別	
		5,000 億円以上 (N=28)	5,000 億円未満 (N=22)
リスク分析・評価	74%	75%	73%
リスクの定期的見直し	68%	68%	68%
リスクの定量化	30%	36%	23%
リスクコントロール・リスクファイナンスの方針の策定	40%	46%	32%
その他	2%	4%	0%

出典：筆者作成。

表 2-9　財務的インパクトの検討内容

パネル (A) 財務的インパクトの検討	全サンプル (N=25)	売上高別	
		5,000 億円以上 (N=16)	5,000 億円未満 (N=9)
あり	84%	81%	89%
なし	16%	19%	11%
パネル (B) 検討指標（最大3つ）	全サンプル	5,000 億円以上	5,000 億円未満
当期利益	67%	77%	50%
フリーキャッシュフロー	43%	54%	25%
純資産	29%	23%	38%
売上高	29%	15%	50%
正味運転資本	14%	8%	25%
その他（想定株価，EBITDA）	10%	15%	0%
総資産	5%	8%	0%
わからない	5%	0%	13%

出典：筆者作成。

性の程度や時期，リスクの事業へ与える影響の内容，リスクへの対応策への説明が求められることになった。事業等のリスク情報の開示自体は，2004年3月期から実施されているが，今回の改正では，リスクへの対応策の説明など，より踏み込んだ説明が求められている。そこで，本調査では，担当者として事業などのリスクの開示にどの程度関与しているかを質問した。

表 2-10 事業などのリスク情報開示への関与

関与の度合い	全サンプル (N=57)	売上高	
		5,000 億円以上 (N=31)	5,000 億円未満 (N=26)
十分関与している	28%	29%	27%
多少関与している	21%	29%	12%
あまり関与していない	26%	19%	35%
まったく関与していない	23%	23%	23%
そもそも認識がなかった	2%	0%	4%

出典：筆者作成。

　表 2-10 はその回答結果である。「十分に関与している」と回答したのは全体の 28% で，「多少関与している」を含めても関与の割合は 50% に満たなかった。コーポレートファイナンスの見地からすれば，企業のリスクマネジメントや保険需要の目的は企業価値の向上であり，その一環としてリスクマネジメントに関する投資家とのコミュニケーションは重要な役割を果たすはずである。しかし，現状ではそうしたコミュニケーションが必ずしも十分ではないことが示唆される。

4）保険の購買管理体制と購買方針の公式化

　大規模企業においてすら，ERM 体制の実効性には課題が残ることが確認された。それでは，従来からリスクファイナンスの手段として重要な役割を担ってきた企業保険の購買管理は，全社的な意思決定の一環として体系的に実施されているのだろうか。このことは，企業の保険需要研究の前提条件が現実の企業でどの程度満たされているかを把握するための重要な予備作業となる。以下では，この点について，保険購買の管理体制と購買方針の策定・文書化の観点から検討する。

　企業における保険購買は，全社的な活動に伴うリスクに加え，個々の事業活動に伴うリスクも扱うため，事業部門がその権限と管理の枠内で行うケースが考えられる。この場合，購買とその管理が複数の部門にまたがり，結果的に部分最適となる可能性がある。一方，担当部門が保険購買とその管理を

表2-11　保険の購買管理体制

購買	管理	全サンプル (N=57)	売上高	
			5,000億円以上 (N=31)	5,000億円未満 (N=26)
一部門	一部門・一元管理	54%	52%	58%
複数部門	一部門・一元管理	16%	16%	15%
複数部門	複数部門管理	30%	32%	27%

出典：筆者作成。

全社的な意思決定の一環として統合することで，全体最適を志向するケースもあるだろう。

　表2-11によれば，「一部門購買・一部門による一元管理」を行っている企業は全体の54%，単一部門による購買の有無にかかわらず一元管理を行っている企業は70%（54%+16%）にも達する。なお，表中には示されていないが，「一部門購買・一部門による一元管理」の担当者数は平均3.5名（中央値3名）であるが，売上高5,000億円以上の企業では平均4.8名（中央値4名），5,000億円未満の企業では平均2.1名（中央値2名）である。このことから，少なくとも形式的には，大規模企業を中心に保険購買の一元管理が進展しつつあることが確認される。

　それでは，保険購買の一元管理はどの部門が担当しているのだろうか。この点は，保険購買の一元管理の実質的側面について確認するうえで有用な情報を提供するものである。表2-12によると，40社中一元管理を担当しているのは，財務・経理部門が38%と最も多く，次いで人事・総務部門が33%である。興味深いのは，売上高5,000億円以上の大規模企業では，財務・経理部門が「一元管理」の67%を担当し，人事・総務部門は10%にすぎないことである。対照的に，売上高5,000億円未満の相対的に規模の小さな企業では，一元管理を担当するのは人事・総務部門が58%と最も多く，財務・経理部門は5%とかなり少ない。このことから，特に大規模企業を中心に保険購買を財務・経理部門で一元的に管理し，全体最適化を図る傾向にあることがうかがわれる。

　大規模企業では，保険購買を財務・経理部門が一元管理する傾向にあるが，

表2-12　保険購買管理の担当部門

担当部門	全サンプル (N=40)	売上高別	
		5,000 億円以上 (N=21)	5,000 億円未満 (N=19)
財務・経理部門	38%	67%	5%
人事・総務部門	33%	10%	58%
経営企画部門	8%	5%	11%
リスクマネジメント部門	8%	10%	5%
法務部門	8%	0%	16%
購買部門	3%	5%	0%
保険管理部・保険部門	5%	5%	5%

出典：筆者作成。

実際の購買管理体制はどの程度整備されているのだろうか。保険購買に関する基本方針が全社的な意思決定としてどの程度公式化されているかについて，本調査では基本方針の策定や文書化の程度を見ることで確認している。ここでは，基本方針の策定・文書化の程度について，①どのようなリスクに対して保険購買を行うのか（付保の範囲），②どのような条件（補償内容・支払限度額・自己保有額など）で保険を購買するのかの観点から質問を行った。

　まず，表2-13（パネルA）によると，付保の範囲については，基本方針の策定と文書化の両方を行っている企業は全体の18％，基本方針の策定まで実施済みは32％（18％+14％）であった。売上高5,000億円以上の企業に限定すると，それぞれ29％と42％（29％+13％）である（5,000億円未満の企業では4％と19％（4％+15％））。

　また，表2-13（パネルB）によれば，付保の内容・条件については，基本方針の策定と文書化の両方を実施している企業は全体の11％，基本方針の策定まで実施している企業は20％（11％+9％）であった。売上高5,000億円以上の大企業はそれぞれ16％，26％（売上高5,000億円未満の企業は4％，12％）となっている。

　このように，保険購買の管理体制の全社化は着実に進展する一方，実際の体制整備にはまだ課題が残ることが示唆される。

表2-13　保険購買方針の策定・文書化

（パネル A）付保の範囲	全サンプル (N=57)	売上高	
		5,000 億円以上 (N=31)	5,000 億円未満 (N=26)
策定され文書化されている	18%	29%	4%
策定されているが体系的には文書化はされていない	14%	13%	15%
基準（方針）はあるが，都度改めて検討している	33%	32%	35%
基準（方針）はない	35%	26%	46%
（パネル B）付保の内容・条件			
策定され文書化されている	11%	16%	4%
策定されているが体系的には文書化はされていない	9%	10%	8%
基準（方針）はあるが，都度改めて検討している	47%	52%	42%
基準（方針）はない	33%	23%	46%

出典：筆者作成。

5）保険購買の状況

　最後に，損害保険の種目別の購買状況について見てみよう。表2-14を見ると，火災保険（財物保険），賠償責任保険，海上・国内輸送保険の加入率は9割程度であり，大多数の企業がこれらの保険を購買していることがわかる。一方，利益保険，地震保険の加入率は5割程度であり，大規模企業ですらその半数がこれらの保険に未加入である。

（3）調査結果の要約

　本節では，調査結果の概要を紹介した。日本企業の保険購買は，かなり大規模な企業であっても，企業全体の財務意思決定プロセスの一環になっていないケースが多く，リスクマネジメントに関する投資家とのコミュニケーションにも多くの課題がある。実際，リスクマネジメントや保険購買体制は，全社的な意思決定として形式的には整備されているものの，実務的にはまだ十分ではない様子がうかがえる。

　伝統的な日本企業では，保険管理は管財業務の一環として総務部門が行うことが多く，保険購買は財務意思決定とは異なる論理で，あるいは過去の実務慣行の延長線上で行われていた可能性がある。これには，保険会社が資本

表 2-14　種目別の購買状況

保険種目	全サンプル (N=57)	売上高規模別	
		5,000億円以上 (N=31)	5,000億円未満 (N=26)
火災保険（財物保険）	95%	97%	92%
利益保険	54%	55%	54%
損害賠償責任保険	96%	97%	96%
海上保険・国内輸送保険	88%	94%	81%
地震保険	47%	61%	31%
D&O保険	93%	94%	92%

出典：筆者作成。

　関係やビジネス上の関係，長年の継続的な取引実績に基づいて選定され，保険仲介チャネルが主にグループ会社内の保険代理店を通じて展開されてきたという歴史的な背景にその一因があるのかもしれない[9]。しかしながら，近年では，特に規模の大きな企業を中心に，財務・経理部門が全社的な意思決定の一環として保険購買を一元管理する全体最適化の傾向も見られる。

　保険購買については，大規模企業では従来の財物保険，海上保険，国内運送保険に加え，賠償責任保険に加入しているところが多いが，利益保険や地震保険の加入率は比較的低い。自然災害やそれに伴う事業中断リスクに対する財務的な備えの重要性は高まっているものの，そのための保険利用はそれほど進んでいないように見える。今後は，保険需要に企業間のバラツキがある保険種目に焦点を当てることで，企業規模だけでは説明ができない保険需要の要因についても分析を進めることが重要である[10]。

9）　この点，柳瀬（2023a，b）では保険仲介チャネルと取引保険会社に関する分析も行っている。詳細はそちらを参照されたい。

10）　例えば，柳瀬（2023a）によれば，成長性や収益性の高い企業では利益保険への加入率が高く，将来の成長機会の大きさが保険需要に影響を与えている可能性を指摘している。

4　おわりに

　1995 年の保険業法改正以降，企業保険分野においても規制緩和・自由化が進み，少なくとも制度上は損害保険会社が顧客の事業特性などに応じた保険を提供できるようになった。一方，保険業法改正から四半世紀が経過した現在でも，国内損害保険市場は伝統的な資本関係やビジネス上の関係や長年の継続的関係を重視する企業保険取引が主流となっている。このような日本の損害保険市場の特徴は，戦前の財閥資本を中心とした保険企業グループの形成過程にそのルーツがあるのかもしれない（第 1 章を参照）。

　また，企業保険の需要側にある日本企業においても，戦後長らくメインバンクを中心とした企業系列や株式持ち合いによって長期継続的・安定的な関係を形成することで，いわば，「暗黙のセーフティネット」を享受してきたのかもしれない。そうした「暗黙のセーフティネット」のもとで，個々の企業のリスクマネジメントは，往々にして受動的な対応がなされてきた可能性も否定できない。

　しかし，日本企業を取り巻く環境が大きく変化するなか，企業保険に期待される役割も大きく変化していくだろう。特に，機関投資家や外国人投資家の存在感の高まりは，日本企業の従来の株主構成を大きく変え，一連のコーポレートガバナンス改革によって説明責任が明確化された。今後，保険購買を含む企業リスクマネジメントを，全社的な意思決定プロセスとして確立・運用することが求められる可能性は十分にある。

　他方で，日本を代表する大規模企業ですら，リスクマネジメントや保険購買体制が企業価値の最大化を目的とした全社的・財務的な意思決定の枠組みの中に明確に位置づけられていない可能性も見えてきた。これからの日本企業には，財務上の意思決定と保険購買を別個のものとして扱うのではなく，統合的に理解できる組織・人材の育成が急務であろう。

　一方，損害保険業界には，戦後の主力市場が飽和状態になるなかで，あらためて企業保険部門への期待が高まる可能性が残されている（第 1 章を参照）。そうであれば，損害保険会社は，単に保険を提供するだけでなく，個々の企

業の事業特性を踏まえ，企業価値を高めるためのリスクマネジメント戦略の一環として，企業保険の役割を明確にする努力を行う必要がある。その際，損害保険会社としては，財務上の意思決定の一環としての企業保険購買の意義を理解できる組織や人材を育成することが重要である。グローバル時代において，企業・業界を取り巻く環境が複雑化してきたときだからこそ，"Back to Basics"（原点に戻れ）という姿勢がより強く求められるのではないだろうか。"Basics" を考えるうえでも，Cummins（1976）や Mayers and Smith（1982）を嚆矢とする一連の企業保険需要に関する理論研究からの示唆はますます重要になるはずである。その意味において，学術研究の観点からも，企業の保険需要に関連する実証研究の蓄積に努めるべきであり，そのためには，企業の支払保険料などのリスクコスト情報を含むさまざまなリスクマネジメント・保険関連データについて，その体系的な整備が必要になると考えられる。

第3章

日本企業に見られる保険リスクマネジメントの課題 ——保険ブローカー（仲立人）の視点から

平賀　暁・上垣内　真

1　はじめに

　2011 年 3 月 11 日に発生した東日本大震災から 12 年が過ぎ，時間の経過とともに我々の記憶が少しずつ薄れ始めている。2019 年末には，全世界に猛威を振るった新型コロナウイルスが発生し，2022 年 2 月にはロシアのウクライナ侵攻という地政学リスクが顕在化し，商流や物流の停滞によって経済・社会に甚大なる損害や損失をもたらした。これらにとどまらず，企業を取り巻くリスクは気候変動やサイバーリスクなど多種多様であり，どのリスクを優先して対策を施すべきか，リスクマネジメントの視点から非常に悩ましい状況になっている。

　2023 年 1 月 11 日に世界経済フォーラムから公表された『グローバルリスク報告書 2023 年版』では，日本企業の経営層を対象としたリスク意識の調査を行っている。これによると，今後 2 年にわたって事業運営に支障を来たす上位 5 位リスクとして，地経学上の対立，自然災害と異常気象，長期化する経済停滞，極端なコモディティショックや相場の乱高下，戦略資源の地政学上の争い，が挙げられている [1]（図 3-1）。経済リスクはインフレ・

---

1)　世界経済フォーラムの戦略パートナー企業でもあるマーシュは，『グローバルリスク報告書』のオリジナル版（英語）の編纂にあたる一方，マーシュの日本法人では，2008 年版以降の日本語版について，世界経済フォーラムからの委託を受け制作にあたっている。

2021 年度（81）		2022 年度（77）		2023 年度（106）
1	巨大自然災害［環境］	1	長期化する景気停滞［経済］	1	地経学上の対立［地政学］
2	大規模なサイバー攻撃［テクノロジー］	2	異常気象［環境］	2	Ⓝ自然災害と異常気象［環境］
3	異常気象［環境］	3	国家間紛争［地政学］	3	長期化する景気停滞［経済］
4	感染症の広がり［社会］	4	サイバーセキュリティ対策の失敗（サイバー攻撃）［テクノロジー］	4	極端なコモディティショックや相場の乱高下［経済］
5	財政危機［経済］	5	資産バブル崩壊［経済］感染症の広がり［社会］	5	Ⓝ戦略資源の地政学上の争い［地政学］

注：括弧内は回答数，Ⓝは 2023 年度に新設。
出典：世界経済フォーラム　エグゼクティブ・オピニオン調査（EOS）より（全世界の 12,600 名のビジネス経営者を対象としたアンケート）2022 年 11 月 7 日に公表。

図 3-1　日本企業の経営層が考えるリスク（上位 5 位）

物価の変動など我々の生活に密接に関わっており，リスクに対する感応度は高いが，自然災害に関しては，その発生直後こそリスクに対する認識は非常に高いものの，時間が経つにつれて，そういった認識は薄れる傾向がある。リスクが発現するのはせいぜい 10 年も 20 年も先という意識が働いてしまうのだろう。

　2008 年に世界の金融システムの脆弱性が顕在化し，大きな経済リスクの波が押し寄せた現象は「ブラック・スワン」と言われ，世間の注目を集めたことは記憶に新しい。これに対し，高い確率で甚大な損失を引き起こすと考えられているにもかかわらず，普段は軽視されがちな潜在的リスクとして，「灰色のサイ（グレイ・ライノ，Gray Rhino）」のリスクと呼ばれるものもある。これは，2013 年 1 月にミッシェル・ウッカーという米国の政治学者・政策アナリストが世界経済フォーラム（ダボス会議）で提唱した概念であり，近年，注目を浴びている。例えば，大地震などの自然災害や感染症によるパンデミックなどは，数十年・数百年の間に 1 回程度しか起きない長期的リスクであるため，どうしてもリスク意識が薄れてしまう。これらは「灰色のサイ」のリスクにほかならない。

　長期的リスクは発生頻度の低いものとも捉えられているが，世界経済フォーラムでは「世界は長期的リスクへの対応に目覚めるべきである」と警鐘を鳴らしている。企業のリスクに係る開示の義務化が進む現在，企業は「数十年に一度のイベントが来年起きることも十分にある」という意識で，これらのリスクをしっかりと把握し，自助としての対策を具体的に講じる必要がある。

　それでは，リスクへの対策にはどのようなものがあるのだろうか。第1章でも述べたように，企業のリスクマネジメントは，リスクコントロールとリスクファイナンスに大別される。リスクコントロールの手法としては，防災・減災や事業継続計画（BCP）などの実施・構築が挙げられる。こうしたリスク軽減策によって，リスクの連鎖を防ぎ，最終的な損失を軽微にすることがリスクコントロールの目的である。もちろん，リスクコントロールの実施によっても残存（残余）リスクは存在するため，保険や金融商品などによってリスクを第三者に転嫁（移転）する手法であるリスクファイナンスが必要となる。言うまでもなく，これら2つが合わさって企業のリスクマネジメントが確立されるのだが，これらの意思決定をバランスよく実施している企業は未だ大勢を占めていない。「灰色のサイ」のリスクでもあり，希薄になりがちな巨大災害リスクに対して，企業として備えるべき対策を施し，定期的な見直しを図ることが強く求められる。

　本章の目的は，日本企業のリスクマネジメントの現状と課題を探ることであり，2022年8月から6か月にわたり実施した上場企業の取締役等に対するヒアリングの結果を報告する。特に，年間売上高が1,000億円以上の日本の中堅ならびに大企業（上場企業を含む）に見られる保険リスクマネジメントの課題について，保険プログラムの組成に至るマネジメント体制とそれを遂行するプロセスの改善すべきポイントについて論ずる。

2　保険リスクと保険リスクマネジメント

　企業のリスクマネジメントの文脈において，特に保険実務の世界では，保

険リスクや保険リスクマネジメントという言葉が多用される。本章では，はじめにこれらの用語について定義を行い，そのうえで，日本企業の保険リスクマネジメントの現状と課題について論じる。

　そもそも，リスクという言葉は risicare（勇気をもって挑戦する），risico（災い）や risco（岩礁・障害）などのラテン語が語源とされており，15世紀頃から始まった大航海時代に「新天地を求めるために，自ら危険を冒しても利益を得る」という意味として，世間に知られるようになったと言われる。

　リスクにはさまざまな分類の仕方があるが，本章では，動的リスクと静的リスクの2つにリスクを区分する。動的リスクは投機的リスクとも言われ，文字どおり発生するリスクそのものが投機的であり，統計的な把握や予測が困難と言われる。加えて，同リスクの大きな特徴でもあるのは，リスクが上振れも下振れもすることである。原油価格や景気の好不況，戦争などが含まれる。

　一方，静的リスクは純粋リスクあるいは保険リスクとも呼ばれ，予想される被害や頻度が統計的に把握しやすい性質を持つ。そして，保険リスクマネジメントとは，この保険リスクの管理に限定したリスクマネジメントとして定義される。もちろん，保険リスクは，企業が抱えるすべてのリスクの一部を構成するものであるため，保険リスクマネジメントは企業のリスクマネジメントの一環として位置づけられるべきものである。

3　日本企業のリスクマネジメントの現状と課題

　本節では，日本企業のリスクマネジメントの実態を探るため，2022年8月から6か月にわたり，上場企業の取締役，社外取締役，監査役に対して，のべ20名と面談を行い，その対話から得た結論を要約する。対象とした上場企業は，エネルギー・電機・自動車・半導体などの製造業・装置産業に焦点を当て，当該企業は国内にとどまらず海外にも製造・販売拠点を有している。

「リスクマネジメントはできていますか？」

　この問いに対して「リスク管理委員会を設置し，毎年リスクの洗い出しと評価を行っている」と答えた経営者が半数を超えていた。しかしながら，それら企業のリスクマネジメントの実態は以下のようなものである。

　①重大リスクの想定シナリオと予想損害額が評価されていない。

　②所管部署の主観によるリスクの特定→評価→対策策定となっており，客観性がない。

　③リスクの把握・洗い出し→リスクマップ作製→報告に終始しており，対策立案→実施→検証→改善のPDCAサイクルを実施していない。

　④リスク対応策がリスクコントロール策のみでリスクテイクとヘッジについて議論されていない。

　⑤リスクコントロール（事業部門，財務を除く管理部門）とリスクファイナンス（主に財務部門）の連携がない。

　⑥現場の実務者が認識する個々のリスクと経営上の観点からの企業全体のリスク認識にギャップがある（リスク管理委員会の報告に経営者が納得していない）。

　⑦リスクマネジメント運用状況やリスク対応策について取締役会で議論されていない。

　⑧リスクマネジメントの年度目標が設定されていない（プロセス実施の目標のみで，重点リスクと対処方法およびゴール設定がない）。

　今回は20社に対してのヒアリングではあったが，このような実態からは，リスクの洗い出し作業で満足してしまった結果，想定外の巨額損害が発生する可能性が放置されてしまうという「リスクマネジメントの負のスパイラル」に対する懸念が生じる（図3-2）。

　それではなぜ，日本企業は「リスクマネジメントの負のスパイラル」に陥ってしまうのだろうか。ヒアリング調査から見えてきた本質的な原因は，リスクマネジメントに対する①経営者の意識不足と②取締役会の知識・経験不足，および，③リスク管理委員会に権限がないことに集約される。以下では，これら3つの原因について詳述する。

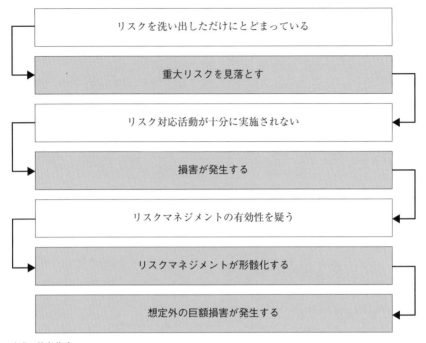

出典：筆者作成。

図3-2 リスクマネジメントの負のスパイラル

（1）経営者の意識不足

　リスクマネジメントに対する経営者の意識不足は，以下のような現象から確認することができる。

　①経営者にとって収益を生まないリスクマネジメントは「法規制に準拠していれば，それ以上の対応をとる必要はない」と捉えていないか。

　②企業存続を揺るがすような損害や外資企業などとの合併に接し，リスクマネジメント体制構築の必要に迫られるような，事後的な対応に陥っていないか。

　③事業リスクは自分が一番よくわかっているという自信から（多くの場合，それは事実であるが）現場から声を直接・間接に聞いて，問題や課題を協議するようなリスクマネジメント活動を評価していないのではないか。

　このような経験と勘に頼った経営のもとでは，感染症，地政学リスク，ESG 対応など，多様化するリスクに対応できない。リスクに対して適切な処置を施さなければ，従業員やその家族の生活を脅かし，顧客や地域社会に多大な損害を与えてしまう，というシナリオを想定できていないのではないかと考えられる。

（2）取締役会の知識・経験不足

　リスクマネジメントに対する取締役会の知識・経験不足は，以下のような現象から確認することができる。

　①リスクマネジメント＝リスクコントロールだと勘違いしていないか。

　②リスクマネジメントの意義・プロセス・効果をわかったつもりでいるが実は体系立てて理解していないのではないか。

　③トップの顔色をうかがい，機能不全に陥っていないか（モノ「言わぬ」社外取締役）。

　言うまでもなく，経営の最高決議機関である取締役会で，どのリスクを優先して対応策を講じ，どのリスクは優先順位を低く置くかなどの決定は重要な論点であり，議論すべき題目である。しかし現実には，リスクマップ作成の共有と報告だけで終わってしまい，対策について話し合われていない企業が多く見受けられる。この原因の1つとして，取締役のリスクマネジメントに関する知識・経験不足があるのではないかと考えられる。その意味においては，リスクマネジメントに関する取締役のトレーニングならびに専門人材の登用が必要であろう。もちろん，取締役がその役割を果たさず，企業価値を下げてしまった場合，役員の責任を全うしなかったことに対して株主やステークホルダーから損害賠償請求を受ける可能性があることも視野に入れなければならない（善管注意義務違反や株価下落などの事態）。

（3）リスク管理委員会に権限がない

　多くの大企業において，リスク管理委員会などが設置される傾向にあるが，同委員会の役割が取りまとめ役にとどまっており，リスクマネジメントの推進役として機能していないのではないかという懸念がある。この点は，以下

の現象から確認することができる。

①今や多くの会社がリスク管理委員会（部門・室）を設置しているが，残念ながら同委員会にはリスクを統括管理するまでの権限は与えられていない。

②各部署からリスク洗い出しのヒアリングを行ったり，リスクの頻度と影響度を指数化したりして，それぞれ「3 × 3」または5 × 5に分類して1枚のシートへ入力した結果を集約して全社のリスクマップを作成する，という取りまとめ役に終始している。

③取りまとめたリスクに対し，優先順位をつけ，対策を検討し，対応状況をモニタリングし，効果を測定し，次のアクションにつなげる，という当たり前のPDCAのサイクルをモニタリングするような機能を持たされていない。

　名称のとおり，リスクを「管理する」委員会とするならば，取りまとめだけではなく，リスク対処方法の選別と結果に対する責任を持ち（事業部門との棲み分けは必要），事業部門と同じく中期計画，年間計画，4半期計画を立て，KPI（Key Performance Indicator：重要業績評価指標）で評価する仕組みを作るべきである。

　改訂コーポレートガバナンス・コードでは，「取締役会の機能発揮」と「ステークホルダーとの対話」の視点が多く含まれている。その中でも「攻めのガバナンス」に重点が置かれていることに注目したい。経営陣の役割は，環境の変化を察知し，機会を捉え，企業価値を創造することであり，常に変化する環境に自社を適合させ，大胆な変革によって持続的な競争優位性を得られるよう進化させることである。このためにコーポレートガバナンス・コードの原則4-2で「取締役会は，経営陣幹部による適切なリスクテイクを支える環境整備を行う」と謳われている。日本企業に対しては，従来から企業の資本生産性の低さが指摘されており，結果として企業価値の向上が進んでこなかった。その原因として，経営陣が適切なリスクをとらなかったことが指摘されている。そのため，改訂コードでは，リスクテイクを支える環境の整備が強調されることとなった。

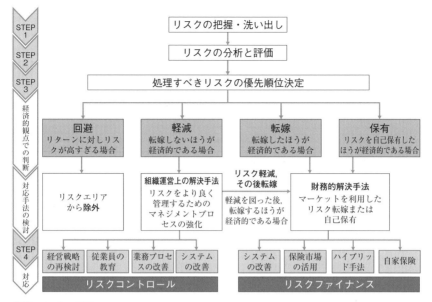

出典：マーシュ作成。

図3-3　望ましいリスクマネジメントのプロセス

4　日本企業が遂行すべきリスクマネジメントのプロセス

（1）3つのステップ

　それでは，今後，日本企業のリスクマネジメントはどのように遂行されるべきだろうか。これに対し，望ましいリスクマネジメントのプロセスは，以下の3つのステップからなると考えられる（図3-3）。

STEP 1：企業内に潜在しているリスクの把握・洗い出し

　①企業に潜在しているリスクは，それらの仕分け方にも依るが，数十から数百あると考えられる。まずはそれらを部署・部門ごとに洗い出し，前述のリスク管理委員会において部署単独のリスクか全社横断的なリスクかのふるい分けの作業を行う。

　②自社だけでは把握しきれないリスクもあるため，第三者へのヒアリング

やコンサルティングを享受したり，競合他社の事業リスクなども参考にしたりして補完する。

STEP 2：発生時の財務インパクトの把握（リスクの分析と評価）

①頻度と影響度の3～5段階評価という定性的なものだけではなく，統計学的アプローチおよびリスクシナリオ別アプローチに基づいた定量評価を行う。

②加えて，固定資産に対する損害額（ストック）のみならず，事業中断やサプライチェーン途絶による間接損害額（フロー）まで評価する[2]。

③STEP 3にも関連することだが，どこまでのリスクに対応するかの決定を行う必要がある。当然ながら，すべてのリスクに対応すると，余分なコストと時間をかけてしまうことになるので，企業として対応すべきリスクの優先順位づけはマネジメントの総意で決める必要がある。

STEP 3：処理すべきリスクの優先順位決定

リスクマネジメントはリスクコントロールのみならず，リスクファイナンス（リスクの転嫁・保有）もその範疇である。またリスクファイナンスの代表的な手段は損害保険によるリスク転嫁だが，コーポレートガバナンス・コードで謳われている「適切なリスクテイク」，つまりリスク保有も重要な手法であることに注目したい。これら複数の手法の便益・コストを勘案し，処理すべきリスクの優先順位を決定することが必要である。

（2）リスクのドミノ効果

しばしば，企業を取り巻くリスクが互いに連鎖し合うという現象（リスクのドミノ効果）が観察される。このような現象が生じた際，望ましいリスクマネジメント・プロセス，特にSTEP3（処理すべきリスクの優先順位決定）についてどのように考えるべきだろうか。この点について，地震リスクを例に挙げ，検討してみよう。

---

2) 筆者が担当した過去の事例では，フローの損害は，しばしばストック損害額の3～4倍に及んだ。

　そもそも，地震リスクは，地震の発生によって企業の有形資産が損壊や滅失するだけではとどまらない。図3-4で示しているのは，大地震が発生した場合のリスクの連鎖（ドミノ効果）である。地震によって自社の建物，工場や倉庫が全壊・半壊すると仮定する。工場などが倒壊した場合，製造や加工をしていた工程が止まり，それによって完成品・半製品が納入できなくなるため，サプライチェーンが途絶えることになる。

　こうした事業中断が発生した場合，売上や利益は立たず，一方，従業員のコスト，すなわち給料などの経常費は発生し続ける。休業によって業績は落ち込み，企業存続の危機にまで達する危険がある。企業としては連鎖をできるだけ早い段階で止めることが重要であり，予想される損失を保険購買などで事前に填補しておくことが肝要である。もちろん，企業に潤沢な内部留保や流動性資金があれば，リスクを保有・内包することもリスクファイナンスの手法の1つである。後述するが，地震による有形資産への直接損害のみ

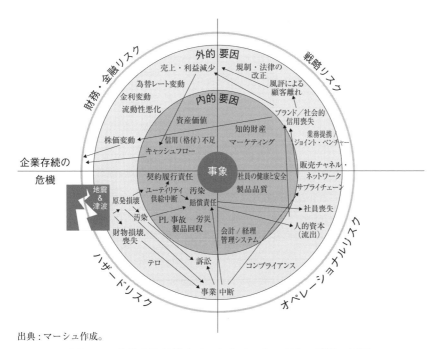

出典：マーシュ作成。

図3-4　企業を取り巻くリスクとリスクのドミノ効果の例示

ならず，事業中断による間接損害についても十分な精査が必要であり，保険購買の検討もすべきである[3]。

このように，リスクのドミノ効果が想定される場合，望ましいリスクマネジメント・プロセスにおける STEP3 では，処理すべきリスクの優先順位決定に際し，リスクの処理策として，回避・軽減・転嫁・保有のいずれを優先的に選択すべきかを決定する必要がある。

1）リスク軽減策の検討と効果測定（リスクコントロール）

例に挙げた地震リスクに関するリスクコントロールには以下の手法が考えられる。

① BCP の高度化

②従業員の安全確保・安否確認

③サプライチェーンのレジリエンス強化

④主要設備への耐震補強の実施

⑤生産拠点の分散

ここで重要な点は，これらのリスクコントロール策によるリスク発生時の財務インパクトの変化ならびに対策費用との費用対効果の測定を行うことである。リスクコントロール策は投資を伴うケースがほとんどであり，設備投資や新規事業と同様に投資に対するリターンを説明する義務がある。

2）残存（残余）リスクに対するファイナンスの検証（リスクファイナンス）

定量（計量）化されたリスクから，リスクコントロールにより軽減された

---

3) 例えば，2011 年 3 月 11 日に発生した東日本大震災において，保険金支払いに関して特筆すべき事実がある。震災被害によって，保険業界全体の企業向け地震保険の支払総額は 7,000 億円程度と推定されているが，そのうちマーシュの取扱い契約者に対する支払保険金の総額は約 717 億円に及んだ。ここで特筆すべきは，マーシュの取り扱っていた地震保険の支払保険金のうち，間接損害を填補する利益・費用保険の割合が，実に 76％も占めていたことであった。直接損害に係る被害は，最近は耐震・免震対応の構造にしているケースが多く，全壊になるケースは稀である。事業中断期間の長さにもよるが，東日本大震災の例を見るまでもなく，間接損害のほうが直接損害と比べて実損額が大きいことは明らかである。

リスク量を差し引いた残存（残余）リスクをどう処理するかはファイナンスの範疇であり，これは，①財務体力に応じたリスク保有可能額の検討，および，②ヘッジすべき額（＝残余のリスク－保有可能額）に対するリスクヘッジの検討という一連のプロセスにより検証・実行される。

　まず，リスク保有額の検討に際しては，①株価下落モデルや②欧米リスクマネジャーによる Rules of thumb, あるいは③自社の経営指標（KPI）をベースとするもの（例：ROI, 投資利益率）など，複数の手法が考えられる。この作業では自社の事業と外部環境の不確実性を考慮に入れ，どの程度の損害を受けると自社の存続が危ぶまれるのかを，経営者が数値で把握するための議論を行うことが肝要である。株主や企業価値を守るうえで，死守せねばならない KPI と定めた財務指標を毀損させないギリギリの損失額を従前から把握しておく必要がある。

　また，リスクヘッジは，①目的の明確化，②目的に即した手法，③ヘッジ・コストといった3つの観点から検討される。はじめに，資産の復旧資金確保や損益に与える影響の極小化，運転資金の確保，供給責任を果たすための緊急費用の確保などさまざまな目的のうち，リスクヘッジの目的が何であるのかを明確化する必要がある。そのうえで，保険やコミットメントライン，デリバティブや CAT ボンド，証券化など多様な手法から，当該リスクヘッジ目的に即した手法を選択する[4]。もちろん，手法の選択に際しては，ヘッジ・コストを勘案することが重要であることは言うまでもない。

5　日本企業の保険リスクマネジメントへの取組みと課題

　前節までは，日本企業のリスクマネジメントの実態や課題について論じてきたが，本節ではリスク転嫁手段の1つであるリスクファイナンスのうちの保険について，日本企業の保険リスクマネジメントへの取組みと課題を概説

---

4)　なお，上述の手法はサイバーセキュリティ，地政学リスク，環境リスク，サプライチェーンリスクなど多くの企業が重大リスクとして認識し，有価証券報告書の事業などのリスクに記載しているリスクに適用可能である。

する。

　日本における損害保険市場の自由化は遅く，1996年の保険業法の改正からであり，四半世紀をようやく過ぎたところである。それまでは保険種目それぞれについて，各保険会社は同一の保険条件や保険料率を使用し，保険の競争原理を引き出すようなマーケティングの必要性はほとんどなかった。同年を機に少しずつではあるが，日本企業も個社のリスクや財務体力に合った保険設計が施されるようにはなってきているが，大勢には至っていない。外国人株主比率が上がっている企業もあれば，グローバル展開によって利害関係者が増えたことにより，透明性の高いリスクマネジメントやリスクの転嫁手段である保険の適正な構築が要求される度合いも少しずつ高まっている。ただし，前述のように，まだ自由化から25年程度しか経過していないため，日本企業全体にその意識が浸透されているとは言い難い。

　そこで本節では，(1) アセット（有形資産）本位の保険購買，(2) 保険プログラム構築のプロセス，(3) リスク分析の実施と自己保有額（免責金額）の設定，の観点から現状の問題点を抽出し，適正なリスク転嫁手段の保険プログラム構築について，日本企業の実態に照らして考察する。

（1）アセット（有形資産）本位の保険購買

　日本の企業の多くは，アセット（有形資産）本位，すなわち物的損失のみの保険を購買していることが多く，火災や地震の発生によって事業中断が起きた場合の期間損失については，保険を活用（利益保険を購買）していないケースが多い。

　日本企業は有形資産に保険を掛けることで，バランスシート・プロテクションはできているが，損益計算書（P/L）やキャッシュフローのプロテクションは，利益保険／事業中断保険などによって対応可能であるものの，筆者の知る限りでは，欧米に比べて保険の転嫁割合が低い傾向にある。

（2）保険プログラム構築のプロセス

　保険業界では，災害によって損壊・滅失する有形資産を予想最大損害額（PML: Probable Maximum Loss）として算出することが一般的であるが，対

象の固定資産や期間損失に対して，十分な保険を購買できるかどうかが問題である。欧米では，どの保険会社の保険を購買するかは，自由競争で決められることが一般的である。保険契約の更改に際しても，最良の保険条件で，かつ保険料も競争力の高い水準を提示する企業が選ばれることが多い。このプロセスを仕切るのが，保険ブローカー（仲立人）である。顧客から BOR（ブローカー指名状）を受けて，それを保険会社に提示し，保険媒介の担い手としての役割を果たす。その役割は，大きく次の5段階の流れを踏む。

①保険プログラムの設計：顧客と協議して保険プログラムを設計する。

②サブミッション作成：使用予定の保険約款や特約条項を作成して，いわゆる「保険のスペック」を準備する。

③見積取得：サブミッションを保険会社に提供し，スペックに合致した見積もりを取得する。

④見積比較・再交渉：全体の価格や保険条件について，顧客と協議のうえ，保険会社と交渉しながら調整する。

⑤保険プログラムの決定：顧客の意向を十分に反映したうえで，保険プログラムと参加保険会社を決定する。

企業が持っている資産（拠点）の数などによって①〜⑤の期間も変わるが，海外拠点を数か所も持っていれば，短くても3か月，長いものだと1年近い準備期間を要することがある（本件については後述する）。保険ブローカーの役割は重く，対顧客および対保険会社のコミュニケーション能力が試されることになる。

日本企業でも大企業の多くは企業系列・グループに属することが多く，その関係から自ずと保険を購買する保険会社も決まっている場合がある。複数社との取引をする企業もあれば1社のみから購買する企業も多く見受けられる。欧米企業の場合，競争原理を働かせて，保険ブローカーなどの媒介や提案を受け入れ，最良のプログラムを企業が構築できるが，日本では必ずしも競争原理が機能しているとは言えない。近年，日本でも保険の購買担当責任者が欧米のようにリスクマネジャーである事例が見られるようになっているが，もっぱら総務や財務経理などの管理部門が担当している企業も，まだ多く見られる。

　加えて，保険購買に多くのケースで関わり，保険契約を仲介する企業内代理店の存在がある。相当な知識や技能を持ち合わせている企業内保険代理店もあるが，多くは代理申請（代申）会社などの提案するプログラムを採用・運用している。そして，大規模なプログラム（設定される保険金額が数百億円以上）にもかかわらず，乗合代理店でありながら，1社購買をすることで，個社として満足のいく保険金額を取得することができないケースも散見される。

（3）リスク分析の実施と自己保有額（免責金額）の設定

　もう1つ，保険プログラムの構築に関して，重要な点を指摘したい。欧米では，個社の財務体力やリスク許容度に対応した免責（あるいは自己保有）金額を導入するのが一般的だが，日本ではゼロあるいは非常に低い免責金額を設定しているケースが多く見受けられる。大企業にとって数十万～数百万円の自己保有によって財務の健全性が失われることはなく，保有金額を従来よりも高く設定することで，リスクに見合った保険購買も可能になる。欧米企業が自己保有額を設定する理由は，以下の3つが考えられる。

①保険の購入を抑えることで，保険コストの軽減を図る。そのコストを事故予防などに充当することも可能である。

②保険に高額な自己保有額を設定し，そのコストを用いてより高額な保険限度額を得る。

③自社保険会社（キャプティブ）へ保険料を還流させて，独自のリスクヘッジやリスクマネジメントを実施する。

　リスクコスト（Cost of Risk）を考える場合，自己保有額や支払保険料など資本コストを十分に吟味する必要があり，そのためには専属のリスクマネジャーや保険ブローカーなどの専門知識を持った仲介・媒介業者を入れることも肝要である。自己保有額を高額にすることで，単にコストの低減を目指すのではなく，事故や損害が起きないような自己防御やリスクコントロールを社内に浸透させる効果も期待できる。BCPの策定や耐震・防災対策を施すことによって，社員のリスク意識を醸成し，リスクマネジメントについて社内横断的に意識づけさせるという相乗効果も得られる。

6　補償（プロテクション）ギャップと適正な保険プログラム

　災害リスクが発生した場合，自社の資産が損壊・減失する直接損害と，事業中断に伴う機会（利益）損失の間接損害とがあることを理解した企業は，両方のリスクを保険に転嫁する方策を講じる。ただし，ここで課題として挙げられるのが，購買者が保険の知識を十分に習得しているかどうかである。リスクマネジャーや保険に精通した担当者を配置することで，補償（プロテクション）ギャップを生じさせないように保険条件を吟味する必要がある。

　この数年，地球温暖化もその原因の1つと考えられるが，異常気象が増発し，世界各地で損害や被害が増大するなか，経済的損害額と保険金額との差，すなわち自然災害のプロテクション・ギャップは，世界で大きな問題となっている。一方，企業自体も同様の問題を抱えるが，世界で起きているプロテクション・ギャップとは違う次元であり，それは保険プログラムを構築する際に発生する事由である。

　図 3-5 で示しているのが，無保険や過少保険に見られる補償（プロテクション）ギャップの原因である。保険金額とは保険給付の限度額として損害保険契約では定められているが，損害保険契約は損害額に応じて保険金が支払われる損害塡補方式の契約なので，実際に支払われる保険金と保険金額が一致しないケースがある。実損塡補は，保険金額や塡補限度額を上限に実際の損害額が支払われる。一方，比例塡補方式は保険金額が保険価額を下回る場合，実際の被害が出た場合は，当初の割合に応じて比例配分で保険金が支払われることになる。ここで大事なポイントは，企業が購買する保険がはたしてどちらの方式を適用しているかである。筆者の知る範囲では，扱っている企業案件のほとんどが実損塡補方式を採用しており，リスク（列挙された危険）の種類によってはサブリミットが設定されることもある。これはリスクを計量化・分析する企業側からの要望である場合と，リスクを引き受ける保険会社のリクエストで設定されることもある。このような保険条件は，保険プログラム構築の際に保険会社と十分に協議・確認をしなければならず，それもリスクマネジャーの重要な役割である。

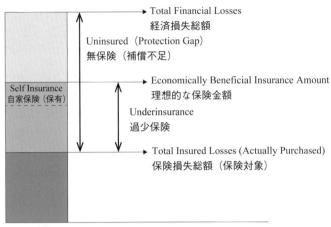

出典：マーシュ作成。

図3-5　無保険・過少保険に見られる補償ギャップ

　補償ギャップを埋めるもう1つの施策は，複数の保険会社に保険プログラムへ参加（保険引き受け）してもらい，企業が求める保険金額・限度額を達成することである。マーケティングをすることで，引き受け先を見つけるプログラム構築の重要なプロセスの1つでもある。前述した保険ブローカーの役割の1つがこのマーケティングであり，広く保険会社を募るために保険会社巡りをして，保険プログラムの説明と引き受けを依頼する（これをロードショーと呼ぶ）。これも保険プログラム構築に向けた重要なプロセスである。多くの場合は企業のリスクマネジャーあるいは保険購買担当責任者に保険ブローカーが同行して引受先を確定し，保険プログラムの完成を目指すのである。

　複数社の引き受けには，図3-6のとおり，縦割りの共同保険方式と横割りのレイヤリング（階層）方式がある 5）。日本企業が複数の保険会社を使う場合は前者の共同保険方式が多く，欧米は後者あるいは前者と後者の混合であるパネリング方式が使われる。共同保険方式は保険条件がまったく同じ前

5）　ドハーティ（2012）は，リスク・シェアリングの観点から，レイヤリング方式の経済的意義について具体的な数値例を用いて解説している（同書，第14章3.1節「リスク・シェアリング：階層プログラムの最適化」を参照）。

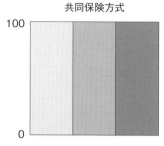

出典：マーシュ作成。

図 3-6　縦割りの共同保険方式と横割りのレイヤリング（階層）方式

提で組み込まれるものであり，引き受け割合はそれぞれの保険会社の希望率
や企業の保険会社に対する要望・依頼によって決定される。一方，レイヤリ
ング方式（レイヤー方式）やパネリング方式は，保険条件が必ずしも一致す
ることはなく，階層によっては保険条件から外されるリスクもあり，また引
き受けた場合でもサブリミット（条件差額）を設定されることもある。

　レイヤリング方式やパネリング方式では，保険条件の擦り合わせに時間が
かかり，また専門知識を有していないと条件が漏れる可能性がある。さらに，
企業が求める保険金額・限度額を獲得できない状況も起こるため，相当なマー
ケティング力が必要となる。なお，これらの行為は企業からの承諾と指示が
ないと保険ブローカーはマーケティングができないため，保険プログラムの
設計の際に，引き受ける保険会社に制約や好みがあるか否かを確認すること
も非常に重要なことである。日本企業の多くは，まず引き受ける保険会社あ
りきで，その後に条件交渉やサブミッションを提供することになり，欧米に
見られる保険会社の自由競争・入札とは趣が違う。

7　おわりに

　日本企業のリスクマネジメントは，少なくとも形式的な進展は確認される。
しかしながら，それが形式的・表面的なものにとどまっている限り，経営計

画における「取るべきリスクやその対応策の明確化」が実現しない可能性が
ある。その結果，経営計画の遂行に支障をきたし，ひいては企業価値の向上
を制約することにもなりかねない。日本企業がイノベーションを創出し，顧
客と市場に価値を提供し，従業員を雇用し，地域社会に貢献するためには，
適切なリスクテイク（アクセル）とリスクヘッジ（ブレーキ）のバランスに
ついて議論し，実行することが肝要である。リスクマネジメントの意思決定
が単に法的な要請や損害発生後の対応というような「受け身の姿勢」からで
はなく，「主体的・能動的な姿勢」によるものに進化するためにも，日本企
業の経営者の意識改革と取締役会のリーダーシップがより内発的なものにな
ることを期待したい。

第4章

中小企業のリスクファイナンスの動向

岡田 太

1　はじめに

　企業リスクマネジメントの歴史を振り返ると，企業規模の拡大すなわち大企業化が一般的なリスクマネジメントの誘因だったと言われる（前川，1967，205-207）。取引コスト理論によると，企業組織は市場の代替として理解される。その意味で，企業は市場より取引コストが小さいとはいえ，企業規模の拡大は経営を複雑なものにし，リスクが増大する。一方で，所有と経営の分離によりリスク負担能力が向上し，専門経営者による高度な経営が可能となる。20世紀前半，大企業体制が最も進んでいたのが米国であった。そして，大恐慌を契機として，保険をめぐるコストがリスクコスト（Cost of Risk）の問題として初めて表面化した。以後，保険マネジメントを経て，リスクコントロールとあわせて包括的なマネジメントとして体系化が始まったのが1950年代であった。

　今日，リスクマネジメントは全社的リスクマネジメント（ERM），事業継続計画（BCP），内部統制および危機管理など，多様化または標準化され，大きく進歩を遂げている。これらは大企業だけでなく，中小企業にも適用可能である。大企業と比べて中小企業の取組みは遅れているが，決して中小企業はリスクマネジメントを軽視してよいということではない。むしろ，企業価値を高めるためには，リスクマネジメントが必要かつ重要である。

　本章では，中小企業の特徴を整理したうえで，それがリスクマネジメントやリスクファイナンスにどのような影響を与えるかについて考察する。それを踏まえて，経営資源が不足している中小企業に対してどのような協力や支援を行うべきか，利害関係者の役割について検討する。なお，中小企業分野に焦点を当てた研究は多くないため，いくつかの先行研究や関連制度を集約し，論点を整理したい。

2　中小企業の多様性

　中小企業は，中小規模の企業を指す。「中小企業基本法」（1963 年法律第154 号）[1] によると，主な業種ごとに，資本金（出資）の総額と常時使用する従業員の人数を基準に中小企業者（会社または個人）の範囲が規定されている。すなわち，

- ・製造業，建設業，運輸業，その他の業種については，「資本金の総額が3 億円以下または従業員が 300 人以下」
- ・卸売業については，「資本金の総額が 1 億円以下または従業員が 100 人以下」
- ・サービス業については，「資本金の総額が 5,000 万円以下または従業員が 100 人以下」
- ・小売業については，「資本金の総額が 5,000 万円以下または従業員が 50 人以下」

中小企業庁（2022）[2] によると，同法の定義に該当する中小企業者（2016年）は 360 万（社・人）で，全企業[3] の 99.7% を占める。業種別に見ると，「サービス業」（41.8%）が最も多く，以下「卸売・小売業」（23.2%），「建設業」（12.0%），「製造業」（10.6%）と続く。また，中小企業基本法では，以下を小規模企業者と定義している。

---

1)　1963 年制定，1973 年改正を経て，現在では 1999 年改正法の定義が使用されている。
2)　中小企業庁（2022）付属統計資料 1 表，3 表および 4 表。
3)　ここでの企業は民営，非 1 次産業，会社および個人事業者を指す。

・製造業その他の業種については，「従業員 20 人以下」

・商業とサービス業については，「従業員 5 人以下」

　常用雇用者が 5 人以下の企業は全企業の 79.1%，20 人以下は 93.6% を占める（2016 年）。もっとも，中小企業者は資本金と従業員数のどちらかの基準を満たしていればよく，小規模企業者は従業員数のみである。したがって，資本金は中小企業の基準を満たしているが，従業員数が基準を上回る企業もあれば，反対に従業員数は中小企業の基準を満たしているが，資本金が基準を上回る企業も中小企業者に含まれる。小規模企業者についても，資本金が中小企業の基準を上回るものが存在する。上場会社は全企業の 0.1% ほどであるが，多数の中小企業が含まれており，その多様性を表す一例である[4]。一方，中小企業の定義に該当しない大企業は全企業の 0.3% の 1 万（社・人）にすぎない。また，大企業で働く従業者（2016 年）は 1,459 万人で全企業の 31.2%，売上高（2015 年）では 799 兆円で 55.9% を占める。中小企業は，大企業とともに日本経済を支える重要な存在なのである。

　「1999 年改正中小企業基本法」は，中小企業に期待される役割として，①新たな産業の創出，②就業の機会の増大，③市場競争の促進，④地域経済の活性化の促進などを定めている（第 3 条）。もっとも，中小企業は，大企業と比較して規模が小さいことから生じる特徴が見られる（渡辺，2022 などを参照）。例えば，①市場競争が激しいため，特定の分野に専門化する必要性が高い。②従業員が少ないため，多様なスペシャリストの確保が難しく，外部への依存が大きい。③経営組織はシンプルで階層の程度は低い。④同族会社[5] がとても多く，所有と経営が未分離である，⑤外部資金の調達について制約が高い。そしてこれらの特徴は中小企業特有の諸問題を生み出す大き

---

4)　中小企業庁（2021）によると，中小企業の売上高の平均は 1,900 万円（2016 年）である。売上高 1,000 万円以下の企業が全体の約 4 割を占めるが，売上高 10 億円超の企業も約 3% 存在する。また，中小企業の中にも大企業を上回る労働生産性の高い企業が一定程度存在する。

5)　同族会社とは「会社の株主等の上位 3 株主グループが有する株式数又は出資の金額等の合計がその法人の発行済株式の総数又は出資の総額等の 50% 超に相当する法人」をいう。国税庁（2023）「令和 3 年度分会社標本調査結果」によると，資本金 1 億円以下の同族会社は企業（単体法人）の 96.6%，資本金 1 億円超の同族会社は 58.4% を占める。経営者の高齢化が進むなかで，事業承継は中小企業の大きな課題である。

な要因となっている。同時に，中小企業のリスクプロファイルやリスクマネ
ジメントに影響を与えると考えられる。

　中小企業に期待される役割を発揮するために，リスクマネジメントやリス
クファイナンスの強化・充実が求められるが，中小規模ゆえに，大企業と相
対的に異なる問題や課題が存在し，自律的なリスクマネジメントの展開を困
難にしていると推察される。その意味で，政府の中小企業政策には，リスク
マネジメントを推進する側面がある。本章は，このような中小企業の特徴に
着目し，リスクマネジメントとリスクファイナンスの現状と課題について考
察する。

3　中小企業におけるリスクマネジメント（リスクファイナンス）の展開

（1）リスクの認識状況

　中小企業を取り巻くリスクの認識について，2つの調査を概観する。

　表4-1は，帝国データバンクが実施している「事業継続計画（BCP）に対
する企業の意識調査」結果の一部である。BCPを「策定している」「現在，
策定中」「策定を検討している」のいずれかに該当する企業[6]を対象に，事
業の継続が困難になると想定されるリスクを認識する割合を表す。中小企業，
大企業ともに地震や風水害，噴火などの「自然災害」リスク（大企業79.6%，
中小企業68.5%）が他のリスクを引き離して最上位を占めている。また，中
小企業は「自然災害」「感染症」などの割合が大企業を下回っている。とり
わけ，「自然災害」，「情報セキュリティ」（大企業43.6%，中小企業33.0%），「情
報漏洩やコンプライアンス違反の発生」（大企業34.6%，中小企業25.6%）に
ついては10ポイント前後の差がある。一方，中小企業が大企業を上回って
いるのは，「設備の故障」「取引先の倒産」「取引先の被災」などであり，な

---

[6]　中小企業基本法に準拠して区分しているが，全国売上高ランキングが上位3%の中小
　　企業は「大企業」として，同ランキングが下位50%の大企業は「中小企業」として扱っ
　　ている。

表 4-1　企業規模別に見る事業継続が困難になるリスク（複数回答）

	直近4〜5年の平均（%）	
	中小企業	大企業
自然災害	68.5	79.6
感染症（インフルエンザ，新型ウイルス，SARS など）	45.2	49.8
設備の故障	39.8	35.5
情報セキュリティ上のリスク	33.0	43.6
火災・爆発事故	33.2	36.2
物流の混乱	28.9	30.9
自社業務管理システムの不具合・故障	30.6	36.7
取引先の倒産	33.0	25.6
情報漏洩やコンプライアンス違反の発生	25.6	34.6
取引先の被災	30.0	29.2
戦争やテロ	14.4	16.4
経営者の不測の事態	20.5	12.9
製品の事故	19.5	18.4
環境破壊	5.6	6.5
その他	1.8	1.0

注1：各リスクについて，「中小企業」または「大企業」の割合が大きいほうに網掛けをしている
　2：リスクは 2022 年調査で中小企業の割合が大きい順に並べている。
出典：帝国データバンク（2018, 2019, 2020, 2021, 2022）をもとに筆者作成。

　かでも「取引先の倒産」（大企業 25.6%，中小企業 33.0%），「経営者の不測の事態」（大企業 12.9%，中小企業 20.5%）については，7% ポイント以上の差が見られる。リスクの認識は外部情勢の変化や動向に影響を受けるとはいえ，中小企業のリスク認識には中小企業の特徴が反映されている [7]。

　表 4-2 は，2022 年に日本損害保険協会が実施した中小企業のリスク認識についての実態調査である（日本損害保険協会, 2022a, 16-29）[8]。これによると，14 のリスクのうち何らかのリスクを認識している企業は 9 割近くに

---

[7]　近年は小規模企業のリスク認識が省略されているが，2019 年の調査によると，小規模企業は多くのリスクについて割合が中小企業を下回っている。もっとも，「取引先の倒産」と「経営者の不測の事態」については中小企業を上回っており，重大なリスクであると認識している。

[8]　調査対象は，決定権があるか，または選定に関与する損害保険契約関係者であり，回答者の約 7 割を「経営者・役員」（64.5%）と「部長クラス」（6.9%）が占めている。

表 4-2　中小企業のリスク認識状況

	Ⓐ	Ⓑ	Ⓒ
自然災害	51.8	61.2	36.7
顧客・取引先の廃業や倒産等による売り上げの減少	41.8	73.3	55.5
感染症	38.4	76.0	55.3
勤務中や移動中における損害賠償	34.4	40.8	25.6
経済環境リスク	28.3	88.7	57.2
情報の漏洩	23.2	59.8	57.7
法令遵守違反	20.5	46.0	64.5
サイバーリスク	20.1	58.9	57.5
製造物に関する損害賠償	15.2	43.9	25.5
国際情勢（軍事侵略や紛争等による影響）	14.0	72.9	68.1
従業員からの損害賠償請求（ハラスメント等）	11.2	39.1	62.6
環境問題（温暖化・土壌汚染・海洋汚染等）	9.0	59.1	57.0
テロ・破壊活動	5.9	49.2	62.3
その他	0.6	100.0	33.3
14 のいずれかのリスクの合計	86.6	79.1	27.5

注：Ⓐ企業活動においてリスクと認識している割合（％），上位 5 つに網掛けをしている。
　　Ⓑリスクと認識し，「深刻に受け止めている」割合（％）（「とても深刻である」と「やや深刻
　　である」の合計）。その他を除く上位 5 つに網掛けをしている。
　　Ⓒリスクと認識しているが，「特に対策／対処をしていない」割合（％），5 割超に網掛けをし
　　ている。
出典：日本損害保険協会（2022a）をもとに筆者作成。

達し，個別のリスクについては「自然災害」が 51.8％ で最も大きい。「自然
災害」が最上位である点は，前述の帝国データバンクの調査（帝国データバンク，
2022，3）と同様であるが，その割合はかなり小さい。サンプリングの相違の
ほか，帝国データバンク（2022）は BCP を「策定している」「現在，策定中」
「策定を検討している」企業を対象としているため，リスクの認識に差が生
じていると予想される。見方を変えれば，日本損害保険協会（2022a）のほ
うが中小企業全体の実態を表しているかもしれない。また，自然災害リスク
を認識し，「深刻に受け止めている」割合（「とても深刻である」と「やや深刻
である」の合計）は 61.2％ で，「経済環境リスク」「感染症」「顧客・取引先
の廃業や倒産等による売り上げの減少」「国際情勢（軍事侵略や紛争等による

影響)」に次ぐ 5 番目である。自然災害の地域差やリスク対策がある程度進んでいるなどの要因が考えられる。

　次に，リスクを認識しているものの，「特に対策／対処をしていない」と回答した割合が大きいリスクを上位から順に挙げると，「国際情勢（軍事侵略や紛争等による影響)」「法令遵守違反」「従業員からの損害賠償請求（ハラスメント等)」「テロ・破壊活動」と続く。表より，5 割以上の企業がこれらを含む 10 のリスクについて対策を行っていないことがわかる。一般に，多様なリスクに直面する企業は，それらのリスクを包括的に管理することが望ましい。しかし，回答結果を見ると，中小企業は部分的なリスク管理にとどまり，包括的なリスクマネジメントの導入が遅れていることが示唆される。

　リスクを認識しているにもかかわらず，企業が対策を行っていない理由（複数回答）は何であろうか。リスクにより多少の違いが見られるが，「対策をする費用に余裕がないため」（17.6 ～ 38.8%)，「具体的な対策方法がわからないため（相談先がわからない)」（12.1 ～ 32.9%)，「リスクによって生じる影響・損失がわからないため」（13.0 ～ 32.1%) が上位を占める。「社内や周囲に専門の人材がいないため」（1.9 ～ 20.0%)，「対策をする人手に余裕がないため」（6.4 ～ 15.0%)，「対策をする時間に余裕がないため」（3.3 ～ 11.5%)と合わせて，中小企業はリスクマネジメントを実施するための経営資源が不足していることを示唆する調査結果である。

（2）リスクマネジメントの組織

　多様なリスクに直面している中小企業のリスクマネジメントの体制について見てみよう。

　2015 年にみずほ総合研究所が行った調査（中小企業庁，2016, 211；みずほ総合研究所，2016, 14) によると，「リスク管理を担当する専門部署がある」と回答した大企業は 18.5% であるのに対し，中小企業はわずか 3.9% と大きな差がある。「リスク管理は総務・企画部門等が兼務している」については大企業が 66.9%，中小企業が 55.7% で，両者の差は縮小する。もっとも，「担当部署なし」については大企業が 14.6% であるのに対し，中小企業は40.4% で，両者が逆転する。しかも，企業規模が小さくなるほど，「担当部

署なし」の割合が大きくなる傾向が見られる。中小企業の場合，人的資源の制約で専門の部署を設置するのが難しいようである。

（3）リスクマネジメントにおける中小企業支援の必要性

　これまでの実態調査から，中小企業は規模が相対的に小さいことに起因してリスクマネジメントの導入が進んでいない，言い換えれば企業間に格差が生じているように思われる。リスクマネジメント力を強化するためには，中小企業の主体的な取組みが求められるとともに中小企業への支援が欠かせない。そこで以下では，近年最大の脅威の1つと認識されている（大規模）自然災害対策について，政府（自治体），サプライチェーンおよび金融機関の支援について検討を行う。

　政府の中小企業に対する基本的施策の1つである災害対策は，災害により経済的な影響を被る中小企業の経営安定化を目的とする。それは大きく事前と事後に分けられ [9]，事前対策は防災・減災とBCPへの支援が大きな柱である。事後対策は災害からの復旧・復興であり，災害貸付や信用保証，返済猶予など各種の金融支援，税制優遇などがある。また，「激甚災害に対処するための特別の財政援助等に関する法律」（1962年法律第150号）に基づき，政府が激甚災害に指定した場合，被災した中小企業に対して災害関係保証が適用される。

　災害対策の歴史を俯瞰すると，東日本大震災や阪神淡路大震災のような大規模自然災害は復旧・復興に多大な時間や資金，労力を必要とする。このため，災害対策をより効果的に行うには，事前対策の充実が大きな課題である。2019年に制定・施行された「中小企業の事業活動の継続に資するための中小企業等経営強化法等の一部を改正する法律」（中小企業強靭化法：2019年法律第21号）では，中小企業の経営を強化するために，従来の経営革新や経営力向上などと並んで，新たに「事業継続力強化」が追加された。それは大規模自然災害など，経営基盤を揺るがし，事業継続を困難にしうる重大なリスク（自然災害，感染症，サイバー攻撃）について，経営資源への影響を分析し，

---

9)　通商産業政策史編纂委員会・中田（2013, 1179）は，災害の防止，被災中小企業者の経営・生活の安定，災害復旧の3つに分けて，災害対策を体系化している。

事前・事後の対策を定めて実践し，継続的改善に努めることで，事業活動を継続する能力の強化を図ることをいう。中小企業者は単独または他の中小企業と連携して計画を策定し，経済産業大臣に申請する。認定を受けた企業はロゴマークの活用や中小企業庁ホームページでの公表のほか，低利融資などの金融支援，防災・減災設備に対する税制措置，補助金の加点措置などの支援が受けられる。2023年3月末現在の総認定件数は5.3万件である。継続して認定を受けるためには，実施期間（3年以内）中に再度申請を行う必要がある。

　事業継続力強化計画認定制度の特徴は，中小企業間の連携の推進と商工団体やサプライチェーンの親事業者，金融機関，損害保険会社，地方自治体などの関係者に中小企業のBCP導入に対する協力を要請している点である。言い換えれば，企業間関係またはネットワークの活用である。

　　次は，サプライチェーン（供給の連鎖）である。「商品の企画・開発から，原材料や部品などの調達，生産，在庫管理，配送，販売，消費までのプロセス全体」（経済産業省, 2021, 90）を指すサプライチェーンは，国内外に展開している。近年，大規模災害によりサプライチェーンを構成する中小企業が被災し，サプライチェーンが途絶・混乱する事例が発生している。サプライチェーンを取り巻く多様なリスクを的確に管理し，レジリエンスを高めるために，企業は自社だけでなく，サプライチェーン全体でのリスクマネジメントが重要な課題である。

　　日本政策金融公庫総合研究所（2013）は，東日本大震災によりサプライチェーンの脆弱性が顕在化したことを受け，サプライチェーン・マネジメントの観点から自動車産業を対象に中小企業のリスク対策を調査・分析したものである。これによると，当時においても中小企業単独での取組みは限定的であり，有事の際に取引先からの要請に対応するのは困難であった。しかし，そのような状況下においても他企業と連携してリスク対策を行う中小企業が存在した。それらの事例から，中小企業におけるリスク対策のポイントを3つ挙げると，(1) 自助努力と相互補完，(2) 連携を活用したリスク対策の4タイプ，(3) 企業間連携の成立条件である。これらのうち，(2) 連携のタイプを，①取引先（大企業）との連携，②単独の中小企業同士の連携（近隣 / 遠

隔，同業種／異業種），③事業組合・団体などを介した連携，④経営統合・買収による拡大，他業種への進出に分類する。同調査はリスクコントロールに焦点を置くが，後述するように，これらの企業間連携を基礎にリスクファイナンスの連携につながる可能性がある。

　最後に，金融機関である。大規模自然災害が発生すると，中小企業の財務状況が逼迫し，返済が困難な事態になるかもしれない。したがって，中小企業における BCP の普及は，金融機関にとってもメリットがあると考えられる。しかしながら，家森・浜口・野田（2019）によると，金融機関が BCP 策定について積極的に要請または支援することは稀である [10]。一部熱心な金融機関があるものの，全体としては金融機関と企業とのコミュニケーションが不足しており，中小企業強靭化法で期待されている役割は果たしていないようである。

　ところで，帝国データバンクは，前述の「事業継続計画（BCP）に対する企業の意識調査」を毎年実施している。2022 年調査では「策定している」中小企業は 14.7%，大企業は 33.7% である。策定率はどちらも増加傾向にあるが，中小企業の場合，直近 6 年間で最大 3.2 ポイントしか増加しておらず，導入のペースは緩やかである。策定の効果としては，「従業員のリスク意識の向上」(51.6%) が最も大きく，「事業の優先順位の明確化」(30.6%)，「業務の定型化・マニュアル化の進展」(28.7%)，「業務の改善・効率化」(25.5%)，「取引先からの信頼向上」(23.0%) などがある。

　一方，策定していない理由は，上から順に「策定に必要なスキル・ノウハウがない」(42.4%)，「策定する人材を確保できない」(30.4%)，「書類作りで終わってしまい，実践的に使える計画にすることが難しい」(25.5%)，「策定する時間を確保できない」(25.2%)，「自社のみ策定しても効果が期待できない」(24.6%)，「必要性を感じない」(21.6%) などである。BCP 策定についての協力・支援や地域や取引先を巻き込んだ取組みの必要性を示唆している。そして，後述するように，これらのネットワークは中小企業のリスク

---

10)　中小企業庁（2016, 318-319）によると，金融機関が企業にリスクへの対応を促している主な取組みとしては，「新たな販売先の確保」「事業を承継する人材の確保」などの経営課題である。

ファイナンスにも活用できるかもしれない。

4　中小企業のリスクファイナンス

　すでに述べたように，中小企業は大企業と比較して規模が小さいことから
生じる特徴が存在する。中小企業は外部資金の調達について制約が大きく，
リスクが顕在化した場合の資金調達手段を指すリスクファイナンスについて
も当てはまる。金融取引を行う際，当事者間には情報の非対称性が存在し，
企業規模が小さくなるほど，非対称性は大きくなる。このため，事業状況や
財務情報などの開示が進んでいる大企業では，株式や社債の発行による資金
調達が広く利用されているのに対して，開示が遅れている中小企業は金融機
関などからの借入による資金調達に依存している[11]。金融機関は情報を収
集・分析・評価することで，情報の非対称性を緩和することができるからで
ある。したがって，メインバンクがリレーションシップバンキング（地域密
着型金融）としての役割を発揮することが期待される。近年では，金融機関
が中小企業に寄り添い，継続的な経営支援（伴走型支援）を行う動きが広がっ
ている。
　また，民間金融機関の融資が困難な被災中小企業に対して，政府系金融機
関の日本政策金融公庫は災害復旧貸付や特別貸付を行い，あわせて信用補完
を行うなど，資金繰りの支援を行う。災害救助法が適用された場合など，信
用保証協会も通常の保証限度額とは別枠で借入債務をすべて保証する（セー
フティネット保証4号）。
　リスクファイナンスの手段は，伝統的にリスクを自社で負担するか否かで
保有と移転に分けられる。保有の財源は，主に事業活動が生み出すキャッシュ
フローなどの内部資金と借入や債券，新株などの外部資金である。一方，移
転の財源は保険やデリバティブなどの外部資金である。それらは借入や債券，
株式などと異なり，資本構成は変化しない。いわばオフバランスの自己資本

---

11)　金融機関は貸し倒れのリスクに備えて担保を設定するのが一般的である。

としての性格を持つ。なお，保有と移転の両方を組み合わせたハイブリッドな手段も存在する[12]。

中小企業の外部資金調達の制約は，災害時のリスクファイナンスにおいても同様である。したがって，保険は資金調達に制約のある中小企業にとって有効な財務手段である。

（1）資本構成

図4-1は，企業規模別の自己資本比率の推移を表す。大企業は近年やや下降しているが，2008年以降40％台を維持している。中規模企業は1998年以降急速に上昇し，近年は大企業と同程度の水準にある。借入依存度の高い小規模企業は，大企業や中規模企業と明らかに異なる。2017年の20.5％をピークに下降傾向にある。

金融機関の融資に頼らざるをえない中小企業は，負債の節税効果を享受する一方，倒産確率が上昇し，倒産コストが発生する（トレードオフ理論）。倒産には至らないまでも，財務上の困難に陥ると，さまざまな追加コストが生

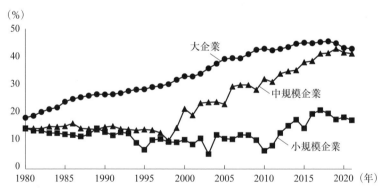

注：大企業は資本金10億円以上，中規模企業は資本金1,000万円以上1億円未満，小規模企業は
　　資本金1,000万円未満。
出典：財務省「法人企業統計調査年報」より筆者作成。

図4-1　自己資本比率の推移

---

12) 2004年に巴川製紙所が東海地震による災害時の資金繰りを確保するために行った融資枠予約が一例である。

じる。このため，中小企業は負債調達の余力を残しておくこと，および内部留保を増やして自己資本の充実を図ることが大切である。自己資本のうち，内部留保は「自己保険」と呼ばれることがある。リスクを第三者に移転する保険本来の語義と矛盾するが，あらゆるリスクに対応可能な手段として認識されている。また，契約で定めた条件に限定されるものの，オフバランスの自己資本である保険も負債利用の影響を抑えることができる。

　次に，情報の非対称性が存在する場合，資金調達手段に優先順位が存在する（ペッキングオーダー理論）。外部資金調達が困難 13) な中小企業の場合，金融機関からの借入より内部留保や保険が優先される。損害発生後に借入を利用する場合，借入状況や返済能力などによって期間が短縮されたり，条件が追加されたりするなど，取引が制約されることがあるからである。これに対して，内部留保や保険を利用する場合，情報の非対称性の問題は発生しない。

　また，中小企業は所有者と経営者が同一のオーナー経営企業であることが多い。所有と経営が一体であるため，大企業のように，株主と経営者の間の利益相反によるエージェンシーコストは生じない 14)。オーナー経営企業ではあるが，同族でない役員や従業員，取引先などが外部株主として株式を一部所有する場合がある。この場合は，株主と経営者間のエージェンシーコストが生じることがあるが，大企業と比べてコストは小さい。これらの企業の所有者（経営者）は自身の資産を広く分散することが可能な投資家と異なるため，リスクファイナンスを通じて，企業のキャッシュフローの安定を図ることについて利害が対立しないと考えられる。

　最後に，リスクマネジメントを実施するうえで必要なスキルやノウハウが

---

13)　もっとも，大企業もまた大災害直後に資本市場から資金調達するのは難しく，事前の資金確保が課題である。大災害後のキャッシュフローの減少と流動性の不足に備えて，1999 年にオリエンタルランド社は CAT ボンド（地震債券）の発行と債券発行予約（コンティンジェント・デット）を行った。CAT ボンドの満期後も新たなリスクファイナンスを実施したため，東日本大震災が発生した際も手元流動性を確保することができた。その後も，同社は地震リスクに対して先進的なリスクファイナンスを実施している。
14)　大企業の親会社から一定の割合で出資を受けているなど，大企業の支配下にある中小企業の場合，所有と経営は分離するため，エージェンシーコストが生じる。

不足しがちな中小企業は，保険の購入により，リスクコントロールや損害調査など保険会社が提供するサービスを受け取ることができる。これらは，内部留保では得られない価値である。

（2）損害保険需要

　中小企業の保険需要についての理論・実証分析は少なく，浅井義裕教授の一連の研究は有益である（浅井，2015，浅井，2019a，Asai，2019，浅井，2019b，浅井，2019c，浅井，2021など）。以下，浅井（2021，77-96）における損害保険需要の決定要因を紹介する。それによると，次の３つの仮説を設定する。①資金制約が大きいほど，損害保険需要は大きくなる。②節税の動機を持つ中小企業ほど，損害保険需要は大きくなる。③信用評点が高い（信用リスクが低い）中小企業ほど，損害保険需要は大きくなる。

　実証分析の結果，①についてさまざまな銀行から借入を行い，銀行との関係が強くない中小企業は，資金調達の制約から損害保険への需要が大きくなる傾向が見られる。ただし，中小企業のうち筆頭株主が当該企業の社長である「独立系企業」は同様に保険需要が認められるものの，社長が筆頭株主でない，または企業グループに所属している「その他の企業」については，保険需要が認められない。次に，②と③についても仮説は支持されるが，「独立系企業」は②と③，「その他の企業」は③のみ保険需要が確認された。まとめると，所有と経営の分離が小さい「独立系企業」の保険需要は銀行との関係，節税効果，信用評点の複数の要因によるのに対して，所有と経営がある程度分離している「その他の企業」の保険需要は信用評点のみによる。中小企業の所有構造の違いは損害保険の需要に影響を与えるが，所有構造に関係なく，節税や信用リスクを管理する手段として損害保険が利用される。これはトレードオフ理論と整合的であることを示唆する。

　一方，浅井（2021）はペッキングオーダー理論については調査していない。関口（2020）は最も重大な自然災害に対するキャッシュフローの減少を補う方法の１位と２位を尋ねている。零細・中小企業の場合，全体では「自己資金」が第１位と回答した企業は49.7%，「保険」が39.1%であるのに対し，「銀行借入」はわずか8.5%であった。中堅・大企業も同様であり，重大な災害

発生時に銀行借入ではなく，保険や自己資金が多く利用される。これはペッキングオーダー理論と整合的であることを示唆する。なお，保険が1位，自己資金が2位の組み合わせは32.7%，自己資金が1位，保険が2位の組み合わせは36.7%である。

（3）保険利用の現状

　リスクファイナンスのうち，保険利用の情況について概観する。中小企業の保険加入に関する統計データはなく，意識調査が手掛かりとなる。先に紹介した日本損害保険協会（2022a）によると，企業向け損害保険の加入率は75.6%である。個別に見ると，上位から順に，「火災保険」（66.8%），「傷害保険」（39.4%），「地震補償特約（火災保険の特約）」（37.6%），「労働災害総合保険」（23.2%），「休業補償保険」（14.3%），「動産総合保険」（14.0%）と続く。もっとも，前述の「事業継続力強化」の対象であるサイバーリスクに備える「サイバー保険」（4.7%）は，認知度は高いが，加入率は低い。

　保険に加入している理由は，損害保険全体では，「保険代理店から提案があったから」（32.5%）と「保険会社から提案があったから」（26.7%），「年々リスクが複雑化していると思うから」（26.1%）が多い[15]。

　一方，加入していない理由は，損害保険全体では，「リスクが発生する可能性は低いと考えているため」（32.8%），「対策をする費用に余裕がないため」（29.3%），「リスクによって生じる影響・損失が分からないため」（20.5%），「保険料を他のことに使いたいから」（19.0%）が多い。また，企業向け損害保険を選択する際に重視することは，「保険料が安いこと」（45.2%）が最も多く，「補償が充実していること」（35.2%），「補償内容（約款，証券等）の分かりやすさ」（30.6%）の順である。

　なお，リスク対策として「損害保険への加入」と回答した企業は，全体で54.3%である。個別では「勤務中や移動中における損害賠償」（62.8%），「製

15）　なお，2021年の調査では「被害が出ているわけではないが，リスクに感じることが多いから」が39.4%で最も多かったが，2022年では「被害が出ているわけではないが，ヒヤリハットに感じた（危難に遭遇した）経験があるから」は18.9%で大きく減少している。

造物に関する損害賠償」(61.1%)，「自然災害」(56.4%) の割合が相対的に大きく，これらのリスクには損害保険が有効であると考えているようである。「損害保険への加入」を業種別に見ると，「製造業・その他」(63.6%)，「卸売業」(56.5%)，「小売業」(51.7%)，「サービス業」(44.1%) の順となっている。

次に，自然災害に対応する損害保険・共済の加入状況を見てみよう (中小企業庁，2019b，三菱 UFJ リサーチ＆コンサルティング，2018)。これによると，中小企業の損害保険への加入率は 55.8%，火災共済への加入率は 31.2% で大部分が加入している。これらの加入者のうち，過去の被災により損害を受けた経験のある中小企業にとって，損害保険・火災共済が「役立った」(38.9%)と「やや役立った」(14.7%) を合わせると 5 割強を占める。一方で，「あまり役立たなかった」(10.5%) と「全く役に立たなかった」(16.3%) を合わせると 3 割近くある。前者の理由としては，「保険金や共済金の支払いが迅速だった」(56.6 ～ 57.4%) には及ばないが，「復旧資金の確保により事業を継続することができた」(20.3 ～ 26.7%)，「事前に認識していた額の保険金等を受け取ることができた」(22.5 ～ 29.4%) とともにリスクファイナンスの機能が発揮されたことを示している。

後者の理由としては，「被災した災害は補償の対象外であった」(34.3 ～44.4%) が多数を占めている。割合は小さいが「復旧資金が不足した」との回答もある。とりわけ，水災への備えについての意識が高いにもかかわらず，「水災を補償しない」(18.4%)，「水災を一部しか補償しない」(32.5%) または「分からない」(16.9%) と回答しており，資金を十分に確保できない可能性がある。また，これらの意思決定については，「自社の地域における水災の発生リスクは低い (ハザードマップ等で根拠を確認済み)」(37.2%) が最も多いものの，「自社の地域における水災の発生リスクは低い (ハザードマップ等の根拠を未確認)」(22.6%)，「何かしらの補償に加入していれば安心と考えた」(22.4%)，「補償の違いを意識したことがない (今後，補償を拡充させたい)」(9.8%) など，リスクの認識不足を示唆する回答も多く，保険や共済に対する不満足の原因となりうる。

5　関係者に期待される役割

　これまでの考察から，中小企業のリスクファイナンス力を高めるためには，関係者の協力・支援が必要である。以下，自然災害リスクへの対応について関係者に期待される役割について検討する。

（1）保険会社

　自然災害への備えとして，損害保険への期待は大きい。「中小企業強靱化法」を踏まえた損害保険会社に期待される役割として，中小企業庁（2019a, 8-9）は事前対策の取組状況やリスクに応じた保険料の設定，ハザードマップを活用した災害リスクの啓発やBCP策定などの対策支援，災害に対応した新たな保険商品の開発・販売（オールリスク補償型商品，実損補償型商品），大規模自然災害発生後の契約見直しの慫慂（ニーズ再確認と補償条件の見直し提案）および地方自治体との包括連携協定の締結（講習会の運営への協力など）を示している。

　これを受けて，損害保険会社は新たな保険商品を開発している。例えば，2020年東京海上日動は企業の商品・製品に関する国内の物流リスクを包括的に補償する運送保険として，「商品総合補償運送保険」を提供している。あわせて全国の地方銀行が運営する法人会員を対象に，団体保険制度を創設した点が興味深い。銀行の取引先を一括して引き受けることで，募集コストを軽減することができるからである。さらに，補償内容を理解しやすいように保険契約をシンプルにしたり，定額保険化（パラメトリック型保険）したりすることが考えられる。家計分野では少額ではあるが，観測された震度に応じて定額の保険金を支払うタイプの保険が提供されている。このほか，保険会社が提供するロスコントロールや損害調査などのサービスについて，独自性・優位性を高めることも必要である。

（2）金融機関

　中小企業庁（2019a）によると，地域金融機関に期待される役割として，

災害対策の普及啓発，事前対策に必要な資金の融資と融資期間の延長，災害時に備えた事前の資金繰り相談・コミットメントライン（銀行融資枠）などの対応，被災した中小企業のニーズに対応して融資条件を変更するなどの機動的かつ柔軟な対応，自然災害発生時に借入金の元本返済を免除する融資プランの提供を例示している。

　2012年以降，コミットメントラインの利用は増加傾向にあるが，主な利用者は大企業である。一般に，コミットメントラインは大規模自然災害に対する貸付義務が免除されているが，政府系金融機関の商工組合中央金庫は2021年に「災害対応型コミットメントライン」の取り扱いを開始した。金融機関の借入に依存する多くの中小企業にとって，コミットメントフィーを支払い，災害時・災害後の資金繰りを確保するのに役立つハイブリッドなリスクファイナンス手段である。商工中金は，親密な取引があり，BCPを策定または予定している企業を対象に，事業性評価を慎重に行うことでリスク管理を行う。

　また，借入金の元本返済の免除については，2017年に広島銀行が震度6強以上で元本返済を免除する元本免除特約付き融資を開始した。2019年には豪雨災害に対する元本免除特約付き融資の取り扱いを開始し，地方銀行を中心に広がる動きを見せている。

（3）サプライチェーン

　サプライチェーン（親企業）については，普及啓発，下請協力会や業界単位での取組みの支援，復旧・復興支援が例示されているが，リスクファイナンスについては言及されていない。例えば，協力会社や子会社に融資などの金融支援を行うことが考えられる。さらに，サプライチェーンを構成する企業で団体保険やキャプティブ（第5章，第6章参照）を組成することも可能かもしれない。自家保険の発展形態であるキャプティブは，大企業が専属の保険会社を設立し，自社のリスクを引き受けて管理するのが典型であるが，複数の企業が利用可能なグループキャプティブや中小企業も利用可能な低コストのレンタキャプティブ，セルキャプティブも存在する。

（4）商工会・商工会議所

　それぞれ主に町村，市の区域で小規模事業者，中小企業者で組織される商工会と商工会議所は，市町村と共同して小規模事業者の事業継続力強化を支援している。これらの商工会または商工会議所の会員向けに，多様な保険制度や共済制度が利用されている。会員組織のスケールメリットを生かして，保険料負担の軽減を図ることができる。また，窓口として，保険制度の改善や独自の補償の提案などの役割も期待される。

（5）損害保険代理店，保険仲立人

　仲介者である損害保険代理店や保険仲立人も，それぞれの強みを生かすことで重要な役割を果たす（第3章参照）。例えば，地域密着型の代理店であればBCP策定や防災訓練などに参画したり，代理店ネットワークを利用してBCPの企業連携を推進したりすることもできるかもしれない。一方，保険仲立人は高度な提案力を生かしたコンサルティングサービスが中心となると思われる。中小企業向けに簡易版のリスクコスト指標を作成したり，団体保険のようなグループ・ソリューションを提供したりすることができると望ましい。

（6）国，自治体，政府系金融機関

　災害救助法が適用されると，日本政策金融公庫や商工会議所などに特別相談窓口が設置される。また，被災中小企業や小規模事業者に対して災害復旧貸付を行い，運転資金を融資する。被災により売上が減少した場合，これらの者に対して一般保証とは別枠の限度額で融資額の100%を保証するセーフティネット保証4号を適用する。このほか，返済条件の緩和や小規模企業共済の「災害貸付」の適用がある。これらの経営安定策は，中小企業政策のうち保護策である。対価を払うことなく，救済を名目に有利な支援が行われるため，制度を利用する中小企業のモラルハザードを招く恐れがある。事後的な被災者救済制度はリスクファイナンスのインセンティブを減退させる点を考慮する必要がある。「災害時発動型予約保証（BCP特別保証）」は，BCPを策定している中小企業を対象に保証協会の保証の予約ができる制度であり，

そのような問題を回避する効果が期待される。

6 おわりに

　大企業からリスクマネジメントは始まったが，大企業とともに日本経済を支える重要な存在である中小企業のリスクマネジメントの強化・充実が課題である。大企業と比較して規模が小さく多様である中小企業のリスクマネジメントは，大企業に近いものから家計に近いものまで広範囲に及ぶ。本章は，中小企業の特徴がリスクマネジメントにどのような影響を与えるのか考察した。ポイントは大きく2つある。

　第1に，中小企業はリスクマネジメントを行う経営資源が不足している。中小企業強靱化法が施行され，大規模自然災害や感染症，サイバー攻撃などにおける事業継続（BCP）の策定が要請されている。経営資源の不足を補うために，サプライチェーンや金融機関，保険会社など，多様な関係者の支援が必要であることが確認された。それらの支援は，リスクファイナンスの実施・充実にも役立つ。

　第2に，中小企業の資金制約はリスクファイナンスの制約になりうる。リスクファイナンスには2つの側面がある。1つは損失に対する資金調達手段である。もう1つはリスクを管理する手段である。金融機関の借入に頼らざるをえない中小企業には，資金調達の優先順位がある。内部留保の充実やオフバランスの自己資本としての保険，資金繰り（流動性）の確保が重要である。また負債利用の費用と便益を考え，情報の非対称性に起因するエージェンシーコストを削減する必要がある。したがって，中小企業のリスクファイナンスは大企業と同様，コーポレートファイナンスの枠組みで考えるべきである。

　近年，大企業（上場会社）を対象に保険需要についてのサーベイ調査が行われている（第2章参照）。中小企業の実態を踏まえると，中小企業に広げる場合は工夫が必要である。今後，中小企業のリスクコストを把握し，ベンチマークとして関係者間で共有できるようになると，リスクファイナンスが促進されると考えられる。

第 2 部

企業リスクマネジメントの最前線

第5章

ERM におけるキャプティブの新動向
——キャプティブをめぐる経営者と株主の利害対立

石田 成則

1 はじめに

　世界各国で大規模自然災害や高額賠償責任の発生，そしてパンデミック・リスクの遭遇時に，企業ニーズに合わせた補償が不十分である事態が生じている。多くの企業は保険と保有，そしてそれを組み合わせてリスクに対処しているものの，現在までそれが有機的に接合している状況にない。こうしたなかで，リスクの保有手段としてキャプティブ（保険子会社・専属会社）が再注目されている。2017 年の米国ハワイ州の税制改正により，年間保険料収入が一定以下であれば優遇税制が適用されることとなり，各州でキャプティブ・ドライブが発生している。その影響もあり，わが国でも 2015 年前後からキャプティブ設立が増えている。

　歴史的には，1973 年に三光汽船によってわが国初のキャプティブがバミューダーで設立されている。その後は，日本汽船や大阪商船三井によっても同地での設立が続くことになる。現在までのところ，海運，石油，総合商社，食品，リース，航空，旅行代理店，自動車メーカーで，再保険ないし共同保険方式で設立されている。さらに，トヨタやホンダは米国法人における製造物賠償責任（Product Liability: PL）関連でキャプティブを活用している。それは，高額にのぼる賠償・訴訟防御費用，和解・示談金・賠償金に対応するためである。また，一般保険でカバーできない製品リコール費用とその防

止についてもキャプティブが活用されている。最近では，先述の米国ハワイ州の優遇税制を受けて，アイシン精機，パナソニック，そしてテルモなどの創設が続いている。設立の目的も大規模自然災害や高額賠償責任に加えて，医療保障の充実など従業員福祉を目的としたものも登場している。

　本章では，キャプティブ（保険子会社）創設をめぐる誘因や動機について先行研究をサーベイし，併せて米国の現状，特に税控除のあり方から規制緩和動向，キャプティブの招致状況，キャプティブ形態の多様化やソルベンシー問題を整理する。そのうえで，わが国におけるキャプティブ組成に関する意思決定を，経営者と株主の利害対立の観点から実証的に解明する。こうした検討を踏まえて，キャプティブを組成する環境を整備するために望ましい政策を提言する。

　加えてキャプティブでは製造物賠償責任（PL）リスク，大自然災害リスク，金利・為替リスクなどを統合的に管理することになる。こうしたリスクの洗い出しから分析までを，過去の事故状況などを踏まえて管理していくことは，一般的に全社的なリスク管理手法である ERM（Enterprise Risk Management）に通じることになる。また，新商品の開発や新市場開拓などの経営戦略も新たなリスクを顧客や取引先，そして株主・債権者に生じさせる。こうした戦略リスクに対処して，資金を手当てする必要がある。これらのリスクを統合的に管理して利害関係者とのリスク配分を決めるためにも，保有できるリスクとそうでないリスクを区分することで，リスクプロファイルを適切に管理していくことが求められている。キャプティブは保有であり，広く企業内部で引き受けるリスクとそうでないものを区分けすることで，結果的に ERM にもつながることになる。ERM は金融・保険商品や補償プログラムの選択よりも，リスク管理の体制整備やプロセス管理として捉えられる。キャプティブは機能面でリスク保有と財務管理の一体性を高める一方で，組織面では個別部門や部署を束ねて補償プログラムを効率化する仕組みである。つまり，キャプティブの創設は ERM 導入への橋渡しになると考え，その動向を整理するとともに，キャプティブを有する日本企業の事例を検証する。

2　リスク保有の理論的整理

　企業は事業活動に付随するリスクが顕在化する際に，その影響を緩和するために財務的な手段を講じる。これがリスクファイナンスである。リスクファイナンスにも移転（risk transfer）と保有（risk retention）の2つがあり，前者は契約を通じてリスクを企業外部の組織や市場に転嫁するものであり，後者は企業組織内でリスクを処理するものである[1]。リスクの移転や転嫁では，リスクをコントロールしてもなお残存するリスクの影響が比較的大きく，組織内で処理できない場合に利用される。その代表的な手段として保険があり，保険では将来の不確定な損害の費用を現在の確定した費用（保険料）に置き換える作用をする。ただし，すべてのリスクを転嫁することが現実的でなかったり，また保険料が高額にのぼったりするなどの問題もある。

　一方でリスクの保有は，企業組織内でリスクを処理することであるが，これにはまず，意図的に保有する場合と，当該リスクを認識することができずに，結果的にリスクが残存してしまう場合がある。前者を積極的保有，後者を消極的保有と称することもあるが，ここでは前者のみを取り上げる。企業が積極的にリスクを保有する手段は準備金・内部留保・各種の引当金，自家保険，そしてキャプティブに大別される。準備金などで対処できるのは，おおむねリスクの発生とその規模が予想できる場合であり，そうでない場合には，自家保険やキャプティブが活用される[2]。自家保険では，企業内で発生した過去のリスクによる被害を参考にして，一定程度の合理性をもって必要な準備金である自家保険料を算出し，それを積み立てて将来に備えることになる。ただし発生頻度が低い割に，その影響や被害額が大きいリスクには確実に対処することは難しい。その場合にはリスク移転も検討される。併せて，比較的規模が大きく，こうしたリスクに晒される対象（リスクエクスポージャー）を多数保有するケースでは，キャプティブの手法も活用できる。そ

---

1)　リスクファイナンスの全体像については，第1章第2節にも詳しいので，参照のこと。
2)　諏澤（2018），pp.116-120. および，マーシュジャパン（2021），pp.148-153.

れは保険料として外部に資金を流失させることを防ぎ，なおかつ，一定の合理性をもってリスクを自社内で金銭的に処理できる利点を有するからである。

　ここで，保険と自家保険を比較しながら，移転と保有を理論的に整理する。簡単な仮想的なモデルを想定するために，被保険対象の資産価値を A，市場保険と自家保険のそれぞれの保険料率を P_1 と P_2 とする。ここでは付加保険料を無視する一方で，自家保険の運用には F だけの固定費用がかかるものとする。また損失予防のために費用を L とする。なお，自家保険でも一定程度，リスク分散が図られているものとする。このとき，保険では情報の非対称性による逆選択とモラル・ハザードにより，$(P_1 > P_2)$ となっている。また，$(dP_1/dL=0$ および $dP_2/dL<0)$ を仮定する。このことは，損失予防をしても，市場保険の保険料率が低下することがないのに対して，自家保険では，保険料率が低下することを想定する。こうした前提のもとで，資産価値に応じた保険と自家保険は図 5-1 のような形状になる。

　図 5-1 にあるように，市場保険の保険料（ここでは費用）は $C_1=AP_1$，自家保険の費用は $C_2 = F + L(A) + AP_2[L(A)]$ となっている。この単純な図から，市場保険と自家保険の選択基準（費用比較）は，$F+L>AP_1-AP_2$ ならば市場保険が選択され，$F+L < AP_1-AP_2$ ならば自家保険が選択されることが理解される。こうした数量的な側面に加えて，リスクの種別に応じて，それを使い分けることの有用性が指摘される場合もある。例えば Doherty (2020) は，分散可能リスクは付保することができるが，そうでないリスクは親会社と保険会社とのシェアが望ましいとしている。例えば，保険金額の上限設定や免責条項の挿入などである。そこで，親会社はこうしたビジネスリスク（システマティック・リスク）を長期的に軽減するために，キャプティブを組成し，また再保険の手当ても行っている。また，キャプティブは付保可能なアンシステマティック・リスクを再保険市場で付保し，リスクエクスポージャーを減らす目的を有することもある。それは，アンシステマティック・リスクであっても，それが十分に分散できないことから再保険が必要になることによる。再保険市場ではエクセスロスのような，一次保険市場では得られないカバーを享受できる。このことは，（一次）保険市場の欠陥を補

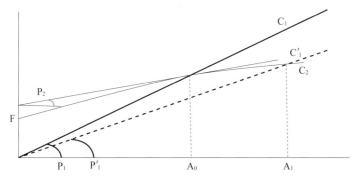

出典：Porat and Powers（1995），p.198.

図 5-1　市場保険と自家保険の比較

うことになるので，株主や投資家によって好意的に受け取られるのである。
こうした方策が，再保険料の節約などから親会社（グループ全体）のキャッシュ
フローを増やすのであれば，株価にもプラスの影響が生じる[3]。

3　キャプティブの仕組みと種別

（1）キャプティブの仕組みと設立目的

　次に，自家保険の中心をなすキャプティブの仕組みと概念を整理してみよ
う[4]。キャプティブは，多数の付保対象を有する規模の大きい企業が，その
保険を一括管理する仕組みである。その方法としては，親会社の保険を専属
して引き受けるキャプティブ保険子会社を設立するケース，いったんは元受

---

3)　Porat and Powers（1995），pp.198-200. ただし，保険と自家保険の選択は，前者への
　片面的な優遇税制によって歪められ，自家保険の選択余地を狭めることになる。
4)　マーシュジャパン（2021），pp.148-149. なお，それによりリスクの保有と転嫁を同
　時に行うことができ，より適正なリスク負担となることを示している。そのメリットと
　して，保険料の外部流出を防ぐこと，付加保険料を節約できることを挙げている。また，
　キャプティブの設立により，保険金支払いを減らすために積極的にリスクを抑止するこ
　とが純保険料部分の低減にもつながり，そのために保険会社が関与するケースでも，リ
　スクを共有化できるとしている。

保険会社と契約を締結したうえで，キャプティブ保険子会社にその再保険を委託するケースなどさまざまであり，親会社の目的に沿った運営ができる柔軟性がある。その創設目的と種別は，次のように整理される。

キャプティブの設立目的の第1に，リスクファイナンスの柔軟性確保が挙げられる。保険市場の状況によっては，高いレートでしか保険引受ができない場合，企業特殊性が強くそもそも企業側が望む条件では，保険引受ができない場合もある。キャプティブは保険市場から適切な保護を受けられないことの補完手段となる。キャプティブ保険子会社を通じて補償範囲の充実を図るなど，企業ニーズに則した補償手当てもできる。同様にして，既存の保険会社から提供される補償内容に対して代替措置を講じることで，保険会社との交渉力を高められる。

加えて，キャプティブを再保険市場へのハブとして活用することで，付保のノウハウを企業内に蓄積することができる。結果的に，自社リスクマネジメントのコントロールタワーとしての役割も期待できる。それは，単にリスクファイナンス手法を超えて，効果的なリスクコントロールの実現にも寄与し，これにより効果的な予防活動を通じたリスクコストの軽減を可能とする。

以上から，キャプティブの創設は2つのルートでキャッシュフローの改善に結実する。1つはリスクを保有することで，保険料の形で外部に資金が流出するのを防ぐことである。保険料中の純保険料はリスクの対価であり，保有にしてもその費用は必要である。しかし保有の場合には，付加保険料を節約することができる。特に，付加保険料には，保険会社に支払う手数料，異常危険準備金相当額などの明示的費用に加えて，保険市場における逆選択やモラル・リスクに伴う暗黙の費用も含まれるのである。

また，情報の非対称性を解消することで，この純保険料部分も節約することができる。それは内部のキャプティブの専門的管理者が，外部の保険会社よりも的確に損失発生時にモニタリングができるために，よりコスト効率的に特徴的なロスコントロールできることによる。こうした効率的な予防活動や事後的な対処は保険料の軽減になり，キャッシュフローの増加に結び付くのである。

これに加えて，リスク資金を効率的に運用できれば，企業はキャプティブ

というプロフィット・センターを内部に持つことができる。そして法人税法上，当該企業のキャプティブ子会社への資金拠出が控除対象になれば，損金算入が認められることになる。累進的な法人税構造のもとでは，特にこのことが妥当する。これらによって，さらにキャッシュフローが増加することになる。

　以上の利点は，企業財務面から捉え直すことができ，それは全社的なリスク管理の第一歩となりうる。つまり，キャプティブのようなインハウスの財務スキームの重要な利点は，損害発生の可能性をうまく制御して，キャッシュフローの変動性を抑制できることにある。併せて，外部資金を調達する際の資本コストの軽減につながる。これは，豊富な投資機会を有する企業にとって，その制約を回避する意味で重要になる。この点で，Mayers and Smith（1987）は情報の非対称性や規制コストの存在に注目する。それはこうした状況が，巨大リスクによって財務リスクに晒されている企業に過少投資問題を引き起こすからである。このとき経営者にとっては，キャプティブがこの手の問題を緩和する有効な財務手段になる。キャプティブは財務不健全化，そして倒産リスクの高まりによるコストを回避して，成長機会を逃すことを防ぐ[5]。

　また資本コストの軽減効果は，負債活用の余地を高めることも可能にする。企業の利害関係者のうち，株主である所有者や債権者にとってプラスになるだけでなく，キャッシュフローの変動性回避は，多くの場合，経営者のリスク選好にも適うことになる。その意味で理論上，キャプティブ設立は利害関係者の対立激化を巧みに避けることにもつながる。

　Mayers and Smith（1987）によれば，摩擦がない資本市場では株主や投資家は事業活動に対して付保することを嫌がる傾向にある。それは，分散投資によって，アンシステマティック・リスクをほぼ無コストで効率的に軽減できるからである。その反面，経営者はアンシステマティック・リスクを非効率かつ無意識のうちに保有する傾向にある。そこで，株主や投資家にとって

---

5)　Mayers and Smith（1987），p.49. また，過少投資問題とそれが企業保険の需要要因になることについて，同書第2章，pp.3-4が参考になる。併せて，RMと資本コストの関係については同じく p.6 を参照のこと。

はリスク保有の効率性を向上させ，フリー・キャッシュフローの変動性を抑制するキャプティブは魅力的になる。また，MacMinn（1987）は，保険やキャプティブは財務困難時に債権者に保証を与えることで，モニタリングなどのエージェンシーコストの軽減につながることを強調する。キャプティブによる再保険は前払い保険料とは異なり，資金の滞留を可能とするので，その点もフリー・キャッシュフローの増加につながる。以上のことから，親会社の費用軽減とフリー・キャッシュフローの増加により，企業価値を高める効果を指摘している[6]。

　一方で，キャプティブ保険子会社の保有には固有の費用が発生し，その費用対効果が重要な判断基準になる。特にそれが企業価値を創出するには次の2つが必須条件になる。①市場保険の不足を穴埋めするに十分な補償を確保できること，②保険料内部化による資金を有効活用できる条件があること，この2点である。こうした条件の実現可能性を的確に判断することが求められる。また現実には，キャプティブをめぐって経営者と株主の利害が対立する側面もある。この点は後に確認したい。

（2）キャプティブの基本スキームと種別

　キャプティブは大別をすれば，次の①から⑤のスキームに分けることができる。

　①元受キャプティブ：親会社から直接リスクを引き受け，一部のリスクを保有し，その他を再保険市場に移転する。国内の保険会社に比べると再保険市場でのリスク処理費用が安価なために，その差額分と引受資産の運用益が収益となる。一方，保険証券の発行や査定業務などの実務費用を負担することになる。

　②再保険キャプティブ：親会社からのリスクは国内保険会社にいったん引き受けてもらい，その再保険をキャプティブとして受ける。それをさらに再保険市場に移転する仕組みである。保険会社との共同引受の形態となり，煩瑣な実務手続きから解放される。さらに，再保険市場から，親

---

6)　MacMinn（1987），p.666.

会社のためのリスク予防に関する情報収集が可能となる。

③シングルペアレント・キャプティブ（Single Parent Captive），ピュア・キャプティブ（Pure Captive）：親会社により設立され，そのリスクを中心的に引き受ける。

④グループ・キャプティブ（Group Captive）：同一業界や同一組合より設立され，そこでのリスクを中心的に引き受ける。

⑤レンタ・キャプティブ（Rent-a-Captive）：保険会社や保険ブローカーが設立したキャプティブの一部分（セル）を借りて，それを活用する仕組みである。レンタ・キャプティブの運営者は，セルの優先株式を取得することでそれを所有し，その対価として手数料をキャプティブ全体の所有者に支払うものであり，場貸し的な発想である。

4　キャプティブをめぐる現在までの議論

　これまで外形的なキャプティブの態様とその設立目的について述べてきた。しかしながら，キャプティブについては，その性格づけに議論が多く，その実態については不明な点も多い。過去から現在までの論点として，以下の4点が指摘されてきた。

①まず，親会社とキャプティブ保険子会社との関係性に関して，さまざまな論議があり，それは経済的同一性（Economic Family）問題と呼ばれている。この議論では，税の優遇措置と関連して，最終的なリスク負担者に関する検討がなされている。例えば，キャプティブへの資本注入が常態であれば，実質的にリスクを移転していることにならないことが指摘される。その反面，経済主体の同一性（形式・様式）ではなく，保険子会社の持つ機能面に着目して，実態的にリスク移転やリスク分散，そしてリスク軽減が行われているかどうかで，税制優遇の判断をするべきとの考えもある。

②そこで①の議論を受ける形で，リスク移転とリスク分散，そしてリスク軽減の実態が精査されることになる。ただしここでは，質的な問題より

も量的な側面が重視され，またその実態的な効果が検証されている。そのため，実際に多数の独立した同質的なリスクが存在しているかどうか，またリスクの混合化によるリスク相殺と軽減化が図られているかどうかが議論の俎上にのぼっていた。さらに，実証的な検討も踏まえて，キャプティブの種別やその効果の相違に応じて株主・投資家がどのように反応するかもキーポイントになっていた。

③上記のような制度面の検討とともに，企業がキャプティブ保険子会社を創設した際に，その実質的利得者についても議論が及んでいる。保険やキャプティブは財務困難時に債権者に保証を与えることで，モニタリングなどのエージェンシーコストの軽減につながる。また，キャプティブは保険料の軽減にもなるので，債務不履行のようなリスクも軽減できる。キャプティブによる再保険は前払い保険料とは異なり，資金の滞留を可能とするので，その点もフリー・キャッシュフローの増加につながる。以上のことから，親会社のリスク軽減とフリー・キャッシュフローの増加が可能となる。このような考察を通じて，キャプティブ保険子会社が，利害関係者である経営者と株主，債権者との利害対立を解消する役割が次第に明らかにされてきた。

④最後に，実質的な負担者とも関係して，キャプティブのリスクコストへの影響やソルベンシー問題が取り上げられる。それはどちらかと言えば，実態的な問題であり，ソルベンシーに毀損が生じた際に，誰がその費用負担者になるかを考察するものである。キャプティブの中には，大数の法則が十分に働かず保険収益がマイナスのケースもありうる。そのことが，現実にもソルベンシー問題を生じさせることになる。ただし，その原因などは十分に解明されているとは言えない。また一般には，リスク保有のレベルが上がると，リスクコストを引き下げるとする研究があるものの，親会社のリスクレベルにかかわらず，キャプティブ組成によってかえってリスクコストが上昇しているとする実証研究もある。こうした影響の解明は，きわめて実証的な問題である。

5　キャプティブをめぐる経営者と株主の利害対立の構図

（1）利害対立の源泉

　前節では，①や②のようなキャプティブ保険子会社の機能的・構造的な側面，③と④のようなリスク負担者やその分配的な側面について議論があることを見てきた。この節では，後者の問題について，キャプティブ組成にかかるステークホルダー間の資金移転や利害対立の構図について考察し，それが先行研究においてどのように議論されてきたかを通観する。

　まず，企業における所有者である株主と経営者の利害は，いくつか要因によって対立する可能性がある。例えば，相互に関連性が薄くシナジーが期待できない事業多角化がある。こうした多角化が必ずしも経常利益を拡大しない一方で，事業部門を増やすことは部下のポジションの増加につながる。組織の拡張自体が経営者の自己顕示欲を高める可能性がある。また，経営者自身の専門性を活かせるプロジェクトのみに注力することもその例示である。

　実は，こうした事業の多角化や専門性を活かしたプロジェクトについては，付随するリスクが不透明で予測困難なことが多い。このようなケースでは，クッションとしての現預金の保有や流動性資本が有益であるものの，それが経営者による裁量的な資金活用を許すことにもなる。外部の投資家に見えにくいことは，資本コストの上昇にもつながりかねない。つまり，エージェンシーコストが発生してしまう。

　こうした経営者の恣意的な行動により，企業内の資金配分に歪みが生じる現象は，広く費用選好行動として捉えられている。この費用選好行動に基づいて経営者が意思決定する際に，キャプティブ設立は親会社の経営者にとってステイタス・シンボルになりうるのである。キャプティブ組成がこうした経営者行動の発露の一例であるとすれば，経営者個人の満足度は高くなっても，必ずしも企業価値にとってプラスにならず，結果的に所有者である株主の利得にならない可能性もある。キャプティブ設立がこうした利害対立の産物であるとすると，それは企業価値（ないしは株価）に影響を与えないことになる。この点がこれまで多くの実証研究で検証の的となってきた[7]。

（2）利害対立の様相をめぐる実証研究

　まず先行研究の事例として Scordis and Porat（1998）を取り上げる[8]。この論文の前半部分では，利害対立の様相を明らかにするために，イベント・スタディ手法を用いて，キャプティブを設立することが親会社の株価にどのような影響を与えるかを検証している[9]。その結果として，キャプティブを設立しても親会社の株価にプラスの影響がないことを確認している。また，経年でキャッシュフローの変動性にもほとんど影響しておらず，リスク軽減にも寄与していないことを明らかにした。ただし，キャプティブ設立はリスク管理手法の改善には一定程度，寄与することは確認している。それは，企業が主体的にリスクを認識し，それを定量化し，さらにリスク間の比較分析を行って，リスクの移転と保有を区分することから生じるとしている。

　続いて，「キャプティブは経営者の立場・地位を強化するので，株主との利害対立が大きいほど，キャプティブを設立する可能性が高まる」という仮説を検証している。両者の利害対立が激しくなるのは，現在のプロジェクト費用を賄う資金を超えてまでも，保有するフリー・キャッシュフローの規模（とその変動）が大きい企業である。そこで，キャプティブの導入の有無を従属変数とし，フリー・キャッシュフローの規模（対自己資本比率），トービンのqとその変動性，そして両者の交差項，および投資機会の有無を説明変数として回帰分析を行っている。なお，制御変数として，親会社の規模，設

---

7) 柳澤（2019），pp.80-84 では，次の6つの仮説を立ててそれを実証分析している。
　（仮説1）大株主が損害保険会社であれば，キャプティブを保有していない➡仮説の支持
　（仮説2）資産が多い会社ほどキャプティブを保有している➡仮説の支持
　（仮説3）包括利益が多い，ないしは事業費率が低い会社はキャプティブを保有している➡仮説の支持，ただし因果関係は不明
　（仮説4）社外取締役比率が高い会社はガバナンス体制が整い，また ERM の確立している可能性も高いのでキャプティブを保有している➡仮説の不支持
　（仮説5）海外売上高比率が高い企業はそれだけ貨物海上保険や賠償責任保険のニーズも高く，キャプティブを保有することで費用管理を徹底している➡仮説の不支持
　（仮説6）海外現地法人が多い会社ほど，海外ネットワークも確立しており，世界標準のリスク管理のためにキャプティブを保有している➡仮説の支持
8) Scordis and Porat（1998），pp.289-302.
9) イベント・スタディ手法についての詳細は第8章を参照のこと。

立年度，子会社数などを用いており，回帰式は次のように定式化される。

$$Yit= \beta_0+ \beta_1 UCFMVEit+ \beta_2 ACUCFit+ \beta_3 INTit+ \beta_4 MVTit+ \beta_5 MVEit+IGi+Year+it$$

　ただし，Y は 0,1 をとるダミー変数，$UCFMVE$ はキャッシュフローの自己資本に対する割合，$ACUCF$ はキャッシュフローの年次変化，INT は両者の交差項，MVT は企業価値，MVE は自己資本額，IG は 18 の産業分類を示し，$Year$ は年次を表す変数である。

　分析の結果として，フリー・キャッシュフローの大きさとその変動性はキャプティブ設立にプラスの影響を与える一方で，事業投資機会が多いとそれはマイナスの影響を及ぼすことを明示している。つまり，実証分析から仮説が支持されたことになる。

　次の Mike and Hillier(2000)は英国籍の企業データを活用して，キャプティブ設立への株式市場の反応，特に親会社の株価への影響を検証している[10]。その特徴は，親会社のシステマティック・リスク，ならびにアンシステマティック・リスクとキャプティブ設立の関連性を，クロスセクション・データを活用して解析している点にある。具体的には，回帰分析法を活用したイベント・スタディによって，キャプティブの設立が株価に与える影響を検証している。結論として，平均アブノーマルリターン（AAR）を検証した結果，「株価に影響を与えない」という仮説を5％水準では棄却できず，株価への影響は検証できていない。加えて，累積平均アブノーマルリターン（CAR）を4日間にわたって集計しても負の値が得られることから，かえってマイナスの影響が確認された。つまり，キャプティブ設立による利得は株主や投資家には向かわずに，経営者に向かう可能性が高いのである。経営者にとって，非効率なリスク負担状況を解消し，さらに組織拡張といった経営者特有の役得を得られる。実は，他の同様な米国の分析でも，この点は確認されており，キャプティブを設立していない企業よりも設立している企業で，経営者に裁量的な利得が生じることを明らかにしている。

10)　Mike and Hillier（2000），pp.1787-1807.

　その事例として，Chang and Chen（2018）がある[11]。当該論文では，S&P500に属する企業の中で，キャプティブ保険子会社を有する企業の特徴を考察している。その目的は，リスク保有を選好する企業の全社的なリスク管理戦略を解明することである。こうした特性が明らかになれば，リスク保有と移転の分岐点を理解できるだけでなく，各社の特性に応じたリスクファイナンス戦略を構築する一助になるからである。そこで，2000年から2006年までのパネルデータを活用してロジスティック回帰分析を行い，その企業属性を解明している。具体的には，Captive Review のデータベース（CID）をもとに，S&P500のうちのキャプティブ保険子会社を有する企業を抽出し，その有無を 0,1 のバイナリー変数で示している。その結果は，従来の先行研究結果を追認するものであった。

　以上の先行研究に倣って，わが国のキャプティブ設立の要因と利害関係者の対立の構造を明らかにするために，欧米の先行研究で用いられている説明変数とその影響ルートについて整理しておこう。それは，事業特性指標，財務指標，市場環境指標の3つに大別される。

　まず，サンプル企業の事業特性指標として，企業規模，資本支出，無形資産割合，そして売上高増加率が挙げられる。企業規模が大きければ，子会社を保有するための余剰資金があり，またキャプティブに伴うスケールメリットが生じやすいと考えられる。次に，資本支出の大きさは，将来的な投資機会の豊富さを示している。そのために資本支出が大きい企業群や平均値が高い特定の業種では，財政的な制約からキャプティブ設立の可能性は低下するだろう。さらに，無形資産の割合が高い企業群では，その現金化は難しく，財政制約時に困難に直面しやすい。そのために，この割合が高いとキャプティブ設立の可能性は低下する。最後に，売上高が急速に増加していることは，当該企業が成長段階にあることを意味する。このような成長段階にある企業では，資金制約もあり，キャプティブ設立の可能性は低くなる。なお，これらの変数の多くは，社歴とも関係する。また，企業属性と産業属性の両方に関係する変数として，子会社数，海外現地法人数，海外売上高比率がある。

---

11)　Chang and Chen（2018），pp.1-22.

さらに，事業多角化の程度は，財政制約を通じてキャプティブ設立に影響する可能性がある。

　続いて，財務に関する指標として，現金保有額と配当金額の多寡，レバレッジの割合そして利益の水準が挙げられる。まず，キャプティブを設立するには内部資金をその運営に回す必要がある。そのために，現金保有額・現金同等金額や配当原資（その対総資産割合）は，その分，過少になっている可能性が高い。同様にして，キャプティブを有する親会社は配当原資が少ないことも予期される。一般に，財務レバレッジ比率が高いほど，財務的困難に直面する危険性も高い。そのためにレバレッジの代理指標（長期負債総額／株価時価総額など）が高いほど，リスク保有よりもリスク移転を選好する傾向がある。最後に，利益水準が高くなればキャッシュフローをキャプティブ保険子会社の運営資金に回すことができるので，ROAが高いほどキャプティブ設立の可能性は高くなる。

　第3の説明変数群として，市場環境指標が挙げられ，それにはMB（Market to Book）比率と価格−利潤（PE）比率が含まれる。MB比率が高い企業ほど，効率的に投資を実行して企業価値を高めている。そのために，高いMB比率はキャプティブ設立の可能性を高める。PEが高い企業は，消費者からの価格許容力が高く資金が潤沢であるために，キャプティブ設立の可能性が高い。最後に，マクロの市場環境として，当該年度の景気動向指数の影響も受ける。ただしこの点は，導入当初の意思決定のみに影響を及ぼす。

　本章での分析手法としては，通常のイベント・スタディによるアブノーマルリターンの発生ではなく，つまり短期的な影響でなく，長期的な影響を考えたいので，創設時期をコントロールしながら，キャプティブ保険子会社の保有状況を従属変数とするロジスティック回帰分析を行う。

6　実証分析結果とそのインプリケーション

（1）実証分析結果

　ここでは，現在100社ほどあるわが国のキャプティブ保険子会社から，

その存在を確認できた82社を用いて企業属性を有価証券報告書（2020年度決算）で調べた。一方で，関西大学図書館データベースeolから規模などの条件が近い同業他社を選んで，サンプル数164社を対象とした分析結果を紹介する。分析手法は柳澤（2019）と同じであるが，業種ダミーを用いることで，全サンプルの重回帰分析を行っている。なお，業種ダミーはすべての回帰式で統計的に有意となっている。従属変数はその時点でキャプティブ保険子会社を保有しているか否かの，バイナリー変数である。説明変数である自己資本比率，現金保有金額，有利子負債額などについては，2018年から2020年までの3年間の平均値をとり，またフリー・キャッシュフローについてもこの3年間における変動の大きさを数値化している。

①ここでの分析では企業規模を経常利益で代表したが，必ずしも規模の影響は確認できなかった（表5-1を参照のこと。ただし，従業員規模を変数とした場合には，キャプティブ設立に影響する場合もあった）。

②自己資本比率は統計的に有意にマイナスの影響を与えていた。業種の影響をコントロールしても，自己資本比率が高い財務健全性が認められる親会社ほど，キャプティブ保険子会社を設立しない可能性が指摘できる。

③わが国企業の事例では，海外現地法人数が多いほど，また表には示していないが海外の売上高が大きいほど，キャプティブ保険子会社の設立可能性は高まる。

④今回の実証結果では，サンプル数が過少ないこともあり，フリー・キャッシュフローの変動性やトービンのqの影響は検証できていない。そのために，将来の豊富な投資機会の存在が，キャプティブの設立を抑制する効果は確認されていない。

⑤最後に，キャプティブ保険子会社を設立している企業では，現金保有が少なく，一方で有利子負債が多い傾向にあり，特に後者は統計的に有意である。こうしたことから，キャプティブの設立親会社は流動性危機に直面しても，子会社をバックネット資金として活用できるために，株主・投資家からの追加資金供与などを抑制できると考えられる。

表5-1　キャプティブ保険子会社の保有状況に関する分析結果

説明変数	回帰式1	回帰式2	回帰式3	回帰式4	回帰式5
定数項	-1.023	-0.273	-1.217	-0.357	-4.107
	(1.802)	(2.169)	(2.076)	(2.332)	(7.434)
LN 経常利益	0.307	0.355	0.266	0.334	
	(0.236)	(0.286)	(0.256)	(0.302)	
自己資本比率	-0.033*	-0.056**	-0.036*	-0.056**	-0.071
	(0.018)	(0.024)	(0.019)	(0.025)	(0.058)
海外現地法人数	0.016*	0.027**	0.013	0.025*	
	(0.009)	(0.014)	(0.009)	(0.015)	
FC 変動性		-0.011		-0.010	
(平均値)		(0.010)		(0.010)	
トービンの q			0.762	0.312	
			(0.788)	(0.837)	
LN 現預金					-0.550
					(0.361)
LN 有利子負債					1.065**
業種ダミー(省略)					(0.394)
サンプル数	164	164	164	164	164
適合度検定	27.514	22.643	25.766	22.436	7.148
疑似決定係数	0.544	0.751	0.531	0.663	0.622

注1：従属変数はキャプティブ設立企業は1，それ以外は0のバイナリー変数である。
　2：***，**，*は，有意水準1％，5％，10％で係数が0となる帰無仮説を棄却すること
　　　を意味する。なおカッコ内は係数の標準偏差である。
出典：キャプティブ設立企業については柳澤（2019），pp.85-86を参考にして，その財務データお
　　　よび同業他社のデータを関西大学図書館データベース eol から入手（https://ssl.eoldb.jp/
　　　EolDb/CompanySearch.php，2022年12月1日）。

（2）分析結果のインプリケーション

　ここでは，これまでの先行研究による実証分析結果から，共通項として指
摘されている内容を取り上げる。本章では，キャプティブ設立による実質的
な利得者と，利害関係者間の資金配分・再配分について検討してきた。企業
の経営者は，保険ブローカーやコンサルタントに勧められてキャプティブを
設立することが多い。その場合，他の利害関係者と比較すると，キャプティ
ブを設立すること自体にシンボリックな効果が作用することや，同一業態で
の横並び意識，ハーディング効果（群集心理効果）に基づいて意思決定する
こともある。総合的に考慮して，他の利害関係者よりもキャプティブ組成が

キャッシュフローにプラスに働く効果を甘めに見積もりがちである。事実，こうした結果として，キャプティブ設立による企業価値と株価への影響は実証的には確認されていない。特に，キャプティブ設立に短期的な影響はあっても長期的な株価押上げ要因にはなっていないというのが，一般的な結果である。

　ただし，キャプティブの設立目的は個社の状況によって大きく異なり，またその目的に応じて保険種目も相違することが通例である。実証分析によっては考慮できない個社の事情があるために，その結果をもってキャプティブ設立企業の特徴を十分に論じることができない点には，注意が必要である。説明変数に加えることができない他の要因として，経営者のリスク選好，外部のコンサルティング会社との関係性，そしてグループ間やフランチャイズを通じた内部資本市場の状況などがあり，実態としてこうした質的要因が影響している可能性もある。

　また，これはキャプティブ設立というイベントが株主や投資家にとって有益でないことを意味するわけではない。その目的は，より総合的に捉えられるべきである。このとき，企業価値の向上に寄与しない要因を明らかにし，それを排除し改善することも大事になる。例えば，キャプティブ運営の専門人材が欠如していることや，再保険市場を有効に活用できていないことなどである。逆説的に考えると，現状で企業価値を高めていないならば，再保険市場をより効率的に活用することで，企業価値を高める余地があるとも言える。そこで，民間保険会社とキャプティブ保険子会社による再保険の活用格差を検証することが有益になる。

　同様にして，よりカスタマイズしたRMソリューションを提示できれば，企業価値を高められる可能性がある。また，株主は定期的なキャプティブのモニタリングや費用対効果のチェックによって，ART，保険デリバティブと比較して，その経済的効果を高めることができる。さらに，キャプティブが企業価値に影響を有しない原因として，親会社のリスクマネジャーと株主・投資家やアナリストの間の情報の非対称性による可能性もある。株主・投資家は，キャプティブ設立が企業価値を高めることや，そもそもリスク保有自体に関心を示さないかもしれない。このとき，両者のリスクコミュニケーショ

ンの強化により，企業価値を引き上げる可能性が生まれてくる[12]。

7　キャプティブ導入企業の ERM への展開

（1）ERM の概念と導入状況

　米国企業では，1990 年代に ERM が急速に進展したことが知られている[13]。それが，ベアリング社や P&G といった企業で，デリバティブズなどの金融商品による被害発生から加速したことは，不幸な事実である。しかしこうした一時的事象はともかく，企業の財務と RM の意思決定が一体的に論じられるようになり，実態的にもコンティンジェント・キャピタルやファイナイトなどの ART や IRM（Integrated Risk Management）プログラムが積極的に活用され，両者のコンバージェンスが顕著となり，一体となって企業価値を向上させる仕組みとの認識が広まった。これはすなわち，企業にとってリスクヘッジの選択手段が格段に広がったことを意味する。

　こうした手段の多様化は，それに適合的なリスクの選別につながる一方で，同一スケールや同一基準でリスクを評価・計測することを必要とする。それには金利・為替リスクや自然災害リスクから，オペレーショナルリスクや経営戦略リスクまでもが含まれる[14]。こうした計量手法として，VaR（Value at Risk）やリスクベースキャピタルが活用されている。経営を取り巻くリスクの中で，市場リスク，信用リスク，そして経営（戦略）リスクを同列に扱いながら，リスクマネジメント・プロセスにおいて，リスクの洗い出しと選別，共通基準での計量化，そして経営者のリスクアピタイトやリスク許容度

---

12)　キャプティブの中長期的な影響にも注目する必要がある。この点について，日本と欧米の比較をすることも興味深い。欧米におけるキャプティブの設立は ERM の橋渡しになるとの考え方がある。事実，わが国でもキャプティブを導入している企業には，統合報告書などで ERM へ言及しているところが多い。

13)　Donald, ed.（2008），pp.32-33. 石田（2024）「保険会社における ERM 研究のサーベイ」（『損害保険研究』第 85 巻第 4 号，近刊予定），2. ERM の定義と機能，を要約している。

14)　岩村（2009），pp.126-146. 同書第 6 章 pp.10-12 において，リスク評価手法の高度化が具体事例を用いて説明されている。

に則した具体的な手段の選択が実行される。また，継続的に PDCA サイク
ルを回すうえで，定期的なレビューや監査も実施される。ERM などを通じ
てリスクプロファイルを明確にし，リスク情報をより正確に伝えられるよう
になると，開示情報の質が問題になる。こうした開示情報の質の向上は資本
コストの軽減に直結する。格付けの向上を通じても，同様な事態が生じう
る 15)。

　ERM では，個別のリスクが先物取引，スワップ，保険，そしてデリバティ
ブズなどの証券化商品を通じて対処されるのではなく，それぞれの相関性が
加味され一体的に管理される 16)。また，RM と企業の資金調達が統合され
ることで，つまり最適な RM プログラムと最適資本構成が同時に追求され
ることで，企業全体の資本コストの軽減と企業価値の向上が意図されるよう
になる。すなわち，ERM はリスクの一体的管理を意味するだけでなく，財
務意思決定との統合化が意図されているのである。また，リスク対処のため
の技術的手法や金融商品の選択に加えて，システムやプロセス，そして人材
面の一体化によって，両者を効率的に運営することも目的となる。

　こうした動向は，従来の RM のあり方にしても，単に税債務の負担軽減
化だけでなく，財務的な危機の顕在化やステークホルダー間の利害対立激化
が，資本コストの上昇を通じた過少投資問題を深刻化する側面を重視する方
向に導く。具体的には，資本効率を重視した RM のあり方として，RAROC
指標と IRM プログラムが挙げられる 17)。前者の指標はリスク調整済み資本
収益率であり，単純化すれば，経常利益から諸経費だけでなく各種のリスク
発生による予想損失額を差し引いた金額を自己資本で割った値である。こう
した指標とその推計方法の高度化は，リスクの影響を見える化することで，
事前のリスク管理の重要性を認識させる。

　IRM プログラムは ERM 推進により直接的な影響を与えている 18)。この

15)　Berry-Stölzle and Xu (2018), pp.159-202. ERM 経営研究会 (2014), p.183 にお
　　いて，ERM により開示情報の質が高まり，モニタリングコストや外部資金調達コスト
　　が低減することが示されている。
16)　ERM 経営研究会 (2014), p.181 にも同様の見解が示されている。
17)　Donald, ed. (2008), pp.48-49. 同書第 6 章 p.3 において，保険需要の根拠となる過
　　少投資問題が詳細に説明されている。

プログラムは，保険・再保険に代替するものであり，個別リスクに対して同等の引受上限と免責枠を設けて，すべてのリスクを一括して付保するものである。例えば金利・為替リスクと製品価格の変動リスクを一体的に扱うことで，リスクの相関性を加味してより少ない資本で効果的に処理することを狙う。ただし，こうしたプログラムには問題点も指摘されている。1つには，リスクの相関性によって純保険料部分を節約できても，取引費用である付加保険料部分が割高になる危険性があることによる。それは，リスクを同一基準で一括して評価することに伴う困難から生じる。また IRM プログラムにおいては，巨大リスクに対して十分な補償が得られないプロテクションギャップが生じることがままある。こうした残存するリスクに対しては別途に手当てが必要であり，その分，コストがかさむことになる[19]。ただし，予期せぬリスクの保有に対しても一定の手当てをすることで，その総コストを軽減できる見込みはある。そのために，IRM プログラムの有効性は事例研究によって明らかにするしかないものの，既存の保険・再保険にない企業特有の事情を加味した柔軟なプログラムとして評価することはできる。

　以上からわかるように，RM と企業財務の一体化の効果は実証的に明らかにする必要があるものの，その試行錯誤の過程で，企業のリスクアピタイトに則した柔軟な金融商品やプログラム，そしてリスク処理手段が考案されたことは事実である。それらは押しなべて，個別リスクの一体的管理や保有と移転の組合せ，そして事前措置と事後対応の接結を実現しており，企業のRM の選択肢を格段に多様化させた。それだけに，企業自身がリスク許容度やRM の目標数値を明確にし，資本コストや企業価値に与える影響を認識することがますます重要になっている。そのことが，ERM を促進するドライバーになるはずである[20]。

（2）ERM に関する先行研究

　前項で ERM の効果とその具体策について理論的に整理してきた。しかしながら，これを検証するような先行研究は必ずしも多くない[21]。

---

18)　ibid., pp.53-54.
19)　こうした欠陥を補うために，EPS（earning per share insurance）も存在している。

　ここでは，ERM 導入企業の特性を先行研究から整理してみたい。まず，規模の大きい企業ほど，多様で複雑なリスクに晒されており，それを統合管理する便益が高く，その構築費用も無理なく負担できる。簿価－時価比率が低い企業のほうが成長機会に恵まれていることから導入率が落ちる可能性はあるものの，それが高い場合にフランチャイズ価値を守るために ERM を積極的に導入することも考えられる。加えて，負債比率，レバレッジ比率が高い企業ほど，収益性の変動を抑えることが大事になるため，ERM 導入のインセンティブは高い[22]。

　経営行動面に着目すると，事業を多角化している企業は，それだけでリスクを分散している側面もある反面，多角的なリスクを管理する必要に迫られているとも言える。ただ，M&A を積極的に行っている企業には資金的余裕がないことが多く，逆に現金やその他の流動資産の保有は ERM の導入を容易にする。さらに経営者のインセンティブからすると，不況時や低収益の時代には，収益性の安定は優秀な経営者のシグナルになるため ERM が導入されやすいことが指摘される。

　さて，ERM の目的は収益の変動性を抑止することとされるが，実際にそれが小さい大企業が ERM を導入し，また金融派生商品をより多く活用している。こうしたことから，現実に即して考えれば，その主目的は，発生可能性は小さいが，その規模が大きいリスク（ダウンサイドリスクなど）の排除と考えるほうが望ましい。また，ERM は企業の資本構成と財務リスクのプロファイルを変更することになり，外部資金の調達を容易にすることで，新規事業ビジネスやより有望な新規プロジェクトへの投資が可能になる。現在までのところ，金融機関ではその有効性が示されているが，非金融の事業会社

---

20)　なお，RM ならびに ERM の目的は大きく2つに分かれている。もちろん両者は完全に排他的ではない。1つは「収益のボラティリティを減らすことで，利害関係者の利得を高めること」である。一方で「巨大な被害をもたらす損失の影響を排除することで，破綻・倒産のリスクを最小限に抑えること」である。この場合，株主利益よりも，経営者利得や債権者利得が優先されることになる。実態的な RM の目的については，本書のアンケート分析結果である第2章表2-3を参照されたい。

21)　Berry-Stölzle and Xu (2018)，p.174. そこでイベント・スタディなどを通じて，時系列での効果を検証することが有益とされる。

22)　ibid., p.185.

では必ずしも VaR などのリスク計量手法は有効とは言えないともされる。また，倒産ないし破綻処理には直接費用と間接費用が伴うが，処理過程で裁判所による介入が行われることは経営の効率性を引き下げ，利害関係者には制約条件となる。ERM は，こうした費用の発生を抑えることで企業価値向上につながることも，よく知られている。

　従来の実証分析結果から，ERM 導入企業と未導入企業を比較しても，また導入前後を比較しても，導入企業のほうが，また導入後のほうが資本コストは高く，仮説は検証できていない。ただ，時系列分析で導入企業の固定効果を加えると，わずかだが導入後のほうが資本コストは低下しているとする論文もある。さらにイベント・スタディにより業種別に結果を考察すると，ERM の導入によって資本コストは確かに低下していると指摘される[23]。ここで従来の実証結果をまとめると，その検証ポイントは次のように整理される。

①大企業のほうが情報開示が進展しており，企業価値の大小は資本コストと関係する。加えて，RM や ERM の固定費にスケールメリットが働く可能性もある。指標としては，企業資産の簿価総額が活用されている。

② MM 理論以降，資本コストはレバレッジ，すなわち負債比率に関係する。（事後的な）株価収益率はレバレッジの増加関数になり，多くの先行研究ではレバレッジ比率＝(負債の簿価 / 企業価値)としている。

③成長機会との関係では，低い簿価−時価比率は相対的に高い成長機会を示す。逆に高い簿価−時価比率は，広範囲のフランチャイズを意味し，高い資本コストにつながると考えられる。

④企業の収益（性）との関係では，企業利益の予想の分散が大きいことは，その不確実性が大きいことを示している。それは，経営者と外部の資金提供者との情報の非対称性の程度と見られる。その程度が大きいことは，資本コストに負の影響を及ぼすのでマイナスとなる。そのために自己資本が大きい，レバレッジ比率が低い企業では，より容易に ERM を導入することができる。逆に，ERM によってリスクをヘッジすることの効

---

23)　ibid., p.175.

用は，レバレッジが大きい企業でより有効である。その結果，企業利益
の変動性と ERM の導入程度の相関関係は不明であるものの，少なくと
もレバレッジ比率との関係性は指摘できる[24]。

⑤配当政策は企業のライフサイクルと関係しており，成熟企業のほうが配
当は大きい。また，それは投資家の性向にも依存している。そのために，
資本コストとの明確な関係は不明である。

⑥ ERM の導入には多額の資源を要するために，M&A や多角化を目論む
企業には不向きである。そこで，こうした活動の代理変数として，無形
資産（のれん代・goodwill）の総資産の簿価に対する割合をとることが
一般的である。

⑦最後に，年次ダミー変数と業種ダミー変数，経営者の評判の有無，経営
能力のシグナル指標を加えることも多い。

8　おわりに

わが国においても ERM を導入する企業が増えれば，前節の実証分析を適
用して，その有効性と限界を明らかにすることができる。ただし，そもそも
ERM の導入とは，どのような体制や委員会が整備された時点ないし状況を
指すのか。こうした委員会が実質的に機能しているかどうかは，どのような
指標によって把握できるのか。実証分析の俎上に載せるために，それをどの
ような変数に置き換えたらよいのか。こうした課題については，財務関連の
報告書や統合報告書の事例を調べるだけでなく，フィールド調査を通じて実
情を明らかにしなければならない。また導入要因の共通性から，キャプティ
ブ創設を1つのステップと捉えることができる。

さらに，こうした研究がうまく進んだとして，ERM 導入と資本コストな
どの関係が指摘されても，その因果関係が逆方向である場合も考えられる。
また，単年度ごとの分析では，ERM 導入前後の影響は捉えられないかもし

---

24) Berry-Stölzle and Xu (2018), p.179. 上述の理由から，負債の簿価金額に対する自
己資本の市場価値の比率を変数として含める研究が多い。

れない。そこで，時系列の検証や導入当時の状況を加味することで，よりリッチな実証結果を得られることが期待される。そのためには，対象となる企業の歴史的経緯についても調べることが望ましい。こうした事例研究，実態研究，そして実証分析により，企業の利害関係者の相互作用を通じたリスクファイナンスの選択問題や ERM 導入のドライバーを明らかにできる。これまで，キャプティブの創設動機が経営者の個人的利得と捉えられることもあった。しかし海外展開企業や多角化企業を見ると，キャプティブの導入過程では RM の高度化が意図されており，それは ERM 体制の構築にもつながる。つまり，ERM を考察することで，キャプティブ創設の動機にも新たな知見を加えることができる。

第6章

なぜ海外のグローバル企業はキャプティブを活用するのか*

隅山 淳一

1　はじめに

　全世界で約 6,000 社[1] のキャプティブがある中で，キャプティブを活用している日本企業の数は 110 社前後[2] と言われており，日本の経済規模や日本企業の世界における存在感に比して限定的である。一方で，海外の超大手企業にとってはキャプティブを活用することは一般的であり，単純なリスク移転のために保険を付けることはあまりない。これは海外のグローバル企業のリスクマネジャーが，保険契約という経済取引において，純保険料と期待損失コストの等価交換に加えて，付加保険料という追加の取引コストを支払わなければならないことを理解しているからであろう。

　もちろん，こういった企業は超大手企業であるので，リスク負担のための相応の財務力を有していることが前提である。また，海外の保険市場は何度もハードマーケット（保険条件が厳しく，保険料が高騰する，場合によっては保険を引き受ける保険会社がないという市場環境）を経験しており，リスク保有[3]

---

* 本章は，個人の意見であり，所属する機関の見解とは必ずしも一致しない。

1)　Business Insurance Special Report MARCH 2022 によると，2021 年時点で世界には 5,985 社のキャプティブがある。

2)　マーシュ社推計値。日本企業が設立したキャプティブについての公式な統計データはなく，さまざまな研究者やキャプティブコンサルタント等の実務家が集計を試みているが，おおむね 100 社前後というのが保険業界のコンセンサスとなっている。

を戦略的に取り入れざるを得なかったという必然性もあったと考えられる。ただし，その場合であっても米国の労災保険等を除いて，無保険でリスクを単純に保有するという選択肢で事足りた可能性もあるわけで，キャプティブを活用する理由の説明としては十分とは言えない。そういった状況下で，海外のグローバル企業がキャプティブを活用する理由をあらためて考察し，保険の持つ付加価値，特に保険会社によるサービス価値に着目する。

本章では，まず第2節で大企業の保険購買の理由を説明する。次に第3節ではキャプティブが必要となる具体的ケースを説明し，第4節ではその中で重要と思われる保険会社のサービス価値について詳述する。最後に第5節で海外企業のキャプティブの活用事例について紹介する。

2 大企業の保険購買の理由

本節では，コーポレートファイナンスの考え方から，大企業の保険購買・需要の理由について説明する[4]。

（1）家計保険と企業保険の違い

個人等を対象とする家計分野の保険の場合，保険会社側で類似したリスクのポートフォリオを形成することによって達成されるリスクの軽減（リスクプーリング）効果と，資本市場へのアクセスの向上という保険会社の2つの優位性により，家計が保険を購入するという決定は正当化されることが知られている。保険会社のリスク負担能力に比べれば，多くの家計のそれがかなり限定的であることは明らかで，一般的に家計の保険購入は経済的に合理的な選択と言える。これは基本的には非上場企業や中小企業にも該当することが多く，株式を公開していない企業が保険に加入する理由は家計の場合と同じで，保険会社のリスク負担能力に比して，非上場企業や中小企業のリスクを負担する能力が限られているからである[5]。

---

3) リスクの移転と保有については第1章の図1-1を参照。
4) この点は，第2章第2節においても解説されているので，そちらも参照されたい。

　しかし，株式を公開し，多くの株主に所有されている大企業の場合は，家計や中小企業・オーナー企業とは状況が異なる。投資先を分散させることによって，株主自身によるリスク分散が可能だからである。すなわち，第2章でも説明されているとおり，株主や社債権者が自社で保有する有価証券のポートフォリオを分散させることを通じて，保険リスクを含めて投資に伴うリスクを効果的に分散することが可能であり，分散投資によって投資家が容易に管理できるアンシステマティック・リスク（保険に移転可能なリスク）を排除・回避することは企業価値に影響を与えないため，資本市場は評価しないわけである[6]。

　第2章で解説されている DCF 法で企業価値を評価した場合，企業価値は図6-1のとおり，企業が将来にわたって獲得する正味期待キャッシュフローを資本コストで割り引いた現在価値の合計額として表される。このとき，純保険料（＝期待損失コスト）のみの保険を購入した場合は企業の正味期待キャッシュフローは変わらず，資本コストも減らないが（図6-1の上式），現実の保険料には保険会社の付加保険料が含まれている分，実際には保険の購入は企業の正味期待キャッシュフローを減らすこととなる[7]（図6-1の下式）。したがって，投資家・株主のリスクエクスポージャーを減らすことだけを目的とした企業の保険購入は，企業価値を低下させるネガティブ NPV（Net Present Value：正味現在価値）の意思決定であり，合理的な選択ではないとい

5）　中小企業のリスクファイナンスに関しては，本書の第4章で詳しく論じられているので，そちらを参照されたい。
6）　本書第2章に加えて，柳瀬・石坂・山﨑（2018）の第6章，第8章，第9章で，数式を用いて詳細に解説されている。
7）　柳瀬・石坂・山﨑（2018）第9章の計算例を以下に示す。
　　前提条件：
　　1年間のみ営業，100％株式で資金調達，無事故の場合の期末の正味期待 CF は1,400万円，事故のある場合の正味期待 CF は400万円，事故の発生確率は5％，保険金額は1,000万円（＝純保険料は50万円），合計支払保険料は80万円（＝付加保険料は30万円）
　　期末正味期待 CF の計算：
　　無保険の場合の期末正味期待 CF：1,350万円（＝ 400 × 5％ +1,400 × 95％）
　　純保険料のみの保険を購入した場合の期末正味期待 CF：1,350万円（＝（400 − 50+1,000）× 5％ +（1,400 − 50）× 95％）
　　付加保険料込みの保険を購入した場合の期末正味期待 CF：1,320万円（＝（400 − 80+1,000）× 5％ +（1,400 − 80）× 95％）

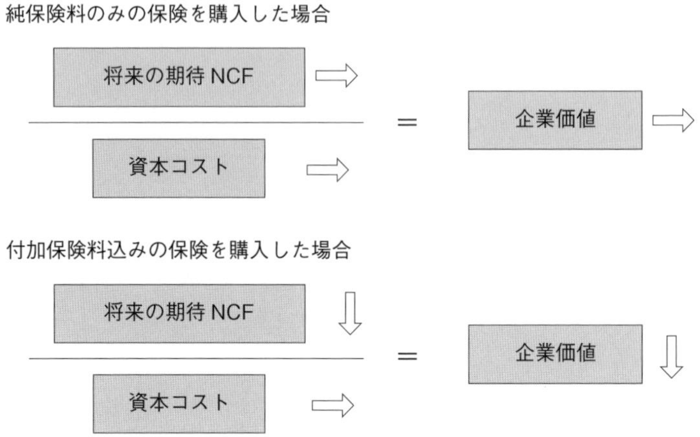

純保険料のみの保険を購入した場合

付加保険料込みの保険を購入した場合

出典：柳瀬・石坂・山﨑（2018），図表9-5をもとに筆者作成。

図6-1　保険購入と企業価値の関係

うことになる。

（2）大企業の企業価値に影響を及ぼしうる要因

　前述のとおり，現実の保険料には付加保険料が含まれていることから，保険購入は企業価値を減少させるのだが，それにもかかわらず，なぜ大企業は保険を購入するのだろうか。株主のリスク回避とは無関係で，大企業の企業価値に影響を及ぼす可能性があり，合理的な保険需要の根拠となりうるものを列挙する。

1）過少投資問題の回避

　第2章でも説明されているとおり，過少投資問題は，債権者と株主（経営者）の利害の対立（＝エージェンシー問題）に起因するものである。多額の負債を抱える企業の株主（経営者）が無保険の状況で被った工場火災等の損害を修復するための追加投資案を判断する際に，この投資によって収益性が罹災前の水準まで回復し企業価値が最大になるとしたら，投資するという判断が合理的である。しかしながら，追加投資を実行し復旧することによって得られる利益がすべて債権者への負債の返済に充てられることによって，株主

には投資を実行するインセンティブがなくなってしまい，それよりも株主の正味期待キャッシュフローが大きくなる選択肢である「投資見送り」を選択してしまうということが起こりうる。ところが，この過少投資問題を回避するために，付加保険料を負担して保険を購入し，追加投資資金を保険金で調達することにより，この問題を軽減できる可能性があるため，株主にも保険を購入してもよいというインセンティブが発生する[8]。このように，株主が自身の利益を優先した意思決定を行うことによって過少投資に陥る事態を抑制・回避するために，融資契約の際の財務制限条項（コベナンツ）では火災保険への加入が義務づけられていることが多い。

2）企業内でのリスクの移転

リスクを分散できないために企業内で不利な立場にある株主以外の利害関係者（経営者，従業員，サプライヤー，顧客，等）からのリスク移転に保険を用いるものである。これらの利害関係者はリスクを負うことの対価として，経営者や従業員の場合は高い報酬・賃金を要求したり（あるいは忠誠心や労働意欲を低下させる），サプライヤーの場合は供給契約をより短期のものに制限したり，製品不良の保証や PL 事故の被害の救済が受けられないと懸念する顧客は購入を止めてしまったりするかもしれない。保険購入が可能なリスクを保険会社に移転することで，こういった問題への対処が可能となることがある[9]。

3）税メリット

第2章で説明されているとおり，累進税率を前提とした場合で，税引前当期利益が損害額に対して十分ではない場合，損失額を課税所得から控除しきれず，税便益を最大限享受できない可能性があるが，保険購入により税引前当期利益を安定化させることで，税メリットをすべて享受できる可能性がある（繰越欠損金については考慮しない）[10]。

8）　柳瀬・石坂・山﨑（2018）第 12 章参照。
9）　第 1 章脚注 2，第 2 章第 2 節（2）の 4）参照
10）　本書第 2 章のほか，柳瀬・石坂・山﨑（2018）第 13 章参照。

4）規制要件やビジネス上の要件の充足

多くの国において，自動車保険，労働者災害補償保険，環境汚染賠償責任保険のように，規制等により加入が義務づけられている保険がある。また，規制ではないものの，欧米ではビジネス上の交渉において，付保証明の提示を求めることが一般的である。これは，支払能力の高い保険会社の保険を購入し，商売上の一定のリスクを保険に転嫁することで，ビジネスの当事者間の条件交渉を円滑に進められるからである。PL保険の付保証明書をサプライヤーに求めることが一番多い事例であるが，それ以外にも，最近では社外取締役の招聘・受入れの際やJV（共同企業体）設立の際にD&O保険の付保証明書を要求されるケースも多い。また，貿易取引時の輸入通関やLC決済の際に，貨物海上保険の保険証書や保険料請求書の提供を求められることもある。こういった規制要件やビジネス上の義務・慣習に対応するため，保険契約は活用されている。

5）保険会社によるサービス価値

第2章で説明されているとおり，事故処理，事故防止・防災，リスク評価等，保険会社が効率的に提供できるサービスを活用するために大企業は保

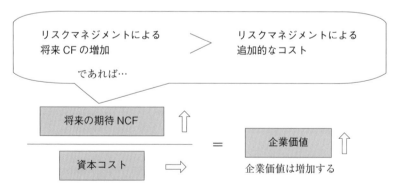

保険を購入しても資本コストは変わらないが、将来の期待 NCF が増加することで、企業価値が高まる可能性がある。

出典：柳瀬・石坂・山﨑（2018），図表9-6。

図6-2　保険購入が企業価値を高める経路

険を購入することが少なくない。詳細は本章第4節で詳しく説明する。

　上に述べたような企業価値を高めるメリット（企業価値計算の分子＝将来の期待キャッシュフローを高める）やその他の必要性がある場合には，大企業のリスクマネジメントとして保険を購入することになるが，そうでない場合は保険の購入を見送るのが合理的ということになる（図6-2参照）。

（3）保険購入の意思決定

　前述したようなさまざまな要因により大企業は保険を購入するかどうかの意思決定を行うが，内部留保と手元流動性が潤沢で自己資本比率が高い（＝レバレッジが低い）状況にあり，前述1）から5）の要因が該当しない企業，特に1）の過少投資問題の回避・軽減の必要性がない企業については，無保険・自家保険にして，損失は株主負担とする選択が合理的と言えるかもしれない。実際に英国 British Petroleum（BP）社は30年以上前にそのような意思決定を行っているようである [11]。BP社の意思決定の理由は Doherty and Smith（1993）で詳細に説明されているが，石油業界の特性と BP社の業界内地位により，事故発生時の営業収益の減少を販売価格の上昇で埋め合わせ

---

[11]　Doherty and Smith（1993）参照。なお，BP社の意思決定の概要は，「1,000万ドル未満の最も小さな損失帯に対してのみ保険を購入し，高額損害に対しては自家保険」というもので，伝統的な考え方（大企業は高額事故をヘッジするために保険を購入し，小額事故については自家保険とするもの）からの大転換であった。その理由はコーポレートファイナンスの理論に基づくもので，株主は自らのポートフォリオの分散によってリスク分散が可能であるため，個別企業によるリスクファイナンスは不要であること，高額・特殊保険市場では，保険金請求の規模が大きくなるにつれて，受け取ることのできる保険金の期待値が低下すること，事故発生時の営業収益の減少を販売価格の上昇で埋め合わせることが可能であったこと，低額損失帯のみについては効率的な保険会社サービスを世界各国の子会社や事業所に利用させるのが合理的であったこと，等である。
　　また，BP社はこの意思決定を行う際に同社自身の過去のデータだけでなく，石油・化学業界の他企業のデータを含めた約18万件に及ぶ広範な損害データ（保険付保・未付保は問わず）を入手し，その損失分布を分析のうえ，同社の業績への影響（損害発生時の業績の振れ幅）を分析したようである。このようなデータに基づく合理的な意思決定を行うためにも，リスクコスト（Cost of Risk）に関する広範なデータバンクの構築は重要である。現在，慶應義塾大学柳瀬典由研究室では，リスクコストの具体的な数値としての把握を目指して，リスクマネジャーを対象に TCOR（Total Cost of Risk）等に関するサーベイ調査を実施している（https://sites.google.com/keio.jp/erm）。

られることが意思決定の一因であるという点は非常に興味深く，参考になると思われる。

　一方で，内部留保がそれほど蓄積されておらず流動性にも不安がありレバレッジも高い企業，または成長投資の機会が多い企業については，予期せぬ内部資金の減少・枯渇によって魅力的な投資機会を見送らざるを得なくなるという過少投資問題を回避するために，保険を含めたリスクファイナンスを検討する価値があると考えられる。特に成長機会が高いと見込まれる企業や分野においては，その事業領域における自社のリスク評価・損害防止等の能力が保険会社より劣後している可能性が高く，また BP 社とは違って事故発生時に販売価格の値上げにより収益減を埋め合わせられる可能性も低いと考えられ，保険によるサービス面・ファイナンス面の両方の有効性はより高くなるだろう 12)。

3　キャプティブが必要となる具体的ケース

　前節で大企業の保険購買の理由を説明したが，冒頭で述べたとおり，欧米のグローバル企業はキャプティブを活用するのが一般的である。キャプティブは基本的に自家保険であるため，欧米グローバル企業は保険へのリスク移転は不要，あるいは一定限度額までは保有するという意思決定を行ったうえで，キャプティブを用いてリスクを保有していると考えられる。これは前節で述べたように，過少投資問題の回避・軽減の必要性がない企業については，無保険・自家保険にして，損失は株主負担とする選択が合理的であるという点と符合する。そこで本節では，自家保険を選んだ欧米のグローバル企業がキャプティブというツールを用いる理由を考えてみる。なお，1980 年代後

12)　余談だが，日本における企業用地震拡張担保特約と地震利益保険の契約率が低い状況を指して，海外からは「地震リスクのプロテクションギャップがある」と言われているが，日本企業の内部留保（利益剰余金）の金額が約 516 兆円（財務省年次別法人企業統計調査（令和 3 年度），2022（令和 4）年 9 月 1 日より）と過去最高を更新しているという実情が，上に述べたような合理性に基づく日本企業の意思決定の結果によるものなのかどうか，非常に興味深い。

半までの米国では，企業はキャプティブの利益に対する課税を基本的に免れることができ，それを目的としたキャプティブも多かったようであるが，1986年の税制改正以降は不可となったため，現在は税メリット目当てのキャプティブはほとんどなく，これから述べる以下の目的で用いられていると考えられる。

（1）付保証明等ビジネス上の要請への対応

第2節（2）の4）で説明したとおり，欧米ではビジネス上の要請・慣習により付保証明が求められるケースが多いが，こういったケースにおいては，各国の規制要件に合致した元受保険会社の付保証明書が必要となるため，元受保険会社に保険契約を引き受けてもらい（フロンティングという），キャプティブで再保険を引き受けるという形でキャプティブを活用する（p.135の図6-3参照）。

（2）本社と子会社のリスク許容度の違いへの対応

本社・親会社は資金が潤沢にあり，グループ全体としても保険へのリスク移転は不要と判断し，自家保険を採用したり，数十億円等の高額の免責金額を設定したりしたとしても，子会社が同じであるとは限らない。むしろ子会社のほうが相対的に企業規模は小さく，リスクに対する許容度は低いはずであろう。連結ベースでは無保険や高額免責が合理的であっても，子会社の経営者の目線で見ると不合理で事業や業績に影響があるかもしれない。また，子会社の損失に対して事後的に増資で対応するよりも，子会社自身に必要な保険を購入させたほうが，手続きが簡便でコストも合理的かもしれない。このような親会社・子会社間のリスク許容度の差異に対応するためにも，キャプティブは用いられる。すなわち，子会社が現地で購入した保険の再保険をキャプティブで引き受け，親会社が保有すると決定した限度額までをキャプティブで保有することで，当初の保有戦略・計画を実現するのである。欧米のグローバル企業では，この理由でキャプティブを使っているケースが多い印象である。

（3）自家保険の分別管理

　自家保険を行ううえでは，それに必要な資金を管理することが必要であるが，単純な無保険（＝単純自家保険）の場合，その資金の出所は会社の他の資金と区別が付かず，いざ支出を要するときに拠出可能な資金がないということが発生しかねない。キャプティブという形で別会社化することによって，自家保険用資金を分別管理することができるようになる。さらに，キャプティブは専門のマネジメント会社の管理のもと，ドミサイル（キャプティブ保険会社の設立地）の規制当局の監督を受けるため，分別管理は非常に強固で確実なものとなる。さらには，（4）に記載の保険会社独特の会計制度により，よりリスク実態に見合った財務諸表を作成するため，自家保険用資金の中身の透明性もきわめて高いと言える。

（4）保険会社独特の会計・税務制度の活用

　保険会社は一般事業会社とはビジネスモデルが異なる。保険会社における売上は保険料で，保険金が売上原価に相当するが，売上を計上し保険期間が満了した段階では，まだ売上原価である支払保険金が確定せず，後から決まることが多い。事故報告が遅れたり，報告はあっても損害額の算定に時間を要したりすることがよくあるからである。そのため，決算に向けて売上原価部分を見積り計上する必要がある。この見積り作業はアクチュアリー（保険数理人）と呼ばれる専門家が実施するため，一定の根拠を備えたコストが計算されることとなる。このような事情から，保険会社の会計制度・税務制度には独特なものがある。例えば，IBNR（Incurred But Not Reported）と呼ばれる既発生未報告備金である。これは見積り時点で発生はしているものの未だ事故報告がされていない事故による保険損害を見積もったものであり，保険会社の会計・税務にとってきわめて重要な項目だが，一般事業法人ではこのような備金計上は制限的である [13]。

---

13)　このあたりの会計・税務については筆者も専門外であるため，これ以上の詳細には触れないが，欧米グローバル企業の国際会計・税務戦略は非常に積極的であると思われ，キャプティブ活用にあたって，これらの点を考慮しているであろうことは想像に難くない。

（5）保険会社のサービス価値の活用

　第2節（2）の5）で述べたとおり，事故処理，事故防止・防災，リスク評価等の保険会社サービスの活用は，欧米グローバル企業の保険購買の主要な目的の1つである。保険会社が世界各国でグローバル企業の現地法人等に対して効率的に提供できるサービス価値を活用するために，グローバル保険会社にグローバル・キャプティブ・フロンティングを依頼する。詳細は次節で説明する。

4　保険会社のサービス価値

　前節までで取り上げたとおり，大企業の保険購入およびキャプティブ活用の主な動機はリスクの移転ではなく，リスク評価やクレーム管理サービスを提供する保険業界のサービス価値を利用することであった。第2章でも保険会社のサービス価値について説明されているが，本節ではそれらについて，実務家の視点を交えて詳細に説明する。

（1）保険会社のサービス価値の優位性

　保険会社の提供するサービスには事故処理，事故防止・防災，リスク評価等のサービスがあるが，これらがなぜ事業会社よりすぐれているのかを説明する。この保険会社の優位性は業務の専門性と規模の経済からくるものだが，それらは保険会社が本業として数多くの事故現場に立ち会い，事故状況や原因の分析を行い，必要に応じて加害者と示談交渉等をしたうえで保険金を支払うことを通じて可能となるものである。これらの事故に関する業務を行うことで，保険会社は事故対応と事故防止，さらには何が危険かというリスク評価についての専門性を自然と高めていく。また同時に，膨大なデータを蓄積してリスク評価等に活用するとともに，大量の事故を処理するために効率的な運営システムを構築し，運営するノウハウを獲得することとなる[14]。

　事業会社がこれらの業務を自身で行う場合（単純自家保険の場合），これらの業務を内製化するか外部のサービス提供者に外注することになる。事業会

社は自社の事業自体についての専門性は高いものの，保険会社が提供するようなこれらの業務についてはそうとは限らず，社内で担当人材・部門を育成するかアウトソースするかを意思決定する。人材を育成し内製化したうえで，その体制を維持していくには相応のコストがかかり，さらに適正な業務品質の確保の課題も残る。また，アウトソースする際には，委託者はサービス提供者のサービスレベルを監視するために追加のコストや事務負担を必要とし，適正なインセンティブを生じさせるような仕組みを作らなければならない。なぜなら，内製化した場合の業務やサービス提供者の業務が十分な品質で提供されなければ，事故処理の中で不正な詐欺請求を見逃してしまう，あるいは本当に必要な事故防止・防災のアドバイスがなされないなどの不都合が発生しかねないからである[15]。これらはいわゆるエージェンシーコストである[16]。

　しかし，保険金支払い責任を負う保険会社がこれらのサービスを提供する場合はエージェンシーコストが削減され，事情が異なってくる。例えば，事故に対する支払い責任を負う保険会社が事故防止・防災サービスを提供する

---

14) 　筆者が勤務する保険会社の本社が5，6年ほど前に開示していた数字だが，Financial Lines（D&O保険，E&O（業務過誤賠償責任）保険，雇用慣行賠償責任保険，身元信用保険等を取り扱う部門）において，年間で約60,000件の事故（全世界合計）を取り扱っていたという規模感である。なお，PL保険やCGL等の一般賠償責任保険等を取り扱う部門はCasualtyと呼びFinancial Linesとは別部門である。また，2023年3月の時点においては，このような数字は開示していない。

15) 　この点については，欧米ではTPA（Third-Party Administrator）やロスアジャスターなどが広く活用されているが，理論的にはこれらのサービス事業者と保険会社を比較した場合は，前者には追加のモニタリングコストが必要となるため，保険会社のほうが優位となる。ただし，実際には米国での労災保険等に代表されるように保険会社との棲み分けがそれぞれの分野でしっかりと行われ，うまく機能しているものも多いし，保険会社がロスアジャスターを起用し，その業務をモニターしているケースも多く見られる。

16) 　委託者（プリンシパル：本事例では委託企業）と代理人（エージェント：本事例ではサービス提供者または保険会社）の間の関係はプリンシパル＝エージェント関係と呼ばれ，委託者は代理人に万全の業務の遂行を期待するが，両者の利害が合致しない結果，業務がしっかりと実施されず委託者が損害を被る可能性がある。この事例では，外部のサービス提供者の業務が不十分で不正請求を見逃した場合，保険会社が再調査を行うために保険金の支払いが遅れるかもしれず，保険会社がそのまま支払った場合でも翌年の保険料を増額するかもしれない。この場合，この差額の損害部分がエージェンシーコストとなる。

場合，その保険会社はより効果的な事故防止・防災サービスを提供すること
に対して，より高いインセンティブを持つであろう。また，事故処理サービ
スを提供する保険会社が事故による損失の支払い責任を負う場合は，不正請
求を探知するインセンティブが働きやすくなる。保険会社がリスク評価を行
う場合については，保険金を支払わないサービス提供者の場合と比べてリス
クを過小評価することがないため，保険市場へのより正確なアンダーライ
ティング情報の提供に寄与する。

　さらに，国際的に事業展開している損害保険会社の場合，これらのサービ
スを世界中の自社グループが営業する国・地域の顧客に対して提供している
ため，その業務運営に関してはグループ全体で非常に効率化されている。こ
の点からも，事業会社が世界各国で同じ業務を自社で行うより経済的である
ことが多く，規模の経済を実現していると言える。これらの保険会社の合理
化された機能を活用する目的で，欧米のグローバル企業はグローバル保険会
社をパートナーとして選び，グローバル・キャプティブ・フロンティング（キャ
プティブのために世界各国で元受保険証券を発行しキャプティブへ出再する業務）
を依頼するのが一般的である。

　次に，具体的な保険会社サービスについて説明する。

（2）事故処理サービス

　実際に発生した事故に対して，受付から処理，支払い，加害者からの回収
に至る一連のプロセスを保険会社が実施するものである。自動車保険を思い
浮かべれば，容易に理解できるであろう。日本では，事故が発生したら保険
会社の事故受付担当に連絡し，保険会社側で状況および損害を確認し，示談
代行まで行ったうえで保険金を支払い，可能な場合は加害者へ代位求償する。
このプロセスを非常に効率的に運営する体制を保険会社は構築している。

　米国における賠償責任クレームの場合は，保険会社の訴訟管理プログラム
を活用した事故対応サービスを各保険会社は提供している。訴訟社会である
米国では賠償責任保険損害額の約半分を弁護士費用等の防御費用が占めてい
るため，防御費用の削減が賠償責任保険の安定的運営に不可欠である。さも
なければ，増え続ける保険金支払いに合わせて保険料が高騰し，企業は保険

を買えなくなってしまう。そこで、保険会社が弁護士事務所に対し弁護士報酬等について詳細に取り決めた自社ガイドラインへのコミットを求め、実際の運用においても弁護士の活動状況と費用の請求内容をモニターしながらそれらをコントロールするシステムを作り、弁護士の時間単価や請求項目を大幅に圧縮するように努めている。これは多くの賠償責任クレームを取り扱い、米国法曹界に対して防御対応依頼を大量発注する保険会社ならではの仕組みである。また、米国の法制度は州ごとに異なり、PL 等の不法行為責任は基本的に各州の法律に基づき、州裁判所で裁かれるため、極論すれば企業は賠償責任事故に備えて全米 50 州で防御能力の優れた弁護士を起用できるよう備えておく必要がある。しかしながら、これは一部の超大手企業を除いて非現実的である。そこで保険会社の賠償責任保険に加入しておけば、事故の際には上記の訴訟管理プログラムで管理された高品質の弁護士サービスを全米のどこの州であっても利用できるのである。米国における賠償責任保険の真の価値はこの点にあると言っても過言ではない。

　また、サイバー保険の分野においては、欧米のグローバル企業を中心にインシデント・レスポンスマネジャー（Incident Response Manager: IRM）として保険会社を起用するケースが増えつつある [17]。IRM とはサイバー攻撃などのインシデント（事故または事故の恐れ）が発生した際に初動対応チームを編成する司令塔であり、顧客企業のどの部門、また海外を含むどの地域でインシデントが発生しても、デジタル・フォレンジック（不正・犯罪時の電磁的記録等の痕跡調査）や法律専門家、危機管理広報チームなどを手配し、対応を管理する役割である。もちろん、リテーナー契約（定額報酬のコンサルティング契約）を締結し、別途 IRM を確保することも可能ではあるが、サイバー保険事故対応の実績の豊富なグローバル保険会社の場合、これらの有能な専門家ネットワークを各国に有していてそれらを頻繁に活用しているため、コストメリットが大きいのである。IRM としての保険会社は不正アクセスなどの恐れを検知した段階から初動対応を開始し、原因・被害調査、デー

---

17)　第5章においても Integrated Risk Management の略語として IRM が用いられているが、本章で説明しているサイバーインシデント発生時の Incident Response Manager（IRM）とは混同しないよう注意されたい。

タ復元・サイト復旧，訴訟対応，記者会見，コールセンター手配，見舞金支払い，クレジット情報の不正使用監視，再発防止アドバイス等，各種専門家とともに事態の収束まで対応し，それらに対する損害賠償金や各種費用，逸失利益などを補償する[18]。このようにサイバー保険の事故処理においては，一連の対応の中でさまざまな外部専門家を活用し，その費用に対して保険金を支払うため，本節（1）で説明したエージェンシーコストを削減する機会が大きいのである[19]。

　さらには，多国籍展開している保険会社は，事故対応・処理状況の共有システムも進んでいる。世界各国のそれぞれの自社ネットワーク保険会社の保険事故対応のプロセスを一元管理するシステムを自社グループ内で構築し，その一部を顧客にも提供している。顧客，特に本社のリスクマネジャーはインターネット上のサイトにアクセスすることで各国での事故の発生や対応の状況をリアルタイムに確認することができるため，適切な対応が可能となる。また，これにより，キャプティブ側でも早期に事故の発生を認識し，漏れや遅れのない支払備金の計上が可能となる。

（3）事故防止・防災サービス

　保険会社が数多くの顧客や被害者から集めた事故事例をもとに事故の発生を防ぐための各種アドバイスを提供するものである。以下のようなサービスが一般的に提供されている。

①労働安全衛生

②労務・雇用慣行リスク

③交通安全

④個人情報保護・漏洩対策

⑤食品安全

⑥学校安全

---

18)　詳細は梶浦・佐藤（2023）参照。
19)　ランサムウェア攻撃に代表されるサイバー保険事故の多発によりサイバー保険市場がハード化する状況を受けて，欧米のグローバル企業ではキャプティブでサイバー保険を引き受ける事例がかなり増えてきている状況である。

⑦事業継続計画（BCP）

⑧賠償事故防止

⑨国際貨物輸送リスク

⑩取引先倒産リスク

⑪財物リスク

　内容はそれぞれの保険会社ごと，サービスごとに異なるが，講習会の実施，リスク診断と改善アドバイスおよびコンサルティング，運転シミュレータ体験，シミュレーショントレーニング，教材・ツールの貸与，等がある。中には，危機管理対応として，専門PR会社を利用した企業経営者に対する事故発生時の模擬記者会見トレーニングなども提供されている。また取引先の倒産リスクでは，販売先の信用状況の悪化を事前に知らせ，取引を縮小・停止させるアラート機能のサービスなどもある。

　財物リスクにおいては，火災，爆発，自然災害リスク等に対して，その業種ごとに異なる損害の予防および軽減提案を行っており，特に製油所，発電所等のプラントについては操業上の各種危険について専門の保険会社エンジニアが技術的なアドバイスを行っている。エンジニアリングラインと業界内で呼ばれることもあるこの分野では，非常に高度な専門的知識の共有と集約が進められており，例えばある国のプラントで，あるメーカーのガスタービンの欠陥により事故や不具合が発生した場合，瞬時にその情報が保険会社グループ内で共有され，同一シリーズ・型式のタービンを使用している世界中のガス火力発電所の顧客に注意喚起し，対応策をアドバイスする，という事例を筆者も何度も経験している。

（4）リスク評価サービス

　これは（3）の財物リスクの防災サービスと似ている点もあり，また実際には同時に行われることも多いのだが，保険会社のリスクエンジニアが顧客企業の事業所や工場等を訪問し，リスク評価を行い，評価レポートを提供するものである。火災，爆発，自然災害等のリスクを評価し，その評価内容をEML，MFL，PML，NLE[20]などの予想損害額とともに提示する。どのような評価レポート，予想損害額が提供されるかはサービスを実施する保険会

社によって異なるが，これらのレポートは高額のキャパシティ（＝支払限度額）が必要な建物や工場の案件の候補保険会社への引受打診にも活用されるため，信頼性の高い保険会社のレポートを入手することが重要になる場面も多い。また，製油所等，一部の業種に対しては，リスク評価と同時に工場の操業効率の評価とその改善策や，そのための投資プラン等のアドバイス業務を行うこともある。欧米の保険業界は産業界との連携が高度に進んでおり，保険会社や外資系保険ブローカーの中にはこれら産業界の技術者出身の社内エンジニアが数多く在籍しており，これらの専門的サービスの提供を可能にしている。

　また，近年ではサイバーリスクがあらゆる企業の経営上のリスクとして取り沙汰されるのに伴い，サイバーリスク評価サービスへのニーズが高まっている。これは質問書や情報セキュリティ部門へのインタビューをベースにサイバーリスク対応の成熟度，サイバー脅威の可能性，コントロールの有効性，残存リスク，情報漏洩時の想定損害額，サービス中断時の想定損害額を評価するものや，Bitsight や Security Score Card 等のセキュリティ対策状況やマルウェア感染状況などを外部から観測して評価するツールを取り入れたものなどである。

---

20)　EML，MFL，PML，NLE はそれぞれ Estimated Maximum Loss，Maximum Fore-seeable Loss，Probable Maximum Loss，Normal Loss Expectancy を表し，筆者の勤務する保険会社では以下のように定義しているが，この定義も企業によって異なるようである。
　Estimated Maximum Loss（EML）：スプリンクラー，火災・煙報知器などのすべての防火設備が機能せず，また一切の消火活動が行われない場合の予想損失額で，建物間のスペースや建物の耐火・不燃構造のみが有効であるシナリオ。
　Maximum Foreseeable Loss（MFL）：すべての防火設備が機能せず，一定時間経過後に消火活動が行われる場合の予想損失額で，建物間のスペースや建物の耐火・不燃構造のみが有効であるシナリオ。
　Probable Maximum Loss（PML）：主要な防火設備が機能せず，一定時間経過後に消火活動が行われる場合の予想損失額。
　Normal Loss Expectancy（NLE）：すべての消火設備が正常に機能した場合の予想損失額。

5 海外企業のキャプティブの活用

　第5章でもキャプティブの活用事例が紹介されているが，本節では，欧米のグローバル企業のキャプティブ活用について，もう少し詳細な保険実務の点から紹介する。なお，キャプティブの数や活用度合いの国内外の違い等については，保険会社のみならず保険ブローカーやキャプティブコンサルタント等から数多くの報告が行われているので，そちらをご覧いただきたい。本節では前節までで取り上げた背景のもと，実際の海外，特に欧米の大手企業のキャプティブの活用事例を紹介したい。

（1）欧州大手家電メーカーの事例

　最初は欧州の大手家電メーカーの事例である。本社のリスクマネジャーはグローバル・キャプティブ・フロンティング会社を起用し，全世界の子会社を含めた保険契約をフロンティング会社に引き受けさせ，そのすべてを同社のキャプティブに出再させている。キャプティブは，財物保険，一般賠償責任保険，貨物海上保険，D&O保険（Side B&C）[21]，サイバー保険，従業員福利厚生保険といったほぼすべての保険を引き受けており，年間の引受保険料は数億ドル規模である。現在，キャプティブは5名のアンダーライターを擁しており，全員が保険ブローカーや保険会社の出身でアクチュアリー資格を有する者もいる。また，本社のリスク管理部門は10名ほどの陣容で，キャプティブと緊密に連携しながらリスクの保有と移転を決定している。

　同社はキャプティブの保有限度額を設定し，その限度額を超える額については，再々保険を購入している（図6-3の右）。グローバル・キャプティブ・フロンティング保険会社と連携した事故防止活動の成果のおかげで保険成績は良好で，毎年順調な保険引受利益を計上しているため，剰余金も非常に大きくなってきており，保有額の増大や引受種目のさらなる拡大を企図している。また，剰余金の金額が非常に大きくなったため，数年前にはドミサイル（設立地）の規制当局の認可を得て，一部を本社に配当として戻し，本社はそれを原資に従業員の福利厚生用年金保険を一括払いで追加購入した。また

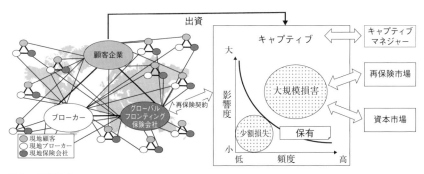

出典：筆者作成。

図6-3　グローバル・キャプティブ・フロンティングの事例

最近は，再々保険だけではなく，資本市場のILS（保険リンク証券）の活用も検討し，ますます拡大する同社の世界オペレーションに対応するキャパシティ調達を考えている。

（2）欧州大手インフラ企業の事例

　次は，欧州の大手インフラ企業の事例である。この企業では，リスクの種別（保険種目）や損失帯・階層（保険会社が引き受けるレイヤー）[22]によってキャプティブと単純保有を組み合わせている。図6-4はこの企業の抱えるロス・エクスポージャーとそれに対応するリスクファイナンス手段，それぞれの損失帯ごとのリスクコストの割合のイメージを図示したものである。低額損失帯（下層レイヤー）はグローバル・キャプティブ・フロンティング会社に保険を引き受けさせ，そこからの再保険をキャプティブで引き受けている。中層レイヤーは一部の保険種目のみキャプティブを用い，それ以外は単純保有，上層レイヤーは完全保有し，株主負担としている。

　この企業が下層レイヤーのリスクに保険を購入し，その再保険をキャプティブで引き受ける理由は保険会社のサービス価値の活用と親会社・子会社

---

21) D&O保険のSide A，B，Cとはそれぞれ，取締役等個人被保険者の損害賠償責任等を補償する部分（Side A），会社が自社の取締役等に対して行った補償（会社補償）を補償する部分（Side B），証券法上の不実開示責任等を追及された会社の損害を補償する部分（Side C）である。

22) レイヤーについては第3章を参照。

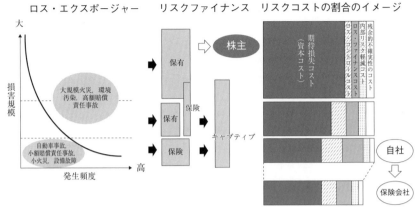

出典：筆者作成。

図6-4　損失帯（レイヤー）ごとのリスクファイナンス

間のリスク許容度の差異の問題に対応するためである。リスクコスト（Cost of Risk）の構成要素については，図6-5を参照いただきたいが，下層レイヤーにおいては，上層レイヤーに比してロスコントロール，ロスファイナンスコスト[23]）の割合が大きくなると考えており，そのコストを削減するために内製化ではなく，優位性のある保険会社のサービスを全世界のグループ会社で用いる形でアウトソースしている。中層・上層レイヤー（高額損失帯）については，合理的なコストでは保険を買えないこともあり，そのまま保有し，株主の負担としているが，これは，コーポレートファイナンスの考え方（株主は株式市場で分散投資することでリスク分散可能なので，投資先企業による個別のリスクファイナンスは不要）に基づく意思決定である。

（3）米国大手金融機関の事例

米国大手金融機関のキャプティブ活用の特徴は，通常の財物保険や一般賠償責任保険，福利厚生関連保険の再保険をキャプティブで引き受け，一般事業法人同様のリスク管理を行うにとどまらず，金融機関のリスク管理上重要

23）ロスファイナンスコストは保険の付加保険料部分や自家保険を運営するのに要するコストであり，期待損失コスト＝純保険料部分は含まれないことに注意が必要である。

・期待損失コスト（直接損失，間接損失）
　　→純保険料に相当
・ロスコントロールのコスト（予防対策の増強，損失軽減活動）
　　→事故の頻度と強度を減少させるためのコスト
・ロスファイナンスのコスト（保有及び自家保険，保険，ヘッジ，その他のリスク移転）
　　→これらのファイナンス手段に伴う取引コスト，保険を付ける場合の付加保険料に
　　相当する部分のコスト
・内部リスク軽減コスト（分散化，リスク軽減のための情報への投資）
　　→多角化・分散化によるリスク軽減に要するコストや正確なコスト分析のための情
　　報投資に要するコスト
・残余的不確実性のコスト（株主への効果，その他ステークホルダーへの効果）
　　→ロスコントロール，ロスファイナンス，内部リスク軽減を行っても，なお残存す
　　る不確実性のコストで，それらの残余的不確実性がある前提で株主や従業員などが
　　企業に要求するコスト

出典：ハリントン・ニーハウス／米山・箸方訳（2005），pp.26-29 に記載のリスクコストの構成要
　　　素を筆者が要約。

図6-5　リスクコストの構成要素

な信用リスク，市場リスク，オペリスク（オペレーショナルリスク）のうち[24]，オペリスクの管理にキャプティブを全面的に用いている点である。具体的なキャプティブの引受種目は Fidelity/Crime（身元信用／クライム），E&O/PI 保険（金融機関向け専門職業賠償責任保険），サイバー保険，D&O（Side C：有価証券損害賠償請求担保部分）であるが，それぞれの種目ごとに数億ドル単位のかなり高額の支払限度額を購入したうえで，その大部分をキャプティブで保有しているようである。米国大手金融機関も世界中に事業展開していることから，第3節で述べた（1）から（5）のいずれの理由も当てはまるものと思われる。

24）銀行の自己資本比率の計算の際の分母となるリスクアセットは保有資産額にリスク
　　ウェイトを乗じて算出されるが，その際のリスクとして考慮されるのが，信用リスク（貸
　　出先（企業，個人等）の債務不履行リスク），市場リスク（市場の動向による保有有価
　　証券等の価格変動リスク），オペレーショナルリスク（事務事故，システム障害，不正
　　行為等で損失が生じるリスク）である。
25）なお，本章ではキャプティブの活用による経済効果，特にコスト削減効果の具体的な
　　定量評価については一切触れていない。その点に興味のある方は，マーシュ ブローカー
　　ジャパン株式会社（2022）を参照されたい。

6 おわりに

本章では，海外のグローバル企業がキャプティブを活用する理由を解き明かすべく，まずは大企業が保険を付ける理由が，過少投資問題の回避，企業内の利害関係者間のリスクの移転，税メリット，規制・ビジネス上の要件の充足，効率的な保険会社のサービス価値の活用であることを説明した（第2節）。そのうえで，過少投資問題の回避・軽減の必要性がない大企業がキャプティブを活用する具体的理由は，付保証明等ビジネス上の要請や本社と子会社のリスク許容度の差異への対応が必要なこと，自家保険の分別管理や保険会社独特の会計・税務制度，保険会社のサービス価値を活用したいというニーズであることを述べた（第3節）。次に，保険会社は事故処理，事故防止・防災アドバイス，リスク評価等のサービスを提供するうえで事業会社より優位性があることと，その具体的なサービス内容と価値について説明した（第4節）。そして，これらの保険会社のサービス価値と保険の持つ機能を活用すべく，海外のグローバル企業がキャプティブを活用し，保険会社にフロンティングさせることを具体的な事例とともに紹介した（第5節）。

近年の目覚ましいコンピュータ技術の発達により保険リスクの計量化やリスクモデリングの高度化が急速に進み，期待損失コスト（純保険料）の計算精度が飛躍的に向上している。もちろん，昨今の気候変動や災害の激甚化がどの程度モデルに反映されているかについての議論はあるが，1990年代のIT革命前とは比べようもない。そして，それに伴いILS（保険リンク証券）に代表されるように，伝統的な再保険市場を補完・代替する存在として金融市場からの資本流入が進み，金融と保険の融合が加速している。そのような状況下で大企業にとっての保険の存在意義をあらためて考えた場合，海外のグローバル企業が行っているように，キャプティブを使ってリスクを保有しながら保険の持つ機能・サービス価値を利用するというリスクファイナンス手法は，グローバル展開する日本の大企業においても検討の価値があるものだと思われる[25]。

第7章

パラメトリック保険がリスクファイナンスに
もたらす新たな領域*

服部　和哉

1　はじめに

　パラメトリック保険（Parametric Insurance）の普及が日本でも始まっている。同保険は，損害調査を不要，もしくは最小限にとどめ，保険金支払いを迅速にし，災害後には，企業が必要とする流動性やキャッシュフローを補い，企業の資本構成への影響を軽減する効果をもたらす。また，保険設計の柔軟性や補完的役割は，従来の実損塡補型の保険では困難なリスク移転を可能にする。

　本章で，パラメトリック保険が従来のリスクファイナンスにもたらす新たな機能と同保険を使った活用方法を考察対象とする。第2節ではパラメトリック保険の特徴を概観し，第3節ではコンティンジェントデット等の代替も可能なパラメトリック保険の便益を論考する。第4節では海外での事例を用い，無形資産に対するパラメトリック保険の活用可能性を考察する。また水災リスクについて，実損塡補型とパラメトリック保険の組み合わせによる効果を提言する米国水災保険制度の事例を紹介し，日本での活用可能性を検討する。最後に，第5節では日本の巨大地震に対し，パラメトリック保険がもたらす新たなリスクファイナンスの可能性を考察する。

---

* 本章は，個人の見解であり，所属する機関の見解とは必ずしも一致しない。

2　パラメトリック保険の特徴

全米保険監督官協会（NAIC）は，パラメトリック保険を次のように定義している[1]。

「パラメトリック保険は，実際の損害額をもとに補償する従来の保険と異なり，特定の災害の規模に応じて，事前に約定した金額をもって保険契約者を補償する保険契約」

災害規模の事例としては，震度などの数値（災害の規模を示す数値＝パラメーターを，以下では「トリガー」と呼ぶ）が使われる。最初のパラメトリック保険は，1990年代に開発された金融商品であるオリエンタルランドのCATボンドに見出せ，最近では複数の新興国がCATボンドを採用し，また世界銀行が2017年に発行した感染症のCATボンドは，COVIID-19が支払いの対象となった。

デジタル化による多様なデータの取得や活用が容易になったことを背景として，金融商品の枠を越え，保険としての商品開発も目覚ましい。本節では，パラメトリック保険の特徴を概観する。

（1）保険金支払いの迅速性

パラメトリック保険が持つ特徴の1つに，保険金支払いの迅速性が挙げられる。事例としては，数日[2]から1か月など，従来の損害保険では実現不可能な期間での保険金支払いを可能としている。ロイズ（Lloyd's of

---

[1]　NAIC（2022）"Parametric Disaster Insurance" National Association of Insurance Commissioners（https://content.naic.org/cipr-topics/parametric-disaster-insurance , 2023年12月5日）。以下，日付記載のないものの最終アクセス日は同じ。

[2]　英国でパラメトリック保険を引き受けるFlood Flash社のホームページ（https://floodflash.co/）によると，2020年2月に発生した暴風雨（Storm Ciara）では，災害の翌日に保険金が支払われたことを示している。水位を測定するセンサーが保険契約者の施設に設置され，トリガーの発動を決定する。

London）は，ブロックチェーンを使えば保険金支払いを迅速にするとのレポートを公表し[3]，現在，貨物海上保険で実証している[4]。実用化が本格化すれば，保険金支払いの迅速化に加えて保険金支払業務が自動化され，保険会社の経費を下げるため，保険料低減の余地が大きくなる。また，詳細は次節で触れるが，保険金支払いの迅速化は，企業にとっては災害後の流動性の補完が可能となり，また企業の資本構成への影響を軽微にとどめる意義はきわめて大きい。また，迅速化は，災害後の企業の生産性にも影響を与えることがニュージーランドの地震で示されている（第5節参照）。

（2）保険設計の柔軟性

　同保険のトリガーの要件としては，保険当事者からの独立性や，災害後に入手可能なデータであること，また，災害と損害の相関が高い指標が求められる。実用化されているトリガーは，震度／マグニチュード，河川の水位や浸水深，風速，気温，降雨量などの自然災害の観測指標やインダストリー・ロス・ワランティ（Industry Loss Warranty）で用いられている米国ハリケーンの災害モデル，後述するホテル業の稼働率を示す指標などがある[5]。AIRMIC（2018）[6] では，保険設計の柔軟性がもたらす効果として，無形資産や，有形資産に物理的な損害が発生しない風評被害やサプライチェーン断絶などの間接損害を補完的に補償できること，また，その可能性の大きさが指摘されている[7]。

3）　Lloyd's of London（2019a）"Triggering innovation - How smart contracts bring policies to life"（https://assets.lloyds.com/assets/pdf-triggering-innovation-how-smart-contracts-bring-policies-to-life/1/pdf-triggering-innovation-how-smart-contracts-bring-policies-to-life.pdf）.

4）　Lloyd's of London（2021）"Meet Cohort 7"（https://www.lloyds.com/news-and-insights/lloyds-lab/cohort-8，2022年9月7日）.

5）　多くのパラメトリック保険を手掛けている Swiss RE Corporate Solution では，事例を紹介している（https://corporatesolutions.swissre.com/insights/knowledge/innovating-together.html）。

6）　AIRMIC（2018）"White paper: Parametric solutions"（https://www.airmic.com/technical/library/white-paper-parametric-solutions）. AIRMIC（Association of Insurance and Risk Managers in Industry and Commerce）は，英国におけるリスクマネジャーが加盟する団体。

（3）実損塡補型保険の補完としての機能

パラメトリック保険では，トリガーを災害と損害の相関が高い指標に設定した場合でも，支払保険金と損害額に差額が発生する（この差額はベーシスリスクと呼ばれる）。ベーシスリスクの発生は不可避であるため，パラメトリック保険の意義としては，実損塡補を旨とする伝統的な保険を補完する役割に見出すことができる[8]。

（4）金融と保険の融合

パラメトリック保険のトリガーが持つ客観性は，伝統的な保険に比べ，資本市場の投資家にとって透明性の高い投資対象と言われている。伝統的な保険では，広域での大規模災害の場合，損害額ならびに予想損害額が時間の経過とともに拡大する傾向にあり，日本の台風による風水災損害でも指摘されている[9]。

また，自然災害リスクは，資本市場リスクとの相関性がきわめて低いため[10]，投資家にとってポートフォリオの分散効果の価値が高い。その効果もあり，ILS（Insurance-Linked Security）市場は拡大を続けているが，ILS市場をトリガーで分類すれば，依然として Indemnity 型[11]をトリガーとする割合が 59.2% で過半を占め，パラメトリック型は 5.1% にとどまる[12]。従来の再保険と変わりのない Indemnity 型へ参加する投資家が過半を占めて

---

7) 第 4 節で，パラメトリック保険を使った企業の風評被害による企業価値低下の事例を紹介している。

8) 第 4 節では，米国政府の水災保険制度について，実損塡補の保険とパラメトリック保険を組み合わせた，ペンシルバニア州立大学ウォートン校が提言する案を取り上げる。

9) Bermuda : Re + ILS（2019）"The surprise loss creep from Typhoon Jebi"（https:www.bermudareinsurancemagazine.com/contributed-article/the-surprise-loss-creep-from-typhoon-jebi）.

10) 内閣府の資料では，CAT ボンドのインデックスを他の運用資産と比較したグラフが掲載されている。2009 年 1 月近傍では，サブプライムローンによる金融危機により，他の運用資産が大きく低下するなかで，CAT ボンドのインデックスの低下は軽微にとどまっている（内閣府（2016a）「災害リスクの引受市場の現状と課題」激甚化する大規模自然災害に係るリスクファイナンス検討会 第 2 回資料，p.6（https://www.bousai.go.jp/kaigirep/gekijin/dai2kai/pdf/shiryo02.pdf）。

11) Indemnity 型とは，元受損害保険の実際の保険金支払額を補塡する仕組みのことをいう。

いる。パラメトリック保険が普及すれば，客観性や透明性を歓迎する投資家の参加を ILS 市場へ呼び込むことにつながる。

　気候変動による災害が増加し，復旧・復興における保険の機能に期待が寄せられている。2019 年の国連気候行動サミット（United Nation Climate Action Summit 2019）では，イングランド銀行総裁のマーク・カーニー（Mark Carney）氏が，「Insurance, Risk Financing and Development」をテーマにした講演で，金融市場と融合したパラメトリック型の ILS による手法が保険会社の引受能力の増強に寄与し，保険の普及，ひいては災害に対するレジリエンスの向上につながると発言している [13]。第 5 節では，金融と保険の融合の可能性の文脈から，日本経済にとって重大な課題である地震リスクに対し，パラメトリック保険がもたらす意義を論考する。

3　リスクファイナンスにおけるパラメトリック保険の新たな便益

　パラメトリック保険は，保険が持つ資本補完性に加え，災害後の流動性を補完できる。この意義は大きく，以下に説明する。

（1）リスクファイナンスにおける負債とエージェンシーコスト [14]

　ドハーティ（2012）は，リスクファイナンスについて，コーポレートファ

---

12)　Artemis "Catastrophe bond & ILS market charts, statistics and data"（https://www.artemis.bm/dashboard/cat-bond-ils-market-statistics/）.
　バミューダのアルテミス（Artemis）社が ILS 市場に関する統計を公表しており（同社ホームページの "Catastrophe bond & ILS market charts, statistics and data" で公表），市場規模の推移をはじめとする統計を見ることができる。

13)　Bank of England（2019）"Speech: Remarks given during the UN Secretary General's Climate Action Summit 2019", p.6（https://www.bankofengland.co.uk/-/media/boe/files/speech/2019/remarks-given-during-the-un-secretary-generals-climate-actions-summit-2019-mark-carney.pdf）.

14)　ここでのエージェンシーコストは，ダモダラン（2001）によれば，異なるキャッシュフロー請求権を持つ株主と負債の債権者にとって，企業がとる最良の行動はいつも合致せず，その不一致により発生する機会費用を指す。

イナンスにおける資本構成の考えをもとに，負債の持つ過少投資問題や資産代替問題などのエージェンシーコストを加味して議論を展開している。ダモダラン（2001）では，負債のコストを倒産コストとエージェンシーコストに分類し，エージェンシーコストは，金利の上昇や，財務制限条項に伴うモニタリングコスト，過少投資問題や資産代替問題を通じて顕在化するとしている。また，中村・河内山（2018）が，財務制限条項への抵触に伴うエージェンシーコストとして，配当の減少，投資の抑制，金利の上昇が生じることを，日本企業を対象に実証的に示している。

　リスクファイナンスでは，リスクを移転しない（保険やデリバティブを契約しない）場合は，リスクの保有を選択したことを意味する（第1章を参照）。リスク保有を負債へ依存し，企業の資本構成が大きく変更される場合，エージェンシーコストが発生する可能性が高い。そのコストは，上述のとおり，結果的に企業価値の差として長期にわたり発生し，影響は甚大である。

　松下（2022）は，東日本大震災での被災の有無とその後10年での売上高の違いを，上場企業のデータを使って実証的に分析している。分析の結果，おおむね2017年以降，被害なしの企業と比べて，被害ありの企業の売上高は平均して10％程度低いことが明らかになった。この解釈として，松下（2022）は，震災での被災により財務状況が悪化し，成長分野への投資が手控えられた結果，その後の売上高の減少が生じた可能性を指摘している[15]。

　災害後には，応急的な復旧費用や固定費の支出を確保するため，企業にとって一定の流動性の確保が必要であり，コンティンジェントデット等[16]の手段が担う役割は大きい。日本や米国で最高財務責任者（CFO）に実施されたアンケート調査では，負債調達時に最も重視する施策は，財務上の柔軟性としている[17]。仮に，災害後に必要とされる流動性の確保の水準を大きく超

---

15)　筆者もまた，東日本大震災で数百億円の被害を受けた企業と被害の少なかったライバル企業の成長投資と収益性について独自に調査を行い，その結果，被害の大きかった企業は震災後に成長のための投資を継続できず，その後10年を経ても収益に大きな影響を受けていた可能性を確認している。

16)　コンティンジェントデットとは，事故，災害等，予め定められたリスクが顕在化した際に，予め定められた融資限度枠や金利条件に基づいて，企業が必要とする資金の機動的な借入れを可能とするスキームのことをいう。

えて，災害前の負債比率を大幅に高めるような負債発行を行った場合には，債権者・株主間のエージェンシーコストが追加的に発生し，財務上の柔軟性を大幅に喪失する可能性がある。この点は，リスクファイナンスが企業の資本構成に関する意思決定として位置づけられるべき所以である（Simpi, 2002）。

（2）パラメトリック保険がもたらす流動性と資本の補完機能

　世界銀行は，新興国に対して自然災害のリスクファイナンス構築を支援しており，保有，負債，保険（デリバティブを含むリスク移転）によるレイヤー方式 [18] をリスクファイナンスのフレームワークとしている。このフレームワークは企業においても論じられており [19]，企業の場合はコスト（資本コスト，負債コスト，保険コスト），リスクの特徴，負債の制約を踏まえ，保有，負債，保険の最適解を追求すべきとしている。このフレームワークは，基本的に保有を第1層，負債を第2層，保険を第3層とする構造を持ち，議論の単純化のため，いくつかの前提が省略されている。例えば，リスクを保有する場合，内部資金と外部資金のコストの違いや，負債とエージェンシーコストの関係などが省略されている。実務的なリスクファイナンスでは，こういった要素を加える必要がある。

　パラメトリック保険による迅速な保険金の支払いは，従来のリスクファイナンスにおける負債が果たす流動性補完の代替となる可能性を持つ。災害が発生し，バランスシートが棄損する災害規模であれば，資本補完機能のファイナンスで補完しない場合，負債比率が上昇し，その程度によっては，財務上の柔軟性を大きく喪失し，エージェンシーコストが発生する。すなわち，

17）　佐々木（2015）では，負債の調達時の財務柔軟性を重視する企業が82.8% にのぼることが報告されている。Graham and Harvey（2002）でも同様な結果が報告されている。
18）　レイヤー方式は，第3章の「レイヤリング方式」，第6章の「上層・下層レイヤー」と同義であり，予想損害額に基づいた保険の補償額を一定金額ごとに層で分けた概念である。
19）　Gurenco and Mahul（2003）。著者の一人である Oliver Mahul は，2022 年6 月時点で，世界銀行の災害リスクファイナンス・保険プログラム（Disaster Risk Financing and Insurance Program）の Global Lead and Program Manager を務めている。

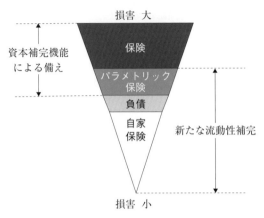

出典：筆者作成。

図7-1　世界銀行が提唱するレイヤー方式

　従来は災害後の流動性を補完するために，手許現金による自家保険や事後的な借入金，あるいは，コンティンジェントデット等が検討される場合があった。しかしながら，パラメトリック保険の開発は，そうした流動性を補完するための新たな手法の出現を意味するものである。このようなパラメトリック保険が持つ資本による流動性の補完は，世界銀行が提唱するレイヤー方式における新たな層として負債を代替し，負債の持つ短所を低減する大きな意義がある（図7-1）。

4　パラメトリック保険が持つ保険設計の柔軟性，実損填補型保険の補完性

　パラメトリック保険は日本でも販売を開始しているが，他国ではパラメトリック保険が持つ補完性や設計の柔軟性を使った新たなソリューションが提供され，また，課題解決案が提唱されている。

（1）無形資産に対するパラメトリック保険の事例

2017 年に公表された「伊藤レポート 2.0」[20] では，欧米に比べ日本企業の無形資産への投資の遅れが経済停滞の原因の一つと指摘され[21]，ESG への取組みの重要性とともに，無形資産投資の情報開示や対話の枠組みとして「価値協創ガイダンス」が策定され，「人材版伊藤レポート」，「デジタルガバナンス・コード」，「知財・無形資産ガバナンスガイドライン」など企業にとっての羅針盤が整備されてきた。

こういった潮流に対し，これまでの損害保険は，火災保険など有形資産のリスクの移転には機能を発揮してきたものの，無形資産への取組みは遅く，今後はこういった企業の取組みに呼応していくことが求められている。

以下では，無形資産とリスクファイナンスの文脈から，無形資産投資とリスクファイナンスの関連性を概観し，次に無形資産を補償するパラメトリック保険の商品事例を紹介する。

1）無形資産への投資におけるリスクファイナンスの役割

無形資産への投資の増加がキャッシュフロー保有増加の理由とする Falato et al.（2022）の研究では，米国の 2 万社弱の企業の 1970 年から 2010 年までの間の無形資産投資と現金保有推移を観察している。その結果，無形資産の増加は，担保に適した有形資産の減少を生む傾向にあり，負債調達力が低下し，それを補うために企業は現金保有を増やしているとする。

無形資産投資の価値やリスクについて，実行している企業は理解しているものの，債権者や投資家からは見えにくく，情報の非対称性が大きい。その

20）　経済産業省「『持続的成長への競争力とインセンティブ～企業と投資家の望ましい関係構築～』プロジェクト」の報告書（最初の報告書は 2014 年公表）。伊藤邦雄一橋大学教授（当時）がプロジェクトの座長を務めたことから通称「伊藤レポート（Ito Review）」と呼ばれる。

21）　経済産業省の資料では，日本企業の無形資産への投資が，欧米と比べ，大きく遅れていることが指摘されている（経済産業省（2017），「伊藤レポート 2.0」持続的成長に向けた長期投資（ESG・無形資産投資）研究会（https://www.meti.go.jp/policy/economy/keiei_innovation/kigyoukaikei/itoreport2.0.pdf））。また，ハスケル・ウェストレイク（2020）では，米国では 1990 年に，英国では 2000 年に，無形資産への投資が有形資産への投資を上回っていることが示されている。

結果，企業は投資資金については，キャッシュフローなどの内部資金を選好することになる。Froot et al.（1993）は，情報の非対称性が生み出す外部資金と内部資金のコスト差は，投資政策へ大きな影響を与えるため，企業はリスクヘッジを行ってキャッシュフローの安定化を図り，必要な投資資金を確保する，としてリスクファイナンスの役割を位置づけている。Giambona et al.（2019）が実施したリスクマネジメントに関するアンケート調査は，そういった企業行動を実証的に示している。調査は，欧米企業を対象に実施し，90％のCFOがリスクマネジメントの最重要課題を，事業収入／キャッシュフローの期待額の増加としている。

欧米企業が2000年前後から無形資産への投資を重視していること，無形資産投資の資金調達の源泉がキャッシュフローなどの内部資金であること，キャッシュフロー期待額の増加をリスクマネジメントの目的として最重要視していることの関連性は，リスクマネジメントが単にリスクをヘッジする，という以上に，企業成長に欠かせない投資の資金調達を支える役割を果たしていることを示している[22]。

2）無形資産の棄損に対する保険の開発

ここでは，ブランドや信用，レピュテーションなどの無形資産の棄損に備える保険を概観する。火災や地震，風水災などの災害が顧客の需要の減少を招かない場合が多いことと対比すれば，ブランドなどの棄損は顧客の喪失やライバル企業による顧客の奪取などが発生し，当該企業に対する需要が減少するなど，その影響は甚大であり，リスクファイナンスの価値は際立つ。その一方で，この分野の保険商品はきわめて限定されている。例えば，製造物責任が発生した場合，損害賠償額や争訟費用を補償する保険は普及しているものの，製造物責任により生じる逸失利益を補償する保険は普及していない。

無形資産とは，内閣府[23]のガイドラインによれば，特許権，商標権，意匠権，著作権といった知財権に加え，技術，ブランド，デザイン，コンテンツ，データ，ノウハウ，顧客ネットワーク，信頼・レピュテーション（企業

---

[22] リスクヘッジと企業の投資活動の関連性に関する先行研究は，花枝・芦田（2020）が整理している。

の評判），バリューチェーン，サプライチェーン，これらを生み出す組織能力・プロセスなどときわめて幅広い。保険がこういった範囲まで補償の対象とする場合，保険発動の条件，保険金支払いの基準などの検討が必要となるが，ここでは保険金支払いの基準としての対象物の金銭的評価方法を概観する。

　無形資産の評価方法は，日本公認会計士協会 [24]　では，コスト・アプローチ，マーケット・アプローチ，インカム・アプローチによる評価が紹介されている。コスト・アプローチは，資産の再調達価額をもとに評価され，マーケット・アプローチは市場での取引を基準とする方法である。インカム・アプローチは，キャッシュフローを基準とし，前者の 2 つの方法とは異なり市場のデータに依存する部分が少ないため，多くの無形資産に適用できる。例えば，インカム・アプローチで用いられる方法の 1 つに利益分割法がある。長谷部（2019）によれば，無形資産が営業利益に貢献する割合を経験則で 25％とするなどの方法がとられており，評価方法としては簡便で実用的と言える。

　損害保険で無形資産を対象とする場合，将来キャッシュフローへの影響を保険金支払いの基準とすれば，会計上のルールとも整合的であり，また，後述する無形資産を対象にしたパラメトリック保険が，企業収益を補償対象としていることとも符合している。

3）レピュテーションとパラメトリック保険

　無形資産のうち，レピュテーションを保険の対象とする商品について，望月（2019）ではレピュテーションに係るイベントが発生した場合の収益低下，対応費用を補償の対象とする実損塡補型の保険商品とスティール・シティー・リー（Steel City Re）社のパラメトリック保険が紹介されている [25]。同社の商品概要は，望月（2019）ならびに同社のホームページから，以下のとおり

---

23)　内閣府（2022a）「知財・無形資産の投資・活用戦略の開示及びガバナンスに関するガイドライン」知財投資・活用戦略の有効な開示及びガバナンスに関する検討会（https://www.kantei.go.jp/jp/singi/titeki2/tyousakai/tousi_kentokai/governance_guideline_v1.html）．

24)　日本公認会計士協会（2016）「無形資産の評価実務—M&A 会計における評価と PPA 業務—」経営研究調査会研究報告，第 57 号（https://jicpa.or.jp/specialized_field/publication/files/2-3-57-2a-20160621.pdf）．

要約できる。

①企業倫理，イノベーション，安全，品質などの7分野のいずれかでイベントが発生し，所定のメディアが報道した結果，企業価値が閾値を超えて低下することを保険金支払いの要件とする。

②契約者の企業価値は，同社が2001年から7,800社の財務・非財務公表データから構築したモデルに基づく。

③①の保険対象イベントが発生し，90日以内にあらかじめ定めた閾値を企業価値が下回った場合に補償の対象となり，その後20週間で最も低下した企業価値の度合いに応じた一定割合（50％など，事前に％で約定した割合）を保険金額に乗じ，保険金として支払う。

④ただし，実損以下での保険金支払いが求められており，実損は9項目の利益・費用（逸失利益，広告費用，被害拡大を防止する費用など）から構成されている。

　スティール・シティー・リー社の保険金の支払対象期間は，イベント発生による企業価値低下が始まり，その後最長で20週における企業価値低下を補償する。中長期にわたる企業価値低下を補償対象として織り込むことはできないものの，同社のホームページにはキャプティブ保険活用についての記述があり，中長期の企業価値低下はキャプティブ保険を通じた保有が可能なことを示唆している。

　同保険のトリガーは，スティール・シティー・リー社が開発した企業価値モデルを使っている。企業価値評価の1つとして株価があるものの，契約者が減配や増資などにより株価に影響を与えることが可能であり，またシステミックリスクも含むため，パラメトリック保険のパラメーターとしては適切ではない。一方で，バイアスのないデータに基づいたモデルで企業価値を推定できれば，企業価値低下を示す「損害」を算出することが一定程度可能

---

25)　同社のモデルを使った保険は，ロイズのカバーホルダーとして，Tokio Marine Kiln が主幹事で引き受けており，また同社のモデルは S&P/Dow Jones のインデックスとして採用されている（INDEXDJX:REPUVAR）。なお，Steel City Re 社の創業者であり CEO のニール・コソフスキー（Dr. Nir Kossovsky）氏は，企業価値とレピュテーション，ESG 分野で特許を持ち，経験や造詣が深く，リスクアセスメント，リスク管理のフレームワーク構築などのサービスを提供している。Kossovsky et al.（2012）参照。

と言える。

　レピュテーションに影響するイベントが発生した場合，迅速で的確な危機管理の発動が肝要である。危機管理を躊躇せず実行するために，事前の体制構築と費用面のバックアップの存在は大きい。

（2）Community Based Insurance ──米国連邦洪水保険制度とパラメトリック保険

　気候変動に関する政府間パネル（IPCC）の第5次評価報告書では気候変動よる災害の増加が保険金支払増加を招くと指摘しており，事実，日本でも顕在化し始めている[26]。今後，水災でもプロテクションギャップの拡大が懸念される。米国では，パラメトリック保険を公的水災保険制度に採り入れ，プロテクションギャップの縮小を目指す議論が展開されている。以下に紹介する。

　米国では，連邦緊急事態管理庁（Federal Emergency Management Agency: FEMA）が主体となり，民間の保険会社のフロンティングのもと，公的な水災保険（National Flood Insurance Program: NFIP）が長年にわたり運営されている。ただし，加入率は低迷しており，その理由の1つとして保険料の割高感が指摘されている[27]。ペンシルバニア大学ウォートンリスク管理・決定プロセスセンター（Wharton Risk Management and Decision Process Center）は，地域単位での保険（Community Based Insurance: CBI）にパラメトリック保険を採り入れた制度的枠組みを提言している。この提言は米国科学アカデミーの委員会でも議論され，レポートが公表されている[28]。

　提言では，現在FEMAによって運営されているNFIPを上下2層のレイヤー方式とし，第1層をパラメトリック保険として浸水深に応じた定額払いを行い，第2層は実損とパラメトリック保険による差額を埋める制度とし，

26）　日本損害保険協会によれば，過去に支払った風水害への保険金支払上位10災害のうち，直近10年で7災害が該当（日本損害保険協会（2022b）「過去の主な風水災等による保険金の支払い」（https://www.sonpo.or.jp/report/statistics/disaster/ctuevu000000530r-att/c_fusuigai.pdf）．

27）　NFIPが抱える課題については，損害保険事業総合研究所（2013）が詳しい。

28）　National Academy of Science, Engineering and Medicine（2015）.

次の効果の実現が可能としている。

保険料の削減

①損害調査を不要とするパラメトリック保険は，低廉なコストでの引受け
　が可能。

②第1層が第2層の免責金額として機能するため，第2層の実損填補型
　の保険料を軽減する効果を持ち，結果としてレイヤー方式全体でのコス
　トを低減することが可能。

ベーシスリスクの回避

　パラメトリック保険が浸水深に応じて約定された金額を支払う一方で，
NFIP が実損払いを行うため，ベーシスリスクを回避できる。

水災リスク軽減の取組みと保険を統合できる

　地方自治体が地域で行う水災軽減への取組みの効果を，水災想定モデルで
定量化し，パラメトリック保険の料率基準とし，かつ同保険の保険料を地方
自治体が支払う制度とし，減災への取組みの動機づけを制度的に組み入れる。

　パラメトリック保険が馴染みやすい理由として，NFIP の過去の保険金支
払履歴に着目している。1978 年から 2012 年までの水災保険金の支払履歴
を調査した Kousky and Michel-Kerjan（2015）によれば，損害が建物評価
額の 50％を超える保険金支払いの割合は 15％，70％を超える割合は 7％の
割合にとどまり，多数が小損害であった [29]。パラメトリック保険が小損害
の調査を省略し，コストを抑え迅速に支払う仕組みを作り上げれば，第2層
の保険料を従来に比べ大幅に割り引くことが期待できる。また，第2層に
ついては，第1層が免責金額として機能するため，民間の保険会社も参入
しやすくなり，民間の知恵や競争を使った全体の運営効率が期待できる。

　パラメトリック保険は，地方自治体など，税などにより収入を得る仕組み

---

29)　さらに，このうち 2005 年に発生したハリケーン・カトリーナによる保険金支払い
　　を除けば，上記の支払いの割合はそれぞれ 10％，3％まで低下する。

を持つ組織を契約者とし，保険料は税金などの形で住民などから費用を徴収する。幅広く徴収すれば，プロテクションギャップの解消につながる。

　リスク軽減の活動を保険料に反映させる仕組みは，現在の NFIP でも組み込まれている。しかし，減災の内容ごとに地域住民の保険料は下がるものの，地域を所管する組織にはインセンティブが働きにくい。また，リスク軽減策と保険料割引の仕組みがわかりにくく，都市部に適合しにくい制度と指摘されている。結果的に，フロリダ州での調査によれば，多くの地域で実施されているリスク軽減策は簡単なハザードマップの作成や告知であり，Brody et al.（2009）によれば，リスクそのものを軽減する対策が行われていないことがわかっている。

　ここでの議論を日本企業へ当てはめて考えてみたい。水災に対する減災は，1 個人や 1 企業での取組みに限界がある。地域単位で取り組めば，保険を通じてその効果を活用することが可能となる[30]。日本では流域治水の考え方のもと，河川流域の地方自治体や企業が国と協働し，ハード・ソフトを一体化した事前対策を実施している。豪雨で被災した工業団地が行う再発防止の取組みも，この一環と言える[31]。日本経済新聞[32] の報道によれば，2,000 を超える全国の工業団地のうち，約 27% が浸水想定地域と重なり，2m を超える浸水が予想される工業団地が約 250 か所，全体の 10% を超えている。気候変動による水災リスクの高まりは，プロテクションギャップを拡大させる可能性を持つ。企業誘致を行う自治体が工業団地単位でのリスク軽減策の効果を考慮したパラメトリック保険を制度化すれば，企業はパラメトリック保険の上乗せとして，実損填補型の水災保険を低廉な価格で購入することが可能となる。ハード・ソフトが一体化した，レジリエンスの高い地域経済の

---

30)　地域単位でのリスク軽減への取組みと保険を使った取組みは，レジリエンスボンドでも提唱されている。レジリエンスボンドとは，CAT ボンドの金利支払いに，リスク軽減策の効果を織り込み，防災投資に充てるものである。SDGs # 11 に対する保険業界の取組みの具体的手法としても，レジリエンスボンドが取り上げられている。

31)　国土交通省（2022）「水災害対策最前線 - 福島県郡山市の工業団地の取組み事例」カワナビ，Vol. 12（https:www.mlit.go.jp/river/kawanavi/prepare/vol12_5.html）。

32)　日本経済新聞（2019）「工業団地 580 カ所浸水恐れ 全国の 4 分の 1」2019 年 10 月 31 日報道（https:www.nikkei.com/article/DGKKZO51614510R31C19A0MM8000/）。

仕組みづくりを示唆している。

（3）ロイズが開発したホテル向けのパラメトリック保険

　ロイズは，彼らのビジネスモデルを変革する活動を 2019 年から開始している。パラメトリック保険をビジネスモデル変革のツールとし，保険単価の小さい契約やイノベーティブな保険を開発している。なかでもホテル向けに開発されたパラメトリック保険は，保険免責事故がほぼ設定されていない点が大きな注目 [33)] を浴びるなど，従来の利益保険と異なる概念を持つ商品と言える。

　従来の利益保険は，保険金算出にあたり，会計士などを使って逸失利益の算出を行う。逸失利益は，有責事故の影響度を前年の収益をもとにその乖離幅と影響期間を見出し，算出する。この乖離幅と影響期間の見極めに関しては，保険会社と保険契約者間の利害の相違がある。保険契約者は，より多く，できる限り早く保険金を受け取りたい傾向がある一方，保険会社は約款を遵守することを第一とするため，慎重な調査を行う傾向がある。こういった利害の相違は，保険金支払いの遅延を生む可能性を否定できない。

　ロイズが開発した同保険が注目された点として，保険免責事故がほぼ設定されていない点に加え，実損填補型に近い保険金支払プロセスが組み込まれている。濵田（2019）によれば，以下のプロセスにより，保険金が支払われる。

　①「客室 1 室あたりの売上高」（Revenue per Available Room: RevPAR）を本パラメトリック保険のパラメーターとする。

　　＜計算例＞ RevPAR ＝平均客室単価（1 万円）×客室稼働率（85%）＝ 8,500 円

　②ホテルのデータ分析・提供企業である STR[34)] のトレンド・リポーティング・ガイドラインを満たす方法で「地域の比較セット」として，保険

---

33) 　保険業界誌のみならず，Reuters でも取り上げている。Reuters 2020 年 3 月 3 日 "Targeted insurance offers hotels some relief in coronavirus fight" (https:www.reuters. com/article/us-health-coronavirus-insurance-hotels-idUSKBN20Q1JF).

34) 　STR は，全世界の宿泊施設から直接提供されるデータを通し，ベンチマーキングや市場動向分析を取り扱う世界最大の宿泊施設データサービス提供企業である。

契約者が自らの地域で競合するホテルを4つ以上選ぶ。

③「地域の比較セット」について，将来の月ごとの予測「RevPAR」が設定される。

④指標の閾値を仮に「10％低下」とした場合，月ごとの予測値に対して，実際の「RevPAR」が10％以上下回った月が保険金支払いの対象期間となる。

⑤保険金支払いの対象期間に対し，予測EBITDA[35]と実際のEBITDAの差額が保険金として支払われる。

図7-2にこの保険金支払いのプロセスを図示する。保険契約者と同じ地域内の競業先を選択し，合算した「RevPAR」が外部の専門機関を通じてパラメーターとして設定される。この「RevPAR」が低下すれば，保険契約者固有の事情による収益悪化ではないことが客観的に示される。

また，あらかじめEBITDAを契約者が申告することで，災害発生後はEBITDAにおける申告額と実際の額を比較し，保険金を支払うことができる。この方法を使えば，保険会社と保険契約者間での争いを減らし，ベーシスリスクのない実損型の保険金をタイムリーに支払うことが可能となる。

ロイズのニュースリリース[36]では，この保険が開発された背景として，パリ同時多発テロ事件を挙げている。同テロでは，2015年11月にパリ市街および郊外のサン・ドニ地域でISIL（イラク・レバントのイスラム国）が銃撃および爆発を同時多発的に発生させ，死者130名と300名を超える負傷者が被害者となった。この影響でロンドンでもテロ発生の可能性を恐れて観光客が減少し，ロンドン市内のホテルでは売上高が15％から40％低下したと言われている。

---

35) EBITDA（Earnings Before Interest, Tax, Depreciation and Amortization）は，営業利益に減価償却を加算した指標である。

36) Lloyd's of London（2019b）"Lloyd's launches new parametric profit protection policy for hotel industry"（https://www.lloyds.com/about-lloyds/media-centre/press-releases/lloyds-launches-new-parametric-profit-protection-policy-for-hotel-industry）.

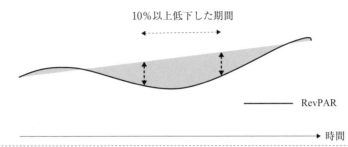

出典：筆者作成。

図 7-2　保険金支払いの対象期間とパラメーターとしての RevPAR

5　日本の巨大地震に対するパラメトリック保険がもたらす便益

　日本は，南海トラフ地震や首都直下地震などの巨大災害の危険を抱える。ともにプレート型の地震であり，年間数センチ程度移動することの結果として，100 年から 200 年などの単位での周期性を持つ[37]。周知のとおり，両地震とも今後 20 年から 30 年での発生の可能性が高く，100 兆円から 200 兆円規模の被害が想定されている。

　本節では，日本にとって国難となる地震に対し，企業の災害復旧・復興に保険が果たす役割を考察する。Poontirakul et al.（2017）によれば，大規模災害における保険の役割は，①災害による経済被害の保険によるリスク移転，②保険料がリスク高低のシグナルとなる効果，③保険料割引によるリスク軽減の促進，④経済被害からの回復過程における資金調達手段，の 4 点に集約されるが，実証的な調査・研究が①と②に集中し，③や④に関する調査・研究が少ないとしている。本節では，ニュージーランドの地震において④に着

---

37)　海上保安庁 プレスリリース（2015）「南海トラフ巨大地震の想定震源域で，海底の詳細な動きを初めて捉えました」（https://www.kaiho.mlit.go.jp/info/kouhou/h27/k20150818/k150818-1.pdf）。

目した，主要な2つの調査・研究を取り上げ，企業保険が果たした役割を概観する。なお，同国では，住宅向けの地震保険制度は，火災保険に強制的に付随した実損填補型の保険であり，政府保証と再保険市場の組み合わせにより構築されている。企業保険には政府保証がなく，民間の保険会社が引受を行っている。

（1）ニュージーランドで発生した地震と被害概要

　ニュージーランドでは，2010年から2011年の1年間に大規模な地震が複数回発生している。2010年はカンタベリー地方でM7.1の活断層型の地震，2011年はクライストチャーチ地区直下でM6.3の活断層型の地震が発生している。2011年のクライストチャーチ地区で発生した地震では震源の深さが5kmと浅く[38]，ビジネス地区の1,200棟あまりの商業建物が取り崩され，7,000にのぼる住居が移転の対象となり[39]，企業の事業継続に大きな影響を与えた。ニュージーランド保険協会（Insurance Council of New Zealand, 2022）[40] によれば，地震による経済被害はNZD40bil，企業保険による保険金の支払総額がNZD10.90bilとしている。経済被害の約27％を企業保険が回収している[41]。

（2）地震被害からの回復過程における地震保険の実態調査

　Brown et al.（2017）[42] では，震災から2年後に企業へのアンケート調査や専門家へのインタビューを実施し，災害後の復旧過程における保険金支払いの実態を明らかにしている。以下，本調査が指摘している，1）実際の被害と保険補償の乖離例，2）再調達価額による復旧の遅れ，3）緩慢な保険

38）　東京大学地震研究所「2010年9月，2011年2月 ニュージーランド南島の地震」，www.eri.u-tokyo.ac.jp/TOPICS_OLD/outreach/eqvolc/201009_nz/.

39）　CERA（2011）によれば，2011年12月時点で1,200の商業ビルが取り壊しを命じられ，7,000の住居が移転の対象となっている。
　　　CERA（2011）"Christchurch Recovery"（https://canterbury.royalcommission.govt.nz/documents-by-key/20121128.5318）.

40）　Insurance Council of New Zealand（2022）"Private Insurers Canterbury Earthquake Progress to 30 September 2022"（https://www.icnz.org.nz/wp-content/uploads/2023/01/Canterbury-Earthquake-Progress-Stats-to-30-Sept-2022.pdf）.

金支払いと災害後のリソースの限界，を取り上げる。

1）被害と保険補償の乖離例

　地震発生により生じた直接・間接の損害に対し，保険で回収できなかった特徴的な事例を列挙する。

【直接損害における保険補償との乖離例】

①災害後の労働市場や建材の需要が逼迫して復旧費用を押し上げたものの，時価額を条件とする契約では，復旧費用を補償できない。

②災害後に建築基準が変更され，増加した復旧費用や取り壊し費用が補償できない。

③小売業でテナントとして入居している場合，保有設備や造作に関する地震保険を契約していない。

【間接損害保険における保険補償との乖離例】

①地域に根差した事業（例えば，医療機関や小売，教育機関，ホテルなど）の場合は，移転による事業継続が困難なため，液状化の影響による立入禁止地域の事業者への影響は甚大だった。立入禁止による被害は，保険の特約（Denial of Access）が適用されるものの，多数の契約が保険金額の10％を上限としていた。

②観光業では客足が遠のき，小売業は政府による住居移転政策の影響から

---

41)　復興庁は，東日本大震災における経済被害を19兆円（復興庁（2011）「東日本大震災からの復興の基本方針」東日本大震災復興対策本部（https://www.reconstruction.go.jp/topics/doc/20110729houshin.pdf），金融庁は企業保険の保険金支払いを6,000億円（約3％）と推計（金融庁（2011）「アクセスFSA」第98号，p.5（https://www.fsa.go.jp/access/23/201109.pdf）。高野・大野（2013）によれば，上場企業の被害総額約2.3兆円のうち，保険金で回収できた割合は約5％（1,121億円）と推計。ニュージーランドに比べ，企業分野での保険による経済被害の回収割合は低い（高野・大野（2013）「地震リスク定量評価，東日本大震災による企業への影響についての考察」一橋大学国際公共政策大学院　公共と市場のリスクマネジメント研究会，p.41（https://www.ipp.hit-u.ac.jp/kaken_risk/seminar/20131120seminar_RMS.pdf）。

42)　カンタベリー大学，オークランド大学などの大学の研究者を含む共同での調査・研究に関する論文。政府（Ministry for Science and Innovation）からの助成により設立された研究機関が実施した。アンケート調査は2013年に実施され，541社から回収し，12名の専門家へのインタビューを掲載している。

特定地域の人口が減少し，事業への影響が甚大だった。観光客や人口の減少による収益の低下は，免責とされていた。

③地震の影響は1年を超えた一方で，地震利益保険の約定塡補期間の設定は，2年や3年が可能だったものの，多数の保険契約が1年を選択していた。直接損害や間接損害を保険で100％回収できた割合は，それぞれ45％，27％にとどまっている。また，全損害に対するリスクファイナンスの種類別割合は，キャッシュフローの41％が最大で，次いで保険の39％，銀行借入の21％，政府補助金の21％，内部留保18％となっている（重複回答）。間接損害が直接損害を上回るケースが多く，他の調査でも同様に指摘されている，としている。

2）再調達価額による復旧の遅れ

再調達価額は，復旧に必要な費用を不足なく調達できる長所がある。一方で，復旧費用の算出が必要なため，建築士やエンジニアなどの専門家による評価が求められ，保険金支払プロセスの長期化を招く短所がある。結果的に建て替えを必要以上に惹起し，復旧期間が長期化し，地震利益保険を通じ保険金支払いが増加した一因となった可能性が指摘されている。

また，2015年の世界防災会議で提唱された "Build Back Better（より良い復興）" に資する耐震化や移転，生産設備の配置換えなどにも適応できない。事前に策定したBCPで具体化した復旧方法に基づく費用を保険で補償できれば，より顧客企業のニーズに合致した保険へ導くことが可能となる。

3）緩慢な保険金支払いと災害後のリソースの限界

アンケート調査では，地震発生から18か月後の2012年8月時点における保険金支払いの割合は30％から50％の割合にとどまり，30か月後の2013年の末に実施した調査で80％から100％の保険金を企業が受け取っていることがわかっている。保険金支払いが長期にわたった理由として，広域災害に対する保険会社の体制が不十分だった点に加え，復旧に欠かせない建設業のリソースが有限なこと，商業地域での長期間の立入禁止，震災後に実施された耐震基準の見直しを要因として挙げている。また，建物構造が住宅

と異なり複雑なため，損害調査に建築士を要すること，間接損害には会計士が関与し，保険金支払いの論拠や争いに弁護士も関与するなど，いずれも平時の各種リソースのみでは広域で発生する被害には対応が困難になる点が指摘されている。

パラメトリック保険を使えば，1）から3）で取り上げた課題のいくつかについては，解決に道筋をつけることができる。例えば，1）の間接損害に対しては，従来の地震利益保険が建物の損害を保険金支払いのトリガーとするものの，パラメトリック保険は震度を尺度にできるため，地震の影響を事前に織り込んだ保険金額を設定すれば，立入禁止や風評被害にも対応が可能となる。3）で指摘された災害後の各種リソースの限界に対するパラメトリック保険の果たす役割は，きわめて大きい。特に，同調査では大企業を優先して損害調査が行われたと指摘されており，パラメトリック保険による損害調査の簡素化やブロックチェーンを活用した保険金支払いは，中小企業向けにとっては意義深い。

（3）回復過程における地震保険の効果に関する定量的分析

次に，アンケート調査などを使って保険の効果を定量分析した Poontirakul et al.（2017）の研究を紹介する。この研究では，保険の事業復旧のファイナンスとして機能する寄与度について，短期的には小さいものの，中期的には企業の収益性，生産性の向上に寄与していることが統計的に有意な結果として判明している。分析には，2種類のアンケート調査が使われている。1つはクライストチャーチの地震（2011年2月22日）から3か月後，もう1つは2年後に実施されている。

1）3か月後に実施したアンケート調査の概要

この調査では，企業が地震保険を契約している場合，後日受け取る保険金を資金的な裏付けとし，災害直後より積極的に事業継続の手段を取った可能性が高い，との仮説を立て，傾向スコアマッチング（Propensity Score Matching）[43] を使い，地震保険の有無による違いを分析している。傾向スコアは従業員数，所在地，リスクマネジメントへの取組みの程度などを示す

16の属性を使い，傾向スコアによりアンケート回答企業を4つの層に分類した。この4つの層を同じ属性を持つ企業群として，その企業群の中で回帰分析を使い，地震保険契約（建物の地震保険もしくは地震利益保険）の有無により，事業継続の違いに統計的な有意性を見出せるかどうかを分析した。その結果，4つの層のうち3つの層で保険契約の違いに有意性を見出せず，仮説は棄却され，地震保険契約の有無による短期的な効果は見出されないとしている。

2）2年後に実施されたアンケート調査の概要

　もう1つの調査は，2011年2月の地震から2年後にアンケート調査が実施され，企業の災害復旧・復興過程における収益性と生産性に果たした保険の効果を，ロジスティックモデルを使い分析している。アンケート調査の対象，回収数などは以下のとおり。

- ・対象企業：地震で被害の大きかった3地区に少なくとも1事業所を持つ企業全2,176社
- ・対象業種：19（分析の対象はデータ数の多い6業種：ヘルスケア，製造，建設，ホテル，金融，小売り＆卸売り）
- ・回収率：約25％
- ・有効回答数：無保険や回答が不十分な企業を除いた432社（6業種のサンプル数は309社）
- ・保険契約企業数：432社のうち，67％が直接損害を補償する地震保険のみならず地震利益保険を契約している（地震利益保険の付保率は高く，6業種で最も高い業種は製造業（78社）で，地震利益保険の契約割合は76.9％，最も低い建設業（41社）で48.8％となっている）。

　モデルでは，地震後に黒字か否かで収益性を判断する目的変数，生産性を示す目的変数などを設定している。説明変数を地震利益保険の有無の影響から見た場合，ならびに保険金支払いの迅速性（アンケート調査時点の地震発生

---

43)　傾向スコアマッチングとは，複数の属性をもとにマッチングを行う代わりに，属性から傾向スコア（propensity score）という1つの指標を予測，その予測値を用いてマッチングを実施する方法。山本（2015）を参照。

後２年半後に保険金の80％以上を受け取っているかどうか）の影響から見た場合で分析している。また，主に５つのカテゴリー（業種，企業の所有構造，企業規模（従業員数），地震による被害の程度，財務指標）に分類される25の統制変数を使い，ロジスティック分析を実施している。

　この結果，次のことが判明している。

①地震利益保険は，災害後の企業の生産性の向上，ならびに，保険金支払いの迅速性は，災害後の企業の収益性に有意に寄与している。

②地震利益保険は，統制変数で制御した場合，収益性で４％，生産性で16％向上している。

　地震保険ならびに地震利益保険は，中期的に企業の収益性，とりわけ生産性に大きく寄与している。生産性の維持・向上は，毎年のキャッシュフローから投資を続け，より良いものを効率的に低コストで生産し続けてこそ達成される。そうだとすれば，保険金が災害後の設備投資を可能とした，と推測することもできる。前掲の松下（2022）における企業の成長投資と地震被害の相関性からも，地震利益保険によりキャッシュフローを維持し，その結果，設備投資の継続，生産性の維持に貢献できたと考えることができる。

　上述のとおり，日本では企業分野の地震保険および地震利益保険の普及がきわめて低いが，普及努力を民間の保険会社に求めることは，正しい議論の方向だと言えるだろうか。巨大地震の住宅被害予想戸数[44]に基づいた損害調査を想像すれば，彼らの負荷はすでに身の丈をはるかに超えている。さらに，ニュージーランドのケースが示唆するとおり，企業分野の地震保険や地震利益保険の損害調査の負荷は，住宅の損害調査に比べて桁違いに大きい。

　日本の保険会社は，企業向けの損害保険の地震拡張担保特約では，保険金支払期間見込を１年から２年と規定する条項をすでに導入している。そのシワ寄せは，ニュージーランドのケースが示すとおり，中小企業に起こりうる。中小企業の被災対策として，政府による制度金融支援が実施されるが，借入増加は第３節（1）で触れたエージェンシーコストの発生による成長投

44）　2019（令和元）年に政府が発表した南海トラフ地震による住宅の全壊棟数は，最大208万戸（東海地方が大きく被災するケース）と推定されている。

資への影響を否定できない。中小企業に対するパラメトリック保険が持つ，保険金支払業務の簡素化，保険金支払いの迅速性や資本補完性は，マクロとミクロ両面においてきわめて大きな意義を持つ。

　加えて，後述する再保険マーケットの規模を考えれば，保険会社の引受基盤は脆弱である。日本の巨大地震リスクに対しては，従来の保険とは異なる制度的な体制構築も含めた検討が必要である。

　こういった課題を踏まえ，次項では，日本の地震リスクについて，保険会社に代わる新たなプレーヤーの可能性や，保険市場を超え資本市場を使ったリスク移転の可能性について検討する。

（4）パラメトリック保険が持つ新たな機能

　日本の防災における特許数は，世界でも最多と言われている[45]。日本の防災技術をパラメトリック保険に取り入れることができれば，新たな価値を生み出す可能性を持つ。以下にその可能性と意義を考えてみたい。

1）地震センサーを使った住宅の被害推定

　建物に設置したセンサーにより，地震で損壊した建物をリアルタイムに測定する取組みが行われている[46]。この取組みでは，地震センサーによる地震動観測データ，高密度な地盤データベースを組み合わせ，地震発生後の数十分から2時間程度で，住宅メーカーが建てたすべての建物の被害の割合や液状化の発生状況を推定する取組みである。同様な取組みは，別の住宅メーカーでも始まっている[47]。

　災害による住宅への被害の発生は，住宅メーカーのブランドへの影響が大きい。熊本地震では，大手住宅メーカーが震度6弱以上の地域に建設した住宅などの建物約7,000棟を全棟検査したと，年度末決算説明会で説明して

---

45)　特許庁では，他国との特許数を比較している（特許庁（2017）「平成26年度 特許出願技術動向調査報告書（概要）防災・減災関連技術」p.50（https://www.jpo.go.jp/resources/report/gidou-houkoku/tokkyo/document/index/26_5.pdf，2022年5月7日）。
46)　旭化成グループと国立研究開発法人防災科学技術研究所による地震センサーを使った建物被害測定の取組み（www.asahi-kasei.co.jp/j-koho/press/20210305/index/）。
47)　ミサワホーム総合研究所（https://soken.misawa.co.jp/news/20190304/196/）。

いる[48]。また，検査と同時に避難食などを提供している。地震センサーを使えば，住宅メーカーは被害の全容を即時入手でき，リソースを最適配分し，お客様対応に活かすことができる。

また，大手住宅メーカーなどが地震による損壊を保証するサービスを開始している[49]。個人が地震保険を契約する形から，住宅メーカーが「Embedded Insurance（組み込み型保険）」として，保険を展開する可能性が考えられる。加えて，地震センサーをパラメトリック保険のトリガーとして取り込めば，ベーシスリスクの低い個人向け，もしくは住宅メーカー向けのパラメトリック保険の提供が可能となる。保険金支払業務にブロックチェーンを採り入れれば，コストダウンの恩恵も得られる。

このようにパラメトリック保険はエンドユーザーにより近い立場で機能する可能性を持つ。IAIS（国際保険監督者機構）（2017）[50]では，いわゆるフィンテック（Fintech）が従来の保険のバリューチェーンを変える可能性が示唆されている。住宅メーカーのこういった取組みは，その変化の先駆けなのかもしれない。

2）資本市場を使ったリスク移転市場の拡大

日本の地震におけるプロテクションギャップの大きさは，これまでもたびたび指摘されている[51]。一方で，南海トラフ地震の被害想定額と保険市場規模を比較すれば，災害規模は全世界の再保険会社の資本総額の4倍弱，日本の地震・風水災の推定再保険調達額の約60倍とされている[52]。プロテクションギャップの課題に対して，保険の需要者サイドと供給者サイドの両面

---

48) 日経ホームビルダー（2016）。

49) パナソニックホームズ（https://homes.panasonic.com/sumai/support/jishin-hosho/）。

50) IAIS（2017）"FinTech Developments in the Insurance Industry"（https://www.iaisweb.org/uploads/2022/01/Report_on_FinTech_Developments_in_the_Insurance_Industry.pdf）.

51) 永松他（2022）では，プロテクションギャップの現状について詳しく説明されている。

52) 内閣府（2016b）「災害リスクの引受市場の現状と課題」激甚化する大規模自然災害に係るリスクファイナンス検討会 第2回資料 p.5（https://www.bousai.go.jp/kaigirep/gekijin/dai2kai/pdf/shiryo02.pdf）。

から検討する必要があり，供給サイドの課題では資本市場を使った地震リスクの移転を積極化する意義が大きいことは以前から指摘されている。OECD[53]では，資本市場を活用した災害リスク移転市場の発展の必要性を指摘している。市場の発展には，リスクアセスメントのためのデータ普及が必要とし，気象，地震，水文のデータなどのデータをセンサーで取得し，第二世代のパラメトリック型トリガー[54]を使ったリスク移転を活性化させること，リスク移転市場の透明性向上やセカンダリーマーケットの整備，会計制度やソルベンシー制度の整備，人材育成などが必要としている。なかでも政府が抱える災害リスクを，資本市場を使い活性化することが推奨されている。推奨の意図は，政府が積極的に関与し，投資家の裾野を広げ，より多くの多様な投資家が参加することにより，巨大災害を広く分散させることが，レジリエントな金融市場ならびに社会の維持に寄与するだろう。

　日本政府が抱える災害リスクに，都道府県の基金から支給される被災者生活再建支援金制度がある。阪神淡路大震災後に制度が発足し，内閣府[55]によれば，2022年7月末までに5,302億円が支給されている。この制度は地震被害に対する公助であり，自助の地震保険制度とともに「被災者の生活の安定」に寄与することを目的としている[56]。

　ただし，南海トラフ地震や首都直下地震への備えとして，リスク移転の原資は心もとない。2022年度末時点の被災者生活再建支援金の積立金残高は，502億円と公表されている[57]。かたや，南海トラフ地震での住宅の全壊の棟数は，最大で209万棟と想定されている。東日本大震災での被災者生活再建支援金の支払いは，約21万棟に対して3,791億円が支給されており，

53)　OECD（2012）"Risk Awareness, Capital Markets and Catastrophic Risks" *Policy Issues in Insurance*, No. 14, OECD Publishing pp.155, 156.

54)　ベーシスリスクの小さいパラメーターを第二世代と呼んでいる。

55)　内閣府（2022b）「被災者生活再建支援制度に係る支援金の支給について」（https://www.bousai.go.jp/taisaku/seikatsusaiken/shiensya.html）。

56)　被災者生活再建支援法第1条および地震保険法第1条に，被災者（住民）の生活の安定を目的とするとの記述がある。

57)　都道府県センター（2022）「令和3年度 決算報告書」（https://www.tkai.jp/Portals/0/pdf/profile/zaimu/04%E6%B1%BA%E7%AE%97/R3kessanhoukoku.pdf）。

全損の棟数だけでも 10 倍となる。半壊などの支給も加算すれば，現在の積立基金では，大きく不足している。

　同様の財源不足は，日本政府が抱える地震保険制度にも言える。関東大震災クラスの被害想定をもとにした（民間保険責任額と合計した 1 回の地震等による）保険金の総支払限度額は 12 兆円とされている一方で，現在の地震保険制度の再保険における積立額は，財務省の公表によれば，2020 年 3 月末時点で約 1.95 兆円とされている [58)]。

　被災者生活再建支援金の積立金や，地震保険制度の再保険積立金の一部をこういった資本市場の発展に活用し，投資家の裾野を広げることができれば，リスク移転市場の裾野が拡大する。前述の OECD のレポートでも指摘されているとおり，第二世代のパラメトリック型トリガーを使い，損害調査を不要，もしくは極力省力化し，ブロックチェーンを使えば，大幅なコストダウンが実現できる。保険のみならず，デリバティブなどの金融商品を使い，民間保険会社が住宅向け地震保険の損害調査で負う多大な負担を軽減し，また多様なプレーヤーの参入により地震リスクをさらに分散させれば，首都直下地震や南海トラフ地震などの巨大災害に対する経済被害の軽減に道が拓ける。

6　おわりに

　本章では，パラメトリック保険がリスクファイナンスにもたらす新たな領域について，第 2 節でパラメトリック保険の特徴を概観し，第 3 節では災害直後の流動性確保における負債の代替性を考察し，第 4 節では事例を引用した従来の保険の補完性を紹介した。また，第 5 節では保険市場が資本市場へアクセスする際のパラメトリック保険の利便性を用い，日本が直面する巨大地震に対するリスクファイナンスの新たな可能性を思案した。経済特区や金融都市構想がこれまでにも議論されているが，地震リスクの移転市場の創生

---

58)　財務省（2022）地震再保険特別会計 令和 3 年度決算（https://www.mof.go.jp/about_mof/mof_budget/special_account/jishin/2021account.html）。

を取り上げた形跡は見受けられない[59]。災害大国の日本でこそ，こういった議論を重ね，持続可能な社会と新たな経済を創生する価値はきわめて大きい。

---

59)　シンガポール政府や香港政府は，アジアや中国の自然災害リスクを ILS を通じて資本市場へ移転する政策を公表していることが日本経済新聞でも報道されている（日本経済新聞（2021）「「大災害債」急増　損保各社，再保険で補えず」2021 年 5 月 27 日報道，(https://www.nikkei.com/article/DGXZQOUB1492L0U1A410C2000000/)。また，米国では前述の米国水災保険は，民間の再保険とともに，ILS を通じ資本市場へリスクを移転していることを公表している（FEMA（2023）"National Flood Insurance Program's Reinsurance Program" Federal Emergency Management Institute, (https://www.fema.gov/flood-insurance/work-with-nfip/reinsurance)。

第3部

ケースに学ぶ企業リスクマネジメント

第8章

三菱重工の保険リスクマネジメント改革

柳瀬 典由

1　はじめに

　本章では，2010 年代中葉以降の三菱重工の保険リスクマネジメント改革について考察し，その現状と今後の課題を要約する。第 2 節では，三菱重工の沿革と業界の特徴を要約する[1]。第 3 節では，前節で取り上げた特徴（大型・個別の受注生産と高い海外依存度）を背景とする構造的なリスク要因について考察し，そのことが結果的に，全社的リスクマネジメント（ERM）体制構築に向けた経営トップの行動を後押しした可能性について検討する。第 4 節では，ERM に向けた保険戦略の新展開について考察する。はじめに，同社の経営改革の一環として強化されたコーポレート部門の全社戦略機能・事業支援機能について要約したうえで，新規に取り組まれた 2 つの保険戦略（グローバル保険プログラムと地震保険プログラム）の内容と課題について議論する。最後に，第 5 節では本章のまとめを行う。

---

1)　本章は，損害保険事業総合研究所が主催する第 3 期 ERM 経営研究会（座長：慶應義塾大学　柳瀬典由）の成果論文の 1 つである柳瀬（2021）を再編集したものである。同研究会では，シンガポールに本部を置くアジア圏における被保険者団体である PARIMA（Pan-Asian Risk and Insurance Management Association）日本支部の協力のもと，企業のリスクマネジャーと研究者との協業によって保険リスクマネジメントの事例研究を行った。三菱重工株式会社 増山啓様からは多大なるご協力を賜った。また，同研究会へ参加していた研究者，企業の方々からも多くのコメントを頂戴した。

2　沿革と業界の特徴

　三菱重工の歴史は，日本の造船業の歴史でもある。同社は，1884 年に岩崎彌太郎が工部省から長崎造船局を借り受け，長崎造船所と命名して造船業に本格的に乗り出したことに始まる。岩崎が始めた造船業は三菱合資（1893 年設立）を経て，三菱造船（1917 年設立）に引き継がれた。1934 年に同社は三菱重工に商号変更を行い，戦後の分割・再統合を経て現在に至る[2]。

　現在では，会社のルーツである造船業だけでなく，重工業分野を中心に多角化が進んでいる。同社の主要事業グループ(2020 年 3 月期時点)は，「パワー」，「インダストリー＆社会基盤」，「航空・防衛・宇宙」の 3 つの柱からなり，子会社・関係会社群と併せて国内外で大規模な事業展開が行われている。パワー事業グループの主な事業内容は，火力発電システム，原子力機器，風力発電機器，航空機用エンジン，コンプレッサ，環境プラント，船舶用機械であり，従業員数は連結で 24,444 人という規模である。また，インダストリー＆社会基盤グループの主な事業内容は，物流機器，ターボチャージャ，エンジン，冷熱製品，カーエアコン，製鉄機械，船舶，交通システム，化学プラント，環境設備，機械システム，工作機械であり，従業員数は連結で 40,786 人という規模である。最後に，航空・防衛・宇宙事業グループの主な事業内容は，民間航空機，防衛航空機，飛しょう体，艦艇，特殊車両，特殊機械（魚雷），宇宙機器であり，従業員数は連結で 10,734 人という規模である。

　東洋経済の業種分類（細分類）によれば，同社は，川崎重工，住友重機，石川島播磨重工（IHI），日立造船と同じ「重機」業界に属する。「重機」業界の特徴としては，第 1 に，大型かつ個別の受注生産が重要な収益源を占めるという点を挙げることができる。これは，例えば造船やプラント，発電

機器，大型エンジンなど，三菱重工の主要 3 事業グループのラインナップからも容易に理解可能であろう。第 2 に，高い海外依存度という特徴が挙げられる。図 8-1 は，1997 年度から 2019 年度までの約 20 年間の重機各社の海外売上高比率（連結ベース）の推移を示したものである。これによれば，1997 年度には各社ともに 30％前後だった海外売上比率が，直近では，日立造船を除き，おおむね 5 割を超える水準まで上昇している。例えば，2020 年 3 月期の三菱重工の海外売上高比率は 52％である。このような海外依存度の高さは，同社がグローバル化の波の中で激化する生き残り競争に晒されていることを意味する。

3　直面する課題

（1）恒常化するサンクコスト（埋没費用）

　激しい市場競争下で大型・個別の受注生産を主とする企業には，しばしば，ある営業上の特徴が見られる。これは，大型・個別の受注生産を手掛ける企

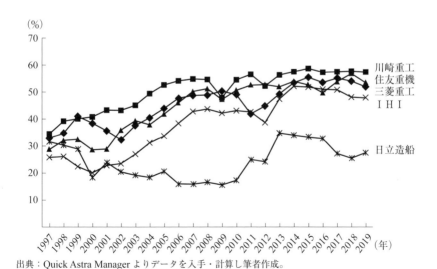

出典：Quick Astra Manager よりデータを入手・計算し筆者作成。

図 8-1　重機各社の海外売上高比率の推移

業において，サンクコスト（埋没費用）たる膨大な固定費用が恒常化していることに起因するものである。そもそも固定費用は，比較的短期間で回収可能なものと，回収不可能なものに分類されるが，このうち後者のことをサンクコストという。こうしたサンクコストの存在は，「赤字でも操業したほうがまだましである」という意思決定を正当化する動機となる。つまり，サンク（埋没）された固定費用があるので赤字は避けられないものの，操業を続けることでその赤字が少しでも軽減できる可能性があるため，そこに経済合理性，すなわち，利潤最大化動機が生じる[3]。

（2）大型客船建造プロジェクトでの多額の特別損失

2016年4月，同社が海外から受注していた大型客船のプロトタイプ（一番船）が受注元に引き渡された。この大型客船事業では，たび重なる引渡時期の延期に加え，受注時目標コスト（約500億円）を大幅に上回る実績コスト（約2,000億円）が発生し，同社は多額の特別損失を計上することになった[4]。こうした工程遅延の主因は，ホテルパートなどの設計作業が膨大となり，さらには大幅な設計変更により，設計作業の遅延が生じたことにある[5]。同社有価証券報告書（2016年3月期）では，こうした大幅な工程遅延が，設計費の増加のみならず，その後の資材調達や建造工程などに悪影響を及ぼし，コスト悪化につながり，多額の工事損失の発生が見込まれることとなったと説明されている。

---

3) この点は，標準的なミクロ経済学の文脈においても説明される。利潤最大化を目的とする企業行動の理論では，基本的には，個別の供給曲線は限界費用曲線に等しく描かれる。他方で，限界費用曲線は，U字型の形状の平均費用曲線の最低点を通るように描かれる。したがって，限界費用曲線と平均費用曲線が交わる点における供給量以下の供給（操業）では，生産物1単位あたり，（価格−平均費用＜0）だけの赤字が生じる。それにもかかわらず，固定費用回収の観点から，企業は限界費用曲線に等しく描かれる供給曲線上で企業の供給（操業）を採用し利潤最大化が図られるのである。

4) 2016年3月期有価証券報告書（注記事項 連結損益計算書関係）によると，2013年度に約641億円，2014年度に約695億円，2015年度に1,039億円の客船事業関連損失引当金繰入額が特別損失として計上されている。なお，受注時目標コストと実績コストの比較に関しては，「客船事業評価委員会報告書」（三菱重工，2016年10月18日公表）p.7（3. コスト状況の悪化）に詳しい（https://www.mhi.com/jp/finance/library/others/pdf/161018_01.pdf）。

それではなぜ，同社は，困難が多くリスクの高い大型客船を受注したのだろうか[6]。実は，激しいグローバル競争下にあった同社造船事業は，2008年のリーマンショック以降，客先都合で計画が白紙になるなど，大型商談を連続して失注していた。こうしたなか，2011年2月，12.1万総トン級の大型客船の商談が開始されたのである。もちろん，同社は，当初からこの新しい客船のコンセプトが従来の仕様と異なることは理解していた。しかしながら，大型商談の失注が続くなか，受注を最優先すべく柔軟な対応をすべきとの経営判断が働き，「難易度も高いが付加価値も高く，過去に同規模客船実績もあり対応可能」という楽観的見通しのもと，きわめて厳しい受注価格にもかかわらず，受注が決定されたのである。

（3）全社的な事業リスクマネジメント体制の構築

2015年度を初年度とする中期経営計画「2015事業計画」では，その基本方針として，①事業拡大加速によるグローバル競争力強化，②財務基盤のさらなる強化と高収益性追求，③企業統治と経営プロセスのグローバル適合推進が掲げられており，グループ全体におけるリスク対応力を高めていくことで，より一層の高収益性を実現し，財務基盤の強化につなげ，事業拡大を実現することなどが具体的な方針として打ち出されていた。

こうしたなか，大型客船建造プロジェクトでの多額の特別損失の計上は，同社が全社的な観点からリスク対応力の強化をさらに強く認識する契機となった。2016年10月の社内調査報告では，大型客船事業の困難さに対する認識の欠如などに加えて，個別案件に関する意思決定権限が事業部門に集中し，本社コーポレート部門によるモニタリングなどが脆弱であった点が指摘されている[7]。同社の有価証券報告書（2016年3月期決算）の「対処すべ

---

5)　一般に，大型客船建造では，船内・船上の豪華設備など，いわゆるホテルパートにおいて細かい作業が高い水準で要求され，その内容は消費者ニーズに敏感に反応し短期間で変化する。例えば，同社の大型客船受注はダイヤモンドプリンセス（2004年引渡し）以来であったが，前回受注時に一般的ではなかった全室Wi-Fi受信やビール醸造タンク搭載などの新仕様の要求が今回の受注には含まれていた。
6)　受注の背景・経緯については，前掲「客船事業評価委員会報告書」p.8（4.受注経緯）を参照のこと。

き課題」でも，大型客船建造プロジェクトのたび重なる工程遅延による多額の特別損失の計上への反省を踏まえ，リスク対応力の強化が喫緊の課題であるとの認識が明確に示されている。

　大型客船建造プロジェクトに関する評価と反省を契機として，2016年4月には，事業リスク総括部が新設され，CEO（取締役社長）直轄の全社的な事業リスクマネジメント体制の構築を目指して運用が開始された[8]。これは，客船事業の損失の要因分析を徹底的に行った結果，造船事業以外の事業でも潜在的なリスク要因が共通して存在するとの問題意識によるものであった。実は，1990年代以降，技術の高度化，複雑化，グローバル化および競争激化に伴い，同社では，事業部門主体の意思決定における新規性案件などにおいて結果的に大きな損失になるケースが多発していた。同社の社内調査によれば，この原因として，個別案件に関する意思決定が事業部門任せになってしまっていた可能性，特に，競争激化時の現場（事業部門）では，楽観性や切迫性に基づく判断に陥りやすいことが指摘された[9]。そこで，今後のさらなるグローバル化と新分野，新市場開拓による事業規模の拡大を見据えて，コーポレート部門による事業リスクマネジメントの強化が急務であることが認識されたのである。

　このような経営トップによる強力な問題意識のもとでその運用が始まった事業リスク総括部は，リスク管理室とリスクソリューション室から構成されている。リスク管理室は，同社グループ全体のリスク管理および関連業務の体系化と集約を推進し，各種リスクの未然防止や低減活動を推進するための組織である。他方，リスクソリューション室は，大型客船建造プロジェクトなど，すでに発生した重要案件に対応するための組織である。

---

7)　前掲「客船事業評価委員会報告書」p.9（意思決定プロセスやプロジェクトマネジメント面などからの評価と反省）を参照。

8)　その後，このような緊急時対応（CEO直轄組織）から平常時対応に若干の組織変更が行われ，事業リスク総括部は総務担当役員の直轄組織となっている。

9)　「事業リスクマネジメントの強化─事業活動における意思決定プロセスの革新─」（三菱重工，2016年10月18日公表）に詳しい（https://www.mhi.com/jp/finance/library/others/pdf/161018_02.pdf）。

4　全社的リスクマネジメントに向けた保険戦略の新展開

（1）コーポレート部門の全社戦略機能・事業支援機能の強化

　2013年10月，グローバル企業としての成長力・収益力の向上を目指して，三菱重工は13事業所9つの事業本部からなる組織体制を「エネルギー・環境」「交通・輸送」「防衛・宇宙」「機械・設備システム」の4つの事業ドメインへの集約・再編に踏みきり，その後，2017年には，「パワー」，「インダストリー＆社会基盤」，「航空・防衛・宇宙」の3つの事業ドメインに再編された。これに伴い，従来は各事業所に集約されていた権限と責任を，各事業ドメインを構成する戦略事業単位（Strategic Business Unit: SBU）の責任者であるSBU長に移行した。この大規模な組織改革の目的は，各事業の権限の集中・強化と責任を明確化することに加えて，コーポレート部門の全社戦略機能・事業支援機能を充実することにあった[10]。ERM体制の構築を目的としたCEO直轄による事業リスク総括部の創設は，まさにこのような経営トップによる大胆な改革の一環として実施されたことになる。図8-2は，改革前後の組織図の比較を示している。

（2）グローバル保険プログラム[11]

1）推進の背景

　ERM体制の構築が進むなか，同社の保険戦略にも変化が生じた。その第一歩として，グローバル事業を対象として，個別型アプローチから包括型アプローチへのシフトが推進された。同社ではこれをグローバル保険プログラムと位置づけている。なお，個別型アプローチとは個々のリスクエクスポージャーをばらばらに付保する考え方であり，包括型アプローチとは複数のリスクエクスポージャーの「束」を単一の保険契約にまとめる考え方である。Harrington and Niehaus（2003）によれば，このような包括的な保険証券の

---

10)　三菱重工，Press Information，第5411号（2013年8月7日付）。
11)　同社のグローバル保険プログラムについては，増山（2020）が詳しく説明しているので，そちらも参照されたい。

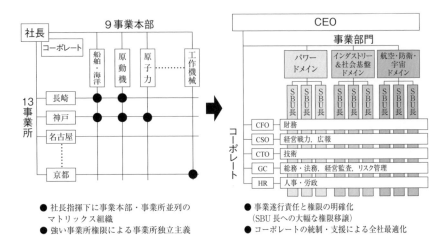

● 社長指揮下に事業本部・事業所並列の
　マトリックス組織
● 強い事業所権限による事業所独立主義

● 事業遂行責任と権限の明確化
　(SBU長への大幅な権限移譲)
● コーポレートの統制・支援による全社最適化

注：2019年9月現在。
出典：METI-RIETI シンポジウム「三菱重工の事業ポートフォリオマネジメント」資料p.6より筆
　　　者作成。

図8-2　事業所・事業本部制から事業軸中心のドメイン・SBU制へ

ことをバンドル型保険証券（Bundled Policy）という。

　同社は，以下で述べる費用節約効果を期待して，企業賠償責任（Commercial General Liability: GCL），会社役員賠償責任（Directors' and Officers' Liability），財物・利益（Property Damage and Business Interruption: PDBI），在庫を含めた物流一貫（Stock Throughput）の4つのリスクエクスポージャーに限って，包括型アプローチの採用を進めた。その理由は第1に，スケールメリットの発揮である。契約の交渉，契約作成および契約締結といった保険取引の一連のプロセスには固定費用が生じる。複数のリスクエクスポージャーを単一取引にまとめることで規模の経済性が働き，企業と保険会社双方において取引コストが低減される。これにより，付加保険料の節約につながる。第2に，複数のリスクエクスポージャーを「束」にすることで，リスク分散の効果を追求できる。これにより，個別型アプローチにおいて生じていた不必要な保険カバーの削減が可能となり，付加保険料の節約につながる [12]。さらに，こうした付加保険料の節約効果に加え，保険を購入する企業側の保険管理業務においても効率化が進むため，経費削減の効果が期待される。

　なお，複数のリスクエクスポージャーを単一の保険契約内に「束」として
統合することには，デメリットもある[13]。そもそも，保険取引の当事者で
ある企業と保険会社双方によって，「束」にされたすべてのリスク・エクスポー
ジャーとそれらの相関関係を理解するためには，相当のコストが追加的に発
生する。こうした追加的コストの存在は，状況次第では，バンドル型保険証
券の付加保険料率（支払保険料に対する付加保険料の割合）を，個別の保険契
約の付加保険料率よりも割高にしてしまう可能性もある。さらに，バンドル
型保険証券の設計・価格づけには高度な専門知識・技術が必要とされるため，
汎用性の高い個々の保険契約と比べて，その市場は相対的に狭く，流動性も
低くなる傾向がある。そこで，同社は，こうしたメリット・デメリットを総
合的に勘案したうえで，包括型アプローチの効果がより発揮されうるリスク
エクスポージャーに限定して，グローバル保険プログラムを推進したのであ
る。

2）得られた効果

　グローバル保険プログラムの費用節約効果は，さほど長い時間を待たずに
表れた。さらに，付加保険料の大幅な節約に加えて，以下2つの副次的効
果も確認された。まず，同社グループ企業内の保険事故情報の効率的な一元
的管理が可能となった点である。これは，現場に新たなインセンティブの仕
組みが付与されたことによるもので，包括的アプローチ導入の副次的効果と
してはきわめて大きいものであった。具体的には，保険金求償プロセスを通
じて全社横断的な事故情報の集約が実現するとともに，保険事故情報の分析
が徹底された点を挙げることができる。そもそも，価値の高い情報を本社が
効率的に集約するためには，現場による情報収集のインセンティブが重要と
なる。新しい保険プログラムのもと，現場は本社に対して保険金を求償する
ために情報を提供するインセンティブが生まれ，その結果，より精度の高い

12）　このようなリスク分散効果を通じた費用の節約効果については，Harrington and
　　Niehaus（2003）邦訳版（pp.486-491）にて数値例を用いて丁寧に解説されている。そ
　　ちらを参照されたい。

13）　この点については，Harrington and Niehaus（2003）邦訳版（pp.491-493）に詳し
　　く説明されているので，そちらも参照されたい。

現場の保険事故情報をリアルタイムで集約できるようになったのである。さらに，グローバル保険プログラムの導入は，現場が保険事故情報を分析し，事故防止を含むリスクコントロールの重要性を認識する契機も提供した。これも重要な副次的効果と言える。

　このようにグローバル保険プログラムの導入によって，同社の保険戦略は一定の成果を得たが，他方で解決すべき課題も浮き彫りになった。なかでも，グループ企業（部門）間での「公平かつ妥当な保険料設定」をいかに実行するべきかという論点は，ERM体制の進展という意味においても重要である。すなわち，全社的な観点からリスクマネジメントに要する総リスクコストを把握できたとしても，それを各グループ企業（部門）に対してどのような基準で配賦すべきか，いわばグループ内保険料の負担ルールの設計が問題となるのである。もちろん，「リスク量に応じた保険料負担」が原則的な考え方なので，問題の本質は各グループ企業（部門）のリスク量をいかに測定するかという点に帰着する。各グループ企業（部門）のリスク量は，①売上高や輸送額，固定資産高，総資産など，それぞれが直面するリスクエクスポージャーの量的（形式的）な大きさと，②保険の契約条件や過去の損害実績，防災設備など，各グループ企業（部門）が抱えるリスクエクスポージャーの質的内容を考慮したグループ内保険料率を掛け合わせることによって決まる。こうして，各グループ企業（部門）に配賦されるリスクコスト（グループ内保険料の負担額）が決まり，それがグループ内の子会社（事業部門）の業績にも影響を及ぼすことになる。

3）残された課題

　ここで，前述の①と②に関して課題が残る。まず，①リスクエクスポージャーの量的（形式的）な大きさの測定に係る問題である。すなわち，ERMの観点からは，リスクエクスポージャーの規模の指標としての全社統一基準が望ましい。その一方で，各子会社（事業部門）の個別の特徴を考慮すると，全社統一基準として何を採用すべきか悩ましいところである。例えば，固定資産や総資産の金額を基準として採用した場合，グループ全体の製造部門を担う子会社（事業部門）は，販売部門を担う子会社（事業部門）に比して過

大なグループ内保険料の負担を強いられるだろう。その一方，売上高の金額を基準として採用した場合，今度はグループ全体の販売部門を担う子会社（事業部門）が過大なグループ内保険料の負担を強いられる可能性がある。つまり，全社的な視点と現業の個別的要素との調整がうまくいかなければ，グループ企業間での不公平感が蓄積し，全社的な観点からのグローバル保険プログラムを推進するにあたって障壁となりかねない。

　もう１つの課題は，②各グループ企業（部門）が抱えるリスクエクスポージャーの質的内容（グループ内保険料率）に関する問題である。すでに述べたとおり，グローバル保険プログラム導入の副次的効果として，現場が保険事故情報を分析し，事故防止を含むリスクコントロールの重要性を認識する契機となった点が挙げられる。ここで，重要性の認識にとどまらず，子会社（事業部門）ごとの保険料率に差をつけることができれば，現場のリスクコントロールに関して金銭的インセンティブを付与することができる。これがうまく機能すれば，子会社（事業部門）がグループ内保険料負担の低減を通じてそれぞれの利益最大化（費用最小化）を志向するインセンティブを内在化することが可能となり，ERM の効果はより一層高まるだろう。もちろん，具体的にどのような基準でグループ内保険料率に差異を付与すべきかという問題は依然として残るため，やはり全社的な視点と現業の個別的要素との調整をうまく図ることが，グローバル保険プログラムのさらなる推進にとっての課題と言える。

（3）　地震保険プログラム
1）導入の背景とリスクファイナンスの重要性

　グローバル保険プログラムの導入はさまざまな副次的効果を創出したが，何より付加保険料を大幅に節約できたことは，三菱重工の保険戦略にさらなる機会を提供することになった。それまで無保険（リスク保有の状態）であった地震リスクエクスポージャーへの新たな対応である。表8-1 は同社グループの主要工場・設備の地理的分布を示している。これによれば，首都直下型地震や東海地震，東南海地震など，近い将来の発生が懸念される巨大地震に対するリスクエクスポージャーが高いことが一目瞭然である。

表 8-1　三菱重工の主要な設備の状況

事業所名	主たる所在地	帳簿価格合計（百万円）	従業員数（人）	備考
長崎造船所	長崎県長崎市	49,452	1,330	本体
神戸造船所	神戸市兵庫区	66,605	3,489	本体
下関造船所	山口県下関市	9,608	131	本体
横浜製作所	横浜市中区	9,420	127	本体
高砂製作所	兵庫県高砂市	17,065	823	本体
名古屋航空宇宙システム製作所	名古屋市港区	84,388	4,895	本体
名古屋誘導推進システム製作所	愛知県小牧市	43,221	1,408	本体
広島製作所	広島市西区	28,665	317	本体
三原製作所	広島県三原市	10,867	122	本体
相模原製作所	相模原市中央区	21,940	507	本体
名冷地区	愛知県清須市	1,878	2	本体
栗東地区	滋賀県栗東市	4,911	14	本体
岩塚工場	名古屋市中村区	1,721	142	本体
本社	東京都千代田区	34,970	1,194	本体
三菱日立パワーシステムズ（株）	神奈川県横浜市	123,406	9,704	国内子会社
三菱ロジスネクスト（株）	京都府長岡京市	38,873	4,128	国内子会社
（株）田町ビル	東京都港区	24,104	56	国内子会社
ロジスネクストユニキャリア（株）	大阪府守口市	14,985	1,581	国内子会社
三菱重工エンジン＆ターボチャージャ（株）	神奈川県相模原市	13,869	1,334	国内子会社

注：2020 年 3 月現在。
出典：同社有価証券報告書（2020 年 3 月期）「主要な設備の状況」より筆者作成。

　他方で，潜在的懸念はあるものの，過去の巨大地震，例えば 1995 年の阪神淡路大震災でも神戸造船所が約 300 億円の被害にとどまるなど，会社の存続を揺るがすようなレベルでの被災は幸い経験しておらず，2016 年以前は地震保険に加入していなかった[14]。こうしたなか，「2015 事業計画」等において実施された経営改革の一環として，全社的な観点からのリスクの洗い出しが行われた結果，地震リスクエクスポージャーの問題が大きくクローズアップされ，潜在的懸念の可視化が行われた。このように，地震リスク対策の必要性が認識されるなか，グローバル保険プログラム導入によるリスクコストの大幅な節約により捻出された資金をもとに，2016 年，同社は初め

て地震保険の購入に踏み切ったのである。

　まず，地震保険プログラムを検討するにあたって，自社グループにとっての地震リスクの重要性と特殊性の定義を行うことで，地震保険を含むリスクファイナンス戦略の重要性が浮き彫りにされた。そもそも，地震リスクは製品・事業群によって異なるものの，その他のリスクと比較してすべての事業にとって共通であり，全社的な事業ポートフォリオマネジメントでは対処しきれない性質を持つ。したがって，地震リスクが発現し大規模損失が生じた場合，会社の存続にさえ影響を及ぼしかねない事態に陥る可能性があり，このリスクを適切に管理することは全社的な観点からもきわめて重要であることが確認された。

　さらに，同社にとっての地震リスクは特徴的な意味を持つことが明らかになった。そもそも，大型かつ個別の受注生産を主力とする三菱重工にとって，地震リスクが高いことを理由に大規模な工場移転は容易ではなく，全社的な地理的リスク分散を進めることには限界がある [15]。例えば，造船所の立地はその歴史的経緯からも長崎のような優れた港がある場所に依存するため，代替地を検討することは事実上不可能である。また，特定の製品に対してのみ供給されるきわめて特殊かつ技術的に高度な部品などのスムーズな供給が特定の地域に集中している場合にも，その産業集積上の便益を放棄してまで工場移転を検討することは難しい。そうなると，たとえ耐震補強などのリスクコントロールを徹底したとしても，巨大地震の影響は全社的に深刻なものとなる。特に，資金面での打撃は相当なものになる。そこで，同社の地震リスクマネジメントにおいては，より一層，リスクファイナンスの側面が重要

---

14)　同社有価証券報告書（1995 年 3 月期および 2011 年 3 月期）によれば，1995 年 1 月の阪神淡路大震災では，神戸造船所などの被災による損失が 270.24 億円（修繕・撤去費用が 202.09 億円，不就業損失が 30.53 億円，その他が 37.62 億円）発生した。また，2011 年 3 月の東日本大震災では，建設中の火力発電プラントが被害を受けたことなどに伴う損失が 102.4 億円発生している（被災資産の復旧費用および処分損が 99.81 億円，不就業損失などが 2.59 億円）。いずれも，被災はしたものの，生産活動に大きな支障はなかった。

15)　このような手法を総称して内部リスク軽減（分散）といい（Harrington and Niehaus, 2003, 邦訳版第 1 章，2 章を参照），自社でリスク保有をしたうえで，それを企業内部でリスク分散を行う手法と位置づけられる。

になることが確認された。

2）地震保険購入にあたっての論点

　同社が地震保険の購入を検討するにあたって，特に重視されたのは，（ⅰ）付保対象資産・拠点の選定基準と（ⅱ）リスクファイナンスのコスト比較をいかに考えるかという点である [16]。第1の論点である付保対象資産・拠点の選定基準に関しては，①他拠点での代替生産性とコストならびに②事業の優先度という観点から整理できる。まず，大型かつ個別の受注生産を主力とする同社にとって，工場移転による企業内部での地理的リスク分散を図ることは一般に困難である。とはいえ，他拠点での代替生産性とそのコストについては，同社が営む事業間で一定のバラツキがあるだろうし，業務内容次第では許容範囲内のコスト負担で工場移転も検討可能かもしれない。したがって，①立地依存性や②特殊な納品先・サプライヤーとの関係といった観点から事業評価を行い，それに基づき付保対象資産・拠点の選定（あるいは優先順位づけ）を行う必要がある。

　次に，事業の優先度の観点から見た付保対象資産・拠点の選定に関しては，最終的には経営トップによる企業戦略の問題に帰着する。そもそも，リスクファイナンス関連の予算制約下で地震保険の購入が検討されるので，資源配分の観点からリスク保有を選択せざるを得ない場合もある。その際，付保対象資産・拠点の選定基準となりうるのが，全社的観点から見た事業の収益性・成長性などである。そして，当該事業の収益性・成長性などを犠牲にすることによる逸失利益は，地震リスクに対して付保しない選択，つまりリスク保有のコストの重要な一部を構成する。当然，このような逸失利益が大きな事業から優先的に付保することが合理的である。ただし，全社的な事業ポートフォリオのあり方は企業戦略そのものであり，リスクマネジメント関連部門だけで判断することはできない。ここに，経営トップが自社の企業戦略の一環として，リスクファイナンス戦略を積極的に定義することの重要性が示唆

16）　これら以外にも，地震リスクの計量化（モデリング）のあり方や過去の大震災時の同業他社の特別損失の発生状況は，地震保険購入にあたっての論点として検討された。

される。

　第2に，リスクファイナンスのコスト比較に関する論点である。リスクファイナンスに関する基本的意思決定はリスクの保有と移転の選択である。したがって，保険購入の費用対効果を検討するうえで，その代替案であるリスク保有のコストを分析することは重要な意味がある。それでは，リスク保有のコストとはいったい何であろうか。柳瀬・石坂・山﨑（2018）によれば，リスク保有は企業が生み出すキャッシュフローを社内に蓄積しておく場合（例：準備金，引当金，自家保険，キャプティブ）に加え，事後的に損失を回復するために外部から資金調達を行う場合（例：銀行からの借入金，コミットメントライン，社債発行，新株発行）の2つのパターンに区分することができる。

　まず，内部資金に係るリスク保有のコストは，理論的には，当該資金を投資に回した場合の事業投資の期待利回りや株主還元（ペイアウト）を犠牲にするという意味において，既存株主からの要求収益率と同じ意味をもつ。しかしながら，地震保険金の用途と異なり，内部資金は必ずしもその用途を地震関連損失に充当されるわけではない。したがって，資金の使途に関する柔軟性の程度を考慮したうえで，株主の期待利回りや要求収益率を測定することには課題が残る。また，外部資金に係るリスク保有のコストについても，新株発行の場合には，「仮に地震リスクが顕在化したならば」という条件つきで，新規株主からの要求収益率を測定することは容易ではない。

　このように，内部資金や新株発行といったリスク保有に係るコスト分析には課題が多く，経営者が適切な意思決定を行ううえで限界がある。そこで，同社では，比較的可視化しやすい負債コスト，具体的には同社の社債発行のための格付けなどを参考としつつ，地震リスクが顕在化した後に予想される同社の借入金利をベンチマークとして推計し，地震保険のコストとの比較検討が行われた[17]。

3）残された課題
　しかしながら，地震リスクファイナンスに係るコスト比較には課題が残る。第1に，損失発生後の負債調達以外の代替案に関するコスト分析が十分ではない。一案として，過去の大震災で被災した同業他社を対象に震災発生時点

をイベント日とするイベント・スタディを実施することで，累積異常株式リターンを計測する方法などが考えられる[18]。計測された累積異常株式リターンをもとに，地震リスクが顕在化した場合に想定される株主期待収益率の水準を推計できる可能性がある。第2に，負債コスト分析に関しても，仮に大震災で直接被害・間接損害が生じた場合の上乗せ金利（被災時プレミアム）について，どのように反映すべきかという課題が残る。一案として，大震災前後の借入金利を対象とし，過去の大震災で被災した同業種企業を処置群，被災しなかった同業種企業を統制群とする差分の差分分析（Difference-in-Differences: DID）を実施することで，被災時プレミアムの推計にアプローチすることが考えられる。

　図8-3はDIDの仮説的なイメージ図を示している。いま，分析対象とする同業種企業を2群（T群とC群）に区分する。例えば，事後的に被災企業となった企業をT群，被災しなかった企業をC群としよう。重要な点は，大震災の発生は事前には予見不可能であるということである。そうであるならば，大震災直前（t=0）の時点におけるT群とC群の区分はランダムなものであり，たまたま事後的に（t=1の時点で）両群に被災の有無という特徴が加味されたと解釈することができる。ここで仮に，大震災による被災が借入金利の上昇に対して影響がなければ，t=0時点ですでに（たまたま）存在した両群の借入金利差（$T_0 - C_0$）は，t=1時点の借入金利差（$T'_1 - C_1$）と同じになるはずである。他方，大震災による被災が借入金利に対して有意な影響を及ぼしているならば，t=1時点の借入金利差（$T_1 - C_1$）は，t=0時点の借入金利差（$T_0 - C_0$）よりも拡大するはずである[19]。このように，DIDをうまく活用することにより，大震災による被災の有無が企業の借入金利に与えた影響について統計的因果推論を試み，負債コストに関する被災時プレミ

---

17)　地震保険のコストには，Rate on Line（保険料÷年間支払限度額）が採用された。地震保険では，一事故毎の填補限度額（自動復元あり）という設計ではなく，年間支払限度額が設定されており，負債コストとの比較において，Rate on Lineは明瞭な指標である。なお，指標の明確化は実際の経営判断の場面で特に有用である。例えば，リスクマネジャーが経営者に対してリスクファイナンスのコスト分析を説明する際には，ブラックボックス化された指標ではなく可視化された明瞭な指標であるほうが望ましい。

18)　イベント・スタディについては，本書第5章を参照のこと。

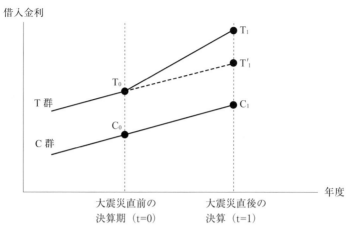

出典：筆者作成。

図 8-3　被災時プレミアムの推計と DID のイメージ

アム（例：$T_1 - T'_1$）を推計できる可能性がある [20]。

5　おわりに

　本章では，三菱重工の ERM 体制構築の背景と動向を踏まえたうえで，近年の保険戦略の新展開について考察を行った。大型かつ個別の受注生産に加え，高い海外依存度という特徴を持つ同社は，「赤字でも操業したほうがまし」というジレンマに直面してきた可能性がある。そうしたなか，大型客船事業での巨額の特別損失の計上といった出来事が重なることで，経営トップの主

---

19)　なお，大震災がすべての企業（両群）に同様の影響を及ぼしているならば，大震災後の C 群の傾きは T 群の傾きと同じように変化するはずである。したがって，両群の借入金利差の「差」には何ら影響を及ぼすことはない。DID を用いる利点は，事前にはランダムサンプリングに見える特定の企業群がイベントによって有意な影響を受けたかどうかを検証できる点にある。
20)　DID をはじめとする近年の統計的因果推論に関する平易な説明に関しては，伊藤（2017）を参照のこと。

導による ERM 体制構築の重要性が認識され，そのなかで同社の保険戦略も大きな節目を迎えることになった。まず着手されたグローバル保険プログラムでは，同時期に進捗中であった経営改革（コーポレート部門の全社戦略機能・事業支援機能の強化）の効果も相まって，一定の成功を収めた。具体的には，付加保険料の節約という主効果に加え，企業グループ内の保険事故情報の一元管理など，重要な副次的効果も得られた。さらに，グローバル保険プログラム導入によるリスクコストの大幅な節約により捻出された資金をもとに同社初の地震保険プログラムが導入され，それまで潜在的に重大なリスクと認識されていたものの，検討が十分ではなかった地震リスクエクスポージャーに対しても，一歩踏み込んだ取り組みが行われた。

他方で，少なからず課題も残された。グローバル保険プログラムの導入によって，そのリスクコストの配賦（グループ内保険料の割り当て）の仕組みをどのように構築すべきかという問題である。従来，各事業所レベルで決められてきた保険購入であるが，全社基準に照らして保険購入が過少水準にある子会社（事業部門）のグループ内保険料の負担が増える可能性がある。これは，子会社（部門）の利益を圧迫する要因にもなりかねないため，リスクマネジメント担当部署は，子会社（部門）に対して同プログラムの全社的な意義について丁寧な説明を繰り返し，彼らの理解を求めることが重要となる。そのためにも，グループ企業（部門）間での「公平かつ妥当」なリスクコストの配賦基準の設計は取り組むべき喫緊の課題である。また，地震保険プログラムについても，特に地震保険の代替手段である各種のリスク保有のコストをより掘り下げて理解する必要がある。企業価値最大化を志向するうえで，リスクファイナンスに係る（リスク移転と保有の）トータルのコストを最小化するための努力は重要であり，そのためには，地震リスクを考慮した株主資本コストや負債コスト（の近似値）をいかに推計するかという課題は引き続き残る。とはいえ，総合企業集団（系列）の主要メンバーでありながらも，同社が，全社的リスクマネジメント体制の整備と新しい保険戦略について，その第一歩を歩み出したことはきわめて興味深いところである[21]。

---

21)　戦後の日本企業を対象とした研究では，三井・三菱・住友・芙蓉などの総合企業集団（系列）が，個々のメンバー企業の意思決定や経営成果に及ぼした影響を分析している。例えば，Nakatani（1984）は，総合企業集団（系列）に所属する企業群は，そうでない企業群（独立系企業）と比べて，収益性の水準が低い一方で，収益性の変動が小さいことを実証的に確認している。類似の結果は，Lincoln et al.（1996）などその後の研究でも指摘されている。この現象は，企業集団（系列）が実質的な相互保険システムを形成している可能性を示唆するものである。すなわち，系列所属企業は平常時に比較的高い費用（いわば，「保険料」のようなもの）を負担して企業集団内での取引関係を維持しつつ，経営が悪化した際には企業集団からの支援（いわば「保険金」のようなもの）を受け取っている構図として理解されてきた。そうであるならば，総合企業集団（系列）に所属する保険会社は，系列全体のいわば「疑似的なキャプティブ」のような存在であり，そのため，系列所属の個々の事業会社レベルで全社的リスクマネジメントを実施する合理性はさほど高くなかった可能性がある。しかしながら，近年，こうした戦後の企業集団システムにも変化が見られ，そういった背景のもと，系列所属企業にも主体的に ERM を推進する動機が生じているのかもしれない。

第 9 章

INPEX のリスクマネジメント[1]

浅井　義裕・石井　昌宏

1　はじめに

　本章では，INPEX（旧国際石油開発帝石株式会社）を対象とし，同社が保険を中心とするリスクマネジメントを行う背景とそのリスクマネジメントの特徴を概観する。第 2 節では，石油・天然ガス開発事業の特徴を紹介する。続いて，第 3 節では，日本の石油・天然ガス開発，そして，INPEX の沿革，INPEX の中核的プロジェクトであるイクシス LNG プロジェクトを要約する。第 4 節では，石油・天然ガス開発事業の特徴，日本のエネルギー事情，そして，INPEX が実施するプロジェクトおよび企業価値増加等の諸条件が，INPEX のリスクマネジメントを規定する可能性について，学術的な観点から検討する。最後に，第 5 節では本章のまとめを行う。

---

1)　本章は，損害保険事業総合研究所が主催する第 3 期 ERM 経営研究会（座長：慶應義塾大学　柳瀬典由）の成果論文の 1 つである浅井・石井（2021）の一部を変更したものである。同研究会では，シンガポールに本部を置くアジア圏における被保険者団体である PARIMA（Pan-Asian Risk and Insurance Management Association）日本支部の協力のもと，企業のリスクマネジャーと研究者との協業によって保険リスクマネジメントの事例研究を行った。INPEX 株式会社 久保孝様，会田宣弘様からは多大なるご協力を賜った。また，同研究会へ参加していた研究者，企業の方々からも多くのコメントを頂戴した。

2 石油・天然ガス開発事業の特徴

　本節では，石油・天然ガス開発事業を概観する。具体的には，その事業プロセス，および，それに伴う市場リスクとオペレーショナルリスクが企業に影響を与える経路を確認する。

（1）石油・天然ガス開発事業のプロセスとリスク[2]

　石油・天然ガス開発事業のプロセスは「鉱区権益の取得，探鉱，評価，開発，生産，販売」という段階から構成される（図9-1）。そして，このプロセスは油・ガス田の廃坑・撤去により完結する。

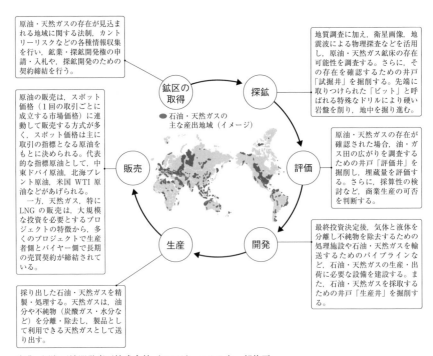

出典：国際石油開発帝石株式会社（2020b）pp.6-7 を一部修正。

図 9-1　石油・天然ガス開発事業のプロセス

　最初に，上述の 6 段階を経る石油・天然ガス開発事業の期間について触れておく。試掘から生産開始までに要する期間は 3 〜 7 年，生産期間は 20 年以上等と言われている。したがって，鉱区権益の取得から事業終了までの期間は数十年にわたることになる。

　例えば，INPEX が実行するイクシス LNG プロジェクトでは，1998 年 8 月に鉱区権益が取得され，2000 年に最初の試掘井が開坑し，2012 年 1 月に最終投資意思決定がなされ開発段階への移行が始まった。そして，2018 年 7 月に生産が開始された。また，このプロジェクトでは 40 年間の稼働が見込まれている。

　それでは，石油・天然ガス開発事業全体において生ずるリスクを説明する。

　まず，鉱区権益を取得したとしても探鉱・開発・生産に成功しないリスクがある。試掘を行ったとしてもある程度の量の石油・天然ガスを必ず確認できるとは限らない。試掘総数を分母とし，ある程度の量の石油・天然ガス産出に成功した坑井数を分子とする比率は試採掘成功率と言われる。ここで，国際石油開発帝石株式会社（2020a）に記されている INPEX の試採掘成功率の変化を表 9-1 にまとめる[3]。表 9-1 から，石油・ガス田の発見には大きな不確実性を伴うことが見て取れる。

　なお，鉱区権益の取得から評価の終了までにさえ 10 年以上を要すること

表 9-1　INPEX 試掘成功率

年	2009 年 3 月	2010 年 3 月	2011 年 3 月	2012 年 3 月
試採掘成功率	56.3%	64.5%	46.8%	50.6%
年	2013 年 3 月	2014 年 3 月	2015 年 3 月	2016 年 3 月
試採掘成功率	45.0%	59.5%	52.9%	45.3%
年	2017 年 3 月	2018 年 3 月	2019 年 3 月	2019 年 12 月
試採掘成功率	43.8%	21.0%	60.7%	61.8%

出典：国際石油開発帝石株式会社（2020a）。

2)　第 2 節（1）の内容は，国土交通省（2018a），国土交通省（2018b），および，INPEX，JX 石油開発株式会社，石油資源開発株式会社，三井石油開発株式会社，三菱商事石油開発株式会社の website に依るところが大きい。

3)　試掘総数に対する「事業化可能な水準にある石油・ガス田の発見数」の比を表す油田発見率という指標もある。

もある。さらに，石油・天然ガスの存在は確認されていても，その石油埋蔵量や予想される事業収益を鑑みて開発に至らない例もある。

　例えば，1984年にコロンビアにてインドネシア石油（株）は2つの鉱区で権益を取得したものの商業規模の埋蔵量を確認できなかったため，これらから撤退した。また，同社は1982年にインドネシアのアチェ沖にて鉱区権益を取得し，その試掘の結果，良好なガス層を発見した。しかし，その時点のガス価格をもとにした事業収益を鑑みて同社はそこから撤退している。

　次に，生産に関わるリスクを説明する。地下に埋蔵している石油・天然ガスの圧力によりそれらが生産井から噴出することを自噴という。石油・天然ガス採取には自噴を利用している。しかし，生産の進展に伴いこの圧力が低下するため，自噴の量が減少する。そこで，地下の圧力を保ち生産効率を維持するための操作が行われる。

　また，自噴をコントロールできなくなることもある。この状態は暴噴と呼ばれる。その暴噴を原因とする油濁事故の代表例として，1979年6月メキシコ湾 Ixtoc，2009年8月オーストラリア沖 Montana，2010年4月メキシコ湾 Macondo が挙げられる。すなわち，現状において石油・天然ガス生産の構造はこのリスクと不可分であり，特に海洋開発では気象の変化が事故を誘発することもあり，さらに，そのリスクが顕在化したときの損失は巨額になりやすい。したがって，生産設備の安全性，安定性，効率性を維持するため，操業と同時にメンテナンス・保守が行われる。陸上開発と比較して海洋開発ではこの費用はより大きくなる。さらに，状況に依存して生産施設が改修・増設されることもある。

（2）石油開発事業に関連するリスク

　石油開発事業に関連するリスクとして，市場リスク，オペレーショナルリスク，カントリーリスク，信用リスクが挙げられる。本項では市場リスクとオペレーショナルリスクについて説明する。

　前述のように，石油・天然ガス開発事業は長期にわたり市場リスクに晒されている。その主要なリスクファクターは石油・天然ガス価格である。ただし，産油国による生産量の調節も石油価格へ影響を与える。そこで，需要曲

線の変動と限界費用に注目する簡単なモデルを基礎として，石油・天然ガス
開発事業にとっての石油・天然ガス価格リスクを整理しておく。

　単純には，陸上油田よりも海洋油田，海洋油田の中では浅海油田よりも深
海底油田においてその限界費用が高いと考えられる。例えば，水深 250m に
海底生産設備を設置し，深度が深いガス田のイクシス LNG プロジェクトは
その限界費用もより高いと考えられる[4]。

　ここでは，限界費用の小さい油田を保有する企業 A と限界費用の大きい
油田を保有する企業 B の 2 つが競争している状況を考える。このとき，需
要曲線が左から右へシフトしていくと，まず企業 A の石油から供給される。
そして，需要曲線の右へのシフトがある段階まで到達すると，企業 B の石
油が供給される。したがって，需要曲線の左方シフトはまず企業 B の利潤
の減少をもたらす。また，需要曲線を一定とすると，企業 A は生産量を拡
大し価格低下による自社の利潤低下を生じたとしても企業 B から市場シェ
アを奪うことが可能である。一方，市場価格が企業 B の限界費用以上とな
るように企業 A は戦略的にその生産量を減少させてより高い利潤を追求す
ることも理論的には可能である。

　ここで，需要曲線は不確実にシフトすると仮定するならば，企業 B の利
潤は需要の不確実変動（リスク）と企業 A の戦略の影響を受ける。

　なお，現実にはすべてが 1 ショットの市場取引ということではなく，長
期にわたる取引契約も多々ある。このため，企業 A の戦略的行動が頻繁に
行われ，それが長期契約に影響を与えるようであれば，企業 A から顧客が
離れるケースも考えられる。

　このように需要の不確実性と供給者の構造・行動が市場成果に反映されや
すく，価格発見機能を有する原油スポット市場が存在することから，10 年

4）　2019 年 8 月に Royal Dutch Shell が最終投資意思決定したメキシコ湾のパワーナップ
深海石油開発プロジェクト（水深 1,280m）においては，損益分岐価格が将来的には
$35 未満になることが計画されている。ただし，これは，探鉱費用，評価費用，ボーナ
ス（開発事業者から開発権利付与者へ支払われる条件付き一時金），その他探査に関わ
る間接費用を除外した値である。詳細は，Royal Dutch Shell の website（https://www.
shell.com/media/news-and-media-releases/2019/shell-invests-in-powernap-subsea-tie-
back-in-gulf-of-mexico.html）を参照されたい［2021 年 8 月 1 日］。

以上にわたる操業期間中，油・ガス田の価値は価格変動リスクに晒され続けることになる。

テイク・オア・ペイ条項（take or pay contract）5)はこの市場リスクのコントロール方法に位置づけられる。さらに，先物やオプション等の金融派生商品も市場リスクの軽減に利用可能である。

次に，オペレーショナルリスクについて説明する。石油・天然ガス開発事業のオペレーショナルリスクの代表例は生産設備において生ずる事故であろう。特に海洋にある油・ガス田で生ずる事故は人的被害と同時に環境被害につながる可能性も高くなろう。そして，その事故および被害の拡大の原因として，主に人的エラー，気象，石油・天然ガス生産における自噴の利用という3つが考えられる。この観点から代表的事故を表9-2にまとめた。

この表からも上記3要因が複合的に事故発生とその被害へ影響していることがわかる。

本節（1）の説明からもわかるように，鉱区権益の取得が石油・天然ガス生産に必ずつながるということではない。むしろその確率は大きくなく，かつ，変動していることが表9-1から推察される。さらに，石油・天然ガスの標準的な生産方法は自噴を基礎としていることから前述のような暴噴事故を防ぐためにはそれに応じた設備投資（コスト）を要すると言える。

すなわち，リスクという視点では，個々の石油・天然ガス開発事業はその投資金額が大きく，生産開始という段階へも到達不可能な可能性が伴い，さらに，市場リスクとオペレーショナルリスクという，その影響の経路も顕在の仕方も異なる2種類の不確実性とも不可分である。

このような状況のため，通常，1つの石油・天然ガス開発事業は複数の企業により共同して遂行される。すなわち，複数の企業が資金を提供し共同して事業を実施していくことに関する契約（共同操業協定）が締結される。この契約において，そのパートナーシップに参加する企業は1社のオペレー

---

5)　事前に定められたある一定量以上の財の購入を買い手の義務とする契約をテイク・オア・ペイ条項という。実際の購入量がこの定められた量を下回る場合には，買い手はその差額分を売り手に支払うことになる。この契約により，その財の売り手にはある一定の収入が保障されることになり，その財の需要変動に起因する下方リスクを小さくすることが可能になる。

表 9-2　石油開発事業における事故の例

名称	年	国	被害	事故原因		
				人的ミス	気象	自噴
Alexander Kielland 事故	1980	ノルウェー	死者 123 人	影響大		
Ocean Ranger 事故	1982	カナダ	死者 84 人	影響有	影響有	
Piper Alpha 事故	1988	イギリス	死者 169 人，財物損害額 850M$	影響大		影響有
Petrobras P-36 事故	2001	ブラジル	死者 11 人，財物損害額 500M$	影響有		
Thunder Horse 事故	2005	アメリカ（メキシコ湾）	生産開始の遅れ 3 年，財物損害額 250M$	影響大	影響大（ハリケーン Dennis）	
Shell Mars 事故	2005	アメリカ（メキシコ湾）	2006 年まで生産中断		影響大（ハリケーン Katrina）	
Montana 事故	2009	オーストラリア	原油流出による環境汚染，財物損害額 250M$	影響有		影響大
Macondo 事故	2010	アメリカ	死者 11 人，原油流出による環境汚染，財物損害額 560M$	影響大	影響有	影響有

出典：国土交通省（2018b）第 5 章と Marsh（2016）をもとに筆者作成。

ター（操業主体）とノン・オペレーターに分類される。オペレーターは開発対象国との鉱区交渉，探鉱・開発・販売計画の立案，操業等の事業全般に関わり，かつ決定権を持つと同時に責任も負う。一方，オペレーターではない企業はノン・オペレーターと呼ばれる。通常，権益比率が最大であるオペレーターのリターンが最大となろう。ただし，オペレーターには高度な専門知識を持つ人材確保も含めた高い技術力が求められ，資金および操業上の責任とリスクの負担も最大である。

　したがって，1 つの石油・天然ガス開発事業を複数の企業による共同操業とすることは各企業のリスクを分散していることになる。さらに，1 つの石油・天然ガス開発企業に注目すれば，オペレーターとして参加する事業とノン・オペレーターとして参加する事業の両方を有することは複数の石油・天然ガス開発事業に対してそれぞれのリスクとリターンを考慮しながらポート

フォリオとして投資しているということになる。これはその企業のリスクマ
ネジメントの一環と考えられる。

3 日本の石油・ガス開発

前節では，石油・天然ガス開発事業のプロセスとそれに伴うリスクを概観
した。本節では，日本の，石油・天然ガス開発の現状と，INPEX の変遷に
ついて見ていこう。

（1）日本の石油・ガス開発会社

bp（2020）によれば，世界全体の１次エネルギー（石油，石炭，天然ガス等）
消費は増加傾向にあり，2019 年における世界全体の１次エネルギー消費量
に占める石油の割合は約 33%，天然ガスの割合は約 24% である。したがって，
石油・天然ガスを安定的に確保することは，一国の経済活動にとって重要で
ある。

日本でも，戦後一貫して，エネルギー選択の思想はエネルギーの自立であっ
た[6]。資源が乏しい日本では，海外からの資源に対する依存度が高い。その
結果，資源調達に関する交渉，資源国の事情による供給不安に常に晒されて
いて，エネルギーの安定的な確保は大きな課題であった。そこで，海外の情
勢変化の影響を少なくするために，海外の資源権益の獲得など，石油・天然
ガスや石炭における自主開発比率を増やしていくことは有効な対策であると
言われている。実際に，日本の石油・天然ガスの自主開発比率は 27.4%（2016
年度），34.7%（2019 年度）であり，2030 年度には 40% 以上とする目標を掲
げている[7]。

現在の日本には，INPEX，石油資源開発株式会社（JAPEX），三井石油開
発株式会社（MOECO）の３つの石油開発会社が存在する。表9-3 は，３社
の中でも，特に，INPEX の売上高が３分の２以上を占めていることを示し

[6] 経済産業省資源エネルギー庁「第 5 次エネルギー基本計画」（2018（平成 30）年 7 月）。
[7] 経済産業省「我が国の石油・天然ガスの自主開発比率」（2019（令和元）年度）。

表9-3　石油開発事業3社比較

(億円)

	INPEX	JAPEX	MOECO
売上高	10,000	3,188	1,554
経常利益	5,110	326	605
親会社株主に帰属する純利益	1,235	268	107
総資産	48,499	6,271	5,391
純資産	32,971	4,401	3,552
純資産比率	67.98%	70.18%	65.89%
経済産業省の株式保有比率	18.96%	34.00%	20.03%

出典：「国際石油開発帝石株式会社 第14期有価証券報告書」，「石油資源開発株式会社 第50期有
価証券報告書」，「三井石油開発株式会社 website 財務情報」。

ている。そこで，日本の石油開発会社におけるリスクマネジメントの特徴を
知るために，INPEX の事例を取り上げる。

（2）INPEX の沿革

　本項では，日本のマーケットにエネルギーを安定的に供給する役割を担っ
てきた INPEX の前身となった企業，および INPEX の歴史的な変遷につい
て見ていこう。

　帝国石油（株）（以下，帝国石油）は，1941 年という第2次世界大戦下の
日本で，石油資源確保を主目的とした半官半民の会社として設立された。頸
城油・ガス田，東柏崎ガス田，南長岡ガス田，磐城沖ガス田など，国内天然
ガス開発およびパイプライン網といった，エネルギーインフラストラク
チャーを整備してきた。このように，帝国石油は，国内のガス田の開発を担
うなど，オペレーターとしての強みを発揮してきた。

　一方，国際石油開発（株）（以下，国際石油開発）の前身にあたる北スマト
ラ海洋石油資源開発（株）は，1966 年に設立された。その後，1967 年に社
名をインドネシア石油資源開発（株）へ，1975 年にインドネシア石油（株）へ，
2001 年に国際石油開発（株）へと変更した。この間，インドネシアのマハ
カム沖鉱区の探鉱・開発を皮切りに，米国，コロンビア，オーストラリア，
アラブ首長国連邦，中国，カザフスタン，アルジェリア，ブラジル等の海外

で石油開発に参加してきた。

　2000年代までに，油・ガス田の開発の軸足が，より巨額の投資が必要となる海洋・深海へと移ってきた。Moody's（2017）は，探鉱・生産プロジェクトでは，規模が大きい企業は，より広範な地域と地質流域で事業を展開するため，より多角化した生産構成からの恩恵を受けることができるという，規模の経済が働くことを指摘している。そこで，国際石油資本の大手および準大手では，規模の経済を利用して，海洋・深海の油・ガス田の開発を進めるために，買収・合併を進めてきた[8]。単純には，このような戦略により規模の経済を利用した効率性向上の効果がもたらされると考えられる。

　こうした石油・ガス開発の国際環境において，日本でも，大規模な，石油・ガス開発のオペレーターが必要になってきた。そこで，2006年に設立された国際石油開発帝石ホールディングス株式会社は，国際石油開発と帝国石油を吸収合併し（2008年），社名を変更して国際石油開発帝石株式会社とした。さらに，2021年にその社名はINPEXへ変更された[9]。国内市場において，油・ガス田開発の技術を持つ帝国石油と，海外の油・ガス田開発にノンオペレーターとして関与してきた国際石油開発の合併によって，イクシスやアバディといった，海外の巨大油・ガス田において，開発・生産のオペレーターを担うことが可能な人材・技術・財務力を持つINPEXが誕生した。

　INPEXの「ビジョン2040」（2018年5月）では，2040年に向けて，同社

---

8)　具体的には，1970年代まで市場支配力を行使してきた国際石油資本における合併・買収が進んだ。その事端は1984年のソーカル（Standard Oil Co. of California: Socal）によるガルフ石油（Gulf Oil Corporation）の買収である。この買収により社名はシェブロン（Chevron Corporation）へ変更された。その後1998年から2001年に集中的に再編が進んだ。そして，現在では，エクソンモービル（ExxonMobil），シェブロン，ロイヤル・ダッチ・シェル（Royal Dutch Shell：2021年よりシェル），ビーピー（bp），トタル（Total）に集約された。さらに，現在に至るまでにも準大手を含めた合併・買収は進んでいる。例えば，2009年のエクソンモービルによるガス生産者XTOエネルギー（XTO Energy）の買収，2015年のロイヤル・ダッチ・シェルによる英国ガス公社（British Gas）が前身である天然ガス事業会社BGグループ（BG Group）買収，2019年の独立系上流開発会社オキシデンタル・ペトロリアム（Occidental Petroleum）による独立系上流開発会社アナダルコ（Anadarko）の買収などが挙げられる。

9)　なお，日本のエネルギー産業に対する規制の変化については，植草編（2004）の第II部と第III部を参考にされたい。

表9-4　確認埋蔵量比較

	INPEX	エクソンモービル	ロイヤル・ダッチ・シェル
原油（Mbls）	2,973	9,574	5,264
天然ガス（Bcf）	6,012	31,154	33,821
[A] 原油換算合計（Mbl）	4,010	22,455	11,096
[B] 総資産（M$）	44,272	362,597	404,336
[A]/[B]	0.091	0.062	0.027

注：INPEXの天然ガス確認埋蔵量を1バレルあたり5,800scfとして原油換算した。
出典：国際石油開発帝石株式会社「統合報告書2019/12」，ExxonMobil "2019 Summary Annual
　　Report", Royal Dutch Shell "2019 Annual Report and Accounts".

が「国際大手石油会社トップ10に加わること」と「アジア・オセアニアに
おけるガス開発・供給の主要プレイヤーになること」を目標としている。石
油・天然ガス上流事業をコアビジネスと位置づけて，アジア・オセアニア（イ
ンドネシア，オーストラリア，東ティモール，ベトナム），ユーラシア（アゼル
バイジャン，カザフスタン，ノルウェー，ロシア），中東・アフリカ（アブダビ，
アルジェリア，アンゴラ），米州（アメリカ，カナダ，ベネズエラ）のプロジェ
クトを推進している。また，米国テキサス州においてシェールオイルプロジェ
クトにも参画している。

　実際に，INPEXは，世界の石油開発会社の中で，どのように位置づけら
れるのかを見ていこう。表9-4は，INPEX，そして，エクソンモービル，
ロイヤル・ダッチ・シェルの確認埋蔵量をまとめている。INPEXの確認埋
蔵量は他の2社のそれよりも少ないが，（確認埋蔵量を将来のキャッシュフロー
の源泉，販売価格を一定と考えれば）効率的に将来キャッシュフローを得られ
る体制を構築できていることを示している。つまり，INPEXは，「国際大手
石油会社トップ10に加わること」という目標を達成する過程にあると考え
ることができるだろう。

（3）INPEXとイクシスプロジェクト

　本項では，「国際大手石油会社トップ10に加わること」というINPEX「ビ
ジョン2040」の目標を達成するために，特に重要で，すでに操業している，

イクシスプロジェクトに注目する。イクシスは，日本企業が初めてオペレーターとして，大型 LNG プロジェクトを推進するものである [10)]。1998 年に，公開入札に応札し，鉱区を取得し，2012 年 1 月に，最終投資決定を実行して，2018 年 7 月に，生産井からガス生産を開始した。オーストラリアのダーウィン市から約 890km に位置し，ガス層深度は約 4,000 ～ 4,500 m である。沖合生産・処理施設の大きさは，約 110 m ×約 150 m で，半潜水式の海上生産施設としては世界最大規模である。沖合生産・貯油出荷施設は，長さ約 336 m，幅約 59 m と，その大きさは大型原油タンカーに匹敵するものである。

　予定されている生産量は，LNG が年間約 890 万トン，LPG が年間約 165 万トンである。権益比率は，オペレーターの INPEX が 66.245%，トタルが 26.000 %，CPC 社が 2.625%，東京ガスが 1.575%，大阪ガスが 1.200%，関西電力が 1.200%，JERA が 0.735%，そして，東邦ガスが 0.420% である。同様にして，買主は，JERA が 105 万トン，東京ガスが 105 万トン，INPEX が 90 万トン，関西電力が 80 万トン，大阪ガスが 80 万トン，九州電力が 30 万トン，東邦ガスが 28 万トン，トタルが 90 万トン，そして，CPC（台湾）が 175 万トンと，買主の多くは，日本の企業であることが確認できる [11)]。

　INPEX は，株主比率が，経済産業大臣 18.94% であるというだけではなく，外国人株主 39.12%（2019 年 12 月 31 日現在）という特徴も有している。つまり，INPEX は日本のマーケットに石油・天然ガスを安定的に供給することを求められているだけではなく，収益力を向上させることで資本効率性を高める必要に迫られていると考えられる。

　INPEX「中期経営計画 2018 - 2022」をもとに，表 9-5 では，INPEX の財務状況を紹介している。表 9-5 は，イクシスプロジェクト操業前の 2017 年度から，操業開始後の 2022 年度にかけて，売上，利益，当期純利益，営

---

10) LNG（Liquefied Natural Gas 液化天然ガス）とは，気体である天然ガスを冷却することで液体化したもので，気体の状態に比べて体積が 600 分の 1 にまで減るため，LNG は天然ガスの大量輸送・貯蔵に適している。LPG（Liquefied Petroleum Gas 液化石油ガス）は，プロパンとブタンを液化したもので，液化すると体積は気体の 250 分の 1 となる。詳しくは，一般社団法人 日本ガス協会の website などを参照されたい。

11) なお，伴（2019）と坂元（2020）には，イクシスプロジェクトの鉱区権益取得から生産に至るプロセスの詳細が記されている。

表 9-5　INPEX の財務状況

	2022 年度（目標）	2017 年度（実績）
売上	1 兆 3,000 億円程度	9,337 億円
当期純利益	1,500 億円程度	403 億円
営業キャッシュフロー	4,500 億円程度	2,785 億円
ROE	5% 以上	1.40%

出典：国際石油開発帝石株式会社（2018a）。

業キャッシュフロー，ROE など多くの指標で，企業業績の向上が見込まれていることを示している。現在は，イクシス LNG プロジェクトを推進していて，今後は，アバディ LNG プロジェクトも操業を開始する予定であり，さらに企業業績が向上することを見込んでいる。また，生産量が年率 9% 増えており，国際大手石油会社 10 位台前半へと成長していくことを予想している。

　しかしながら，INPEX では，配当性向 30% を掲げていて，純利益のすべてをリスク対応資金にできない事情もある。そこで，次節で見ていくように，リスクファイナンスを検討する必要が出てくる。

4　INPEX のリスクマネジメント

　本節では，INPEX におけるリスクマネジメントの状況を概観し，先行する研究の結果を念頭に置きながら，INPEX のリスクマネジメントを考察していく。

（1）イクシスプロジェクトとリスクマネジメント
　ここで改めて，リスクマネジメントの定義を確認しておこう。リスクマネジメントは，「リスク（ロス）コントロール」と「リスク（ロス）ファイナンス」に分類される。リスクコントロールとは，損失が発生する頻度と，その大きさのいずれか，もしくは両方を削減する方法である。例えば，地震の発生頻度を変化させることはできないが，耐震補強をすれば，被害の大きさを

小さくすることができる。リスクファイナンスとは，損失を補塡するために金銭的な手当てをする方法であり，保険購入に代表されるリスクの「移転」と，キャプティブによる「保有」に分類できる。日吉（1996）によれば，キャプティブは「自家保険によるリスクの内部化」である。わが国の税制上，リスクに対する準備金の積立を行っても課税対象となってしまうが，キャプティブを用いれば，リスクマネジメントコストは保険料という形で経費処理が可能であり，キャプティブの資本金，準備金という形で資産をプールすることが可能である。さらに，キャプティブは，専属保険会社として，世界の再保険マーケットへ直接アプローチして，情報が得られるようになる。

　イクシスプロジェクトに限らないが，ガス深度が深い，巨大な海上生産施設では，石油・天然ガスを安定的に供給していくため，リスクコントロールが必要となる。また，探鉱（投資）を継続的に進めるには，常に手元に一定の資金が必要である。例えば，事故が発生した場合は復旧のための資金が突然に必要となり，企業が成長するための投資機会が奪われることもある。そこで，継続的に投資を行うためにリスクファイナンスが重要である。本章の対象となるイクシスプロジェクトでも，建造された海上・陸上の構造物の物的損害の発生を抑制するためのリスクコントロールと，損害をカバーするためのリスクファイナンスが必要となる。

　しかしながら，通常の工場などとは異なり，いったん事故が起こると被害が甚大となるため，石油・天然ガス開発プロジェクトでは，保険の役割が限られる可能性がある。まず，第1に，石油・天然ガス開発プロジェクトでは，事故に帰因する損失が巨額になりやすいため，そもそも，小さな事故も起こらないように運営が行われているという実態があり，保険が必要となるような小さい事故は生じにくい。また，保険は，大数の法則をもととしているが，石油・天然ガス開発の生産施設は数が多くないため，事故の確率を予想することは困難である。

　第2に，石油・天然ガス開発プロジェクトでは，事故が発生すると，企業の存続に関わるような事故となってしまう。つまり，保険金ではカバーできない金額の損失が発生することになる。実際に，INPEX の総資産が4.2兆円（2018年度）であるのに対して，イクシスプロジェクトは3.7兆円（340

億ドル）程度と，イクシスプロジェクトの大きさは，INPEXの総資産に匹敵している。そこで，INPEXでは，イクシスプロジェクトをプロジェクトファイナンスで実行している。このため，企業の信用力とイクシスプロジェクトを切り離して考えることができる[12]。

　第3に，石油・天然ガス開発のようなエナジー事業では，事故件数が少ないため，損害保険会社の中に，リスクコントロール・サービスのもととなる事故の情報，事故防止のノウハウの蓄積が限られている。そこで，事業会社側からすると，リスクコントロール・サービスを享受するために付加保険料を支払ってまで，保険を購入しようとする動機も弱くなる。

　第4に，エナジー保険市場は，資本市場からの資金流出入が多いという特徴がある。その結果，特に欧米の保険会社を中心にして，保険料率や引受キャパシティの変動が激しく，事業会社の観点からは，保険を調達しにくいという事情もある。

　しかし，石油・天然ガス開発プロジェクトについて，保険が役に立たないというわけではない。例えば，損害保険会社は，時間分散を通じて，エナジー事業でリスクを引き受けることができるかもしれない。つまり，1つの時点で多くの石油・天然ガス開発プロジェクトに関する保険契約を集められなくても，同じ石油・天然ガス開発事業者と長い時間で契約を行うことを前提とすれば，時間を分散することで，リスクを平準化することが可能となり，保険を引き受けることが可能となるかもしれない。すなわち，損害保険会社は，1つの時点でリスクを分散するのではなく，長い時間の中でリスクを分散し，石油・天然ガス開発プロジェクトの保険を引き受けることができるようになるかもしれない。

　INPEXでは，上記の事業の特性，株主還元などの事情，保険市場の状況，損害保険会社の特性を総合的に勘案して，主に，キャプティブを活用している。つまり，キャプティブを軸として，キャプティブ以外のリスクを損害保険会社に引き受けてもらうことにより，保険料の総額を小さくしている。企業として，キャプティブを設立することで，再保険市場にアクセスするよう

---

12)　イクシスプロジェクトのプロジェクトファイナンスの詳細は，下記を参照されたい（https://www.inpex.co.jp/news/assets/pdf/20121218.pdf［2021年3月1日]）。

になるため，エナジー保険市場の保険料の動向を知ることができるというメリットも存在している。すなわち，INPEXでは，キャプティブの「保有」や，保険による「移転」といった，リスクファイナンスの方法をうまく組み合わせて，リスクファイナンスの効果を減らすことなく，必要となるコストを最小にしようと試みていることが確認できる。

（2）学術上の議論とINPEXのリスクマネジメント

最後に，保険やリスクマネジメントの学術上の仮説を念頭に置きながら，INPEXのリスクマネジメントを見ていこう。第1節では，保険やリスクマネジメントが，企業価値の増加をもたらす可能性を指摘したが，INPEXのリスクマネジメントを概観する限り，少なくとも以下の2点について，企業価値を高めるために，リスクマネジメントを行っていると判断できるだろう。

第1に，リスクマネジメントを行うことで，資金調達コストが低下し，企業価値が増加する可能性が指摘されている。INPEXでは，外国人株主も多く，ROEなどの指標を重視した経営，すなわち，資本を効率よく利用することを意識している。しかし，資本を少なくすれば，倒産リスクが上昇し，資金調達コストも上昇し，結果的に企業価値が低下するかもしれない。そこで，INPEXでは，財務戦略の一環としてキャプティブを設立し，保険を購入している。さらに，キャプティブ，保険といったリスクファイナンス間で，それぞれのコストを比較してリスクファイナンスの手法を選択するなど，リスクマネジメントによって企業価値を高めることを強く意識していることが確認できる。

第2に，成長が期待できる事業では，リスクマネジメントがより重要になる可能性が指摘されている。INPEXでは，イクシスプロジェクト以外にも，アバディプロジェクトなど，企業価値に大きく貢献することが期待できるプロジェクトを進めている。さらに，その後も成長を続けていくため，探鉱を継続的に行っていく必要があるが，そのためには，一定の資金が手元に必要となる。大きな事故が発生し，手元の資金が枯渇すると，成長のための探鉱・生産プロジェクトを遂行できなくなる。すなわち，成長を見込んでいる

INPEX では，LNG プロジェクトのリスクコントロールを実施したうえで，キャプティブを設立する，保険を購入するなど，リスクファイナンスを実施して，貴重な投資機会を逃すことがないようにしている。

　INPEX のリスクマネジメントからは，「信用リスクを低下させること，リスクファイナンスの費用自体を低下させること」，「成長のための投資資金を枯渇させないようにリスクファイナンスを実施すること」で，企業価値を高めようとしていることが確認できた。つまり，リスクマネジメントが企業価値を高めると指摘されているが，INPEX の経営においても，実際に，企業価値を高めることを期待して，リスクマネジメントを実施していることが確認できる。

5　おわりに

　本章においては，石油・天然ガス開発事業を行う INPEX を対象とし，そのリスクマネジメントの背景と実際を概観した。具体的には，石油・天然ガス開発産業の現況の中に INPEX において主力たるイクシスプロジェクトを位置づけた。そして，INPEX はリスク，企業価値増加を勘案する中で，キャプティブを中心としながら，保険を手配するというリスクマネジメントを選択していることが明らかになった。

　なお，経済において石油・天然ガスが代替困難かつ重要なエネルギーであることを本章は前提としている。すなわち，ヨーロッパ諸国を中心とする近年の非化石燃料への動きを含めた議論はしていない。石油・天然ガスに対する需要が急速に減少するシナリオは現時点では示されていない。しかし，1つのプロジェクトの開始から終了までに数十年を想定する石油・天然ガス開発，特に陸上と比較して費用が高い海洋開発においては，企業価値増加という観点からこの非化石燃料への動きを全く無視することは難しいであろう。

参考文献

［　］内は最終閲覧日

＜書籍・論文＞（ウェブサイト掲載論文を含む）
【欧文】

Anand, V., Leverty J. T., and Wunder, K.（2021）"Paying for expertise: The effect of experience on insurance demand," *Journal of Risk and Insurance*, 88（3）, pp.727-756.

Asai, Y.（2019）"Why do small and medium enterprises（SMEs）demand property liability insurance?" *Journal of Banking & Finance*, 106, pp.298-304.

Berry-Stölzle, T. R. and Xu, J.（2018）"Enterprise risk management and the cost of capital," Journal of Risk and Insurance, 85（1）, pp.159-179.

Bodnar M., Giambona, E., Graham, J. R., and Harvey, C.（2019）"A view inside corporate risk management," *Management Science*, 65, pp.5001-5026.

Brody, S., Zahran, S., Highfield, W., Bernhardt, S., and Vedlitz, A.（2009）"Policy learning for flood mitigation: A longitudinal assessment of the community rating system in Florida" *Risk Analysis: An International Journal*, 29（6）, pp.912-929.

Brown, C., Seville, E., and Vargo, J.（2017）"Efficacy of insurance for organizational disaster recovery: Case study of the 2010 and 2011 Canterbury Earthquake," *Resilient Organization*, https://www.resorgs.org.nz/wp-content/uploads/2017/12/ Efficacy-of-insurance-for-organisational-disaster-recovey-Case-Study-of-the-2010-and-2011-Canterbury-earthquakes-PRE-PRINT.pdf.［2022 年 3 月 13 日］

Campbell, Y. J., Lo, A. W., and MacKinlay, A. C.（1996）*Econometrics of Financial Markets*, Princeton University Press.（祝迫得夫・大橋和彦・中村信弘・本多俊毅・和田賢治（訳）『ファイナンスのための計量分析』共立出版，2003 年）

Chang, M. S. and Chen, J. L.（2018）"Characteristics of S&P 500 companies with captive insurance subsidiaries," *Journal of Insurance Regulation*, 37, pp.1-22.

Cross, M. L., Davidson Ⅲ，W. N., and Thornton, J. H.（1986）"The impact of captive insurer formation on the parent firm's value," *Journal of Risk and Insurance*, 53 （2）, pp.471-483.

Cummins, J. D.（1976）"Risk management and the theory of the firm," *Journal of Risk and Insurance*, 43（4）, 587-609.

Diallo, A. and Sangphill, K.（1990）"Asymmetric information, captive insurer's formation, and managers' welfare gain," *Journal of Risk and Insurance*, 57（2）, pp.233-251.

Doherty, N. A.（2000）*Integrated Risk Management: Techniques and Strategies for Managing Corporate Risk*, McGraw-Hill.（森平爽一郎・米山高生・柳瀬典由・

吉田靖・石坂元一・石井昌宏・川西泰裕・高岡浩一郎・神楽岡優昌・石村直之（訳）
『統合リスクマネジメント』中央経済社，2012 年）

Doherty, N. A. and Smith, C.（2020），"Corporate insurance strategy: The case of British Petroleum," *Journal of Applied Corporate Finance*, 32（1），pp.48-57.

Doherty, N. A. and Smith, C. W.（1993）"Corporate insurance strategy: The case of British Petroleum," *Journal of Applied Corporate Finance*, 6（3），pp.4-15.

Donald, H. C. ed.（2008）*Corporate Risk Management*, Columbia University Press.

Falato, A., Kadyrzhanova, D., Sim, J., and Steri, R.（2022）"Rising intangible capital, shrinking debt capacity, and the US corporate savings glut," *Journal of Finance*, 77（5），pp.2799-2852.

Froot, K. A., Scharfstein, D. S., and Stein, J. C.（1993）"Risk management: Coordinating corporate investment and financing policies," *Journal of Finance*, 48（5），pp. 1629-1658.

Géczy, C., Minton, B. A., and Schrand, C.（1997）"Why firms use currency derivatives," *Journal of Finance*, 52（4），pp.1323-1354.

Giambona, E., Graham, J. R., Harvey, C., and Bodnar, M.（2018）"The theory and practice of corporate risk management: Evidence from the field," *Financial Management*, 47（4），pp.783-832.

Graham, J. and Harvey, C.（2002）"How do CFOs make capital budgeting and capital structure decisions?" *Journal of Applied Corporate Finance*, 15（1），pp.8-23.

Graham, J. R. and Rogers, D. A.（2002）"Do firms hedge in response to tax incentives?" *Journal of Finance*, 57（2），pp.815-840.

Graham, J. R. and Smith, C. W.（1999）"Tax incentives to hedge," *Journal of Finance*, 54（6），pp.2241-2262.

Gurenko, E. and Mahul, O.（2003）"Combining insurance, contingent debt, and self-retention in an optimal corporate risk financing strategy," *World Bank Policy Research Working Paper* 3167, The World Bank.

Han, L. M.（1996）"Managerial compensation and corporate demand for insurance," *Journal of Risk and Insurance*, 63（3），pp.381-404.

Harrington, S. E. and Niehaus, G. R.（2003）*Risk Management and Insurance*（2nd edition）, McGraw-Hill/Irwin.（米山高生・箸方幹逸・岡田太・柳瀬典由・石坂元一・諏澤吉彦・曽ヨウホウ（訳）『保険とリスクマネジメント』東洋経済新報社，2005 年）

Haushalter, D. G.（2000）"Financing policy, basis risk, and corporate hedging: Evidence from oil and gas producers," *Journal of Finance*, 55（1），pp.107-152.

Kim H. and Yasuda, Y.（2018）"Business risk disclosure and firm risk: Evidence from Japan," *Research in International Business and Finance*, 45, pp.413-426.

Knopf, J. D., Nam, J., and Thornton Jr, J. H.（2002）"The volatility and price sensitivities of managerial stock option portfolios and corporate hedging," *Journal of Finance*, 57（2），pp.801-813.

Kossovsky, N., Greenberg, M. D., and Brandegee, R. C. (2012) *Reputation, stock price and You: Why the market rewards some companies and punishes others*, Apress.

Kousky, C. and Michel-Kerjan, E. (2015) "Examining flood insurance claims in the United States," *Journal of Risk and Insurance*, 84 (3), pp.819-850.

Lincoln, J. R., Gerlach, M. L., and Ahmadjian, C. L. (1996) "Keiretsu networks and corporate performance in Japan," *American Sociological Review*, 61 (1), pp.67-88.

MacMinn, R. D. (1987) "Insurance and corporate risk management," *Journal of Risk and Insurance*, 54 (4), pp.658-677.

Main, B. G. M. (1983) "Corporate insurance purchases and taxes," *Journal of Risk and Insurance*, 50 (2), pp.197-223.

Mayers, D. and Smith, C. W. (1982) "On the corporate demand for insurance," *Journal of Business*, 55 (2), pp.281-296.

Mayers, D. and Smith, C. W. (1987) "Corporate insurance and the underinvestment problem," *Journal of Risk and Insurance*, 54 (1), pp.45-54.

Mayers, D. and Smith C. W. (1990) "On the corporate demand for insurance: Evidence from the reinsurance market," *Journal of Business*, pp.19-40.

Mike, A. and Hillier, D. (2000) "The effect of captive insurer formation on stock returns," *Journal of Banking & Finance*, 24, pp.1787-1807.

Myers, S. C. and Majluf, N. S. (1984) "Corporate financing and investment decisions when firms have information that investors do not have," *Journal of Financial Economics*, 13, pp.187-221.

Nakatani, I. (1984) "The economic role of financial corporate grouping," in Aoki M., ed., *The Economic Analysis of the Japanese Firm*, North-Holland: Elsevier Science.

OECD (2012) "Risk awareness, capital markets and catastrophic risks" *Policy Issues in Insurance*, 14, OECD Publishing.

Poontirakul, P., Brown, C., Noy, I., Seville, E., and Vargo, J. (2017) "Insurance as a double-edged sword?: Quantitative evidence from the 2011 Christchurch earthquake," *Geneva Papers on Risk and Insurance-Issues and Practice*, 42 (4), pp.609-632.

Porat, M. M. and Powers, M. R. (1995) "Captive insurance tax policy: Resolving a global problem," *Geneva Papers on Risk and Insurance-Issues and Practice*, 20 (2), pp.197-229.

Porat, M. M., Spiegel, U., Yaari, U., and Zion, U. B. (1991), "Market insurance versus self insurance: The tax-differential treatment and its social cost," *Journal of Risk and Insurance*, 58 (4), pp.657-669.

Rogers, D. A. (2002) "Does executive portfolio structure affect risk management? CEO risk-taking incentives and corporate derivatives usage," *Journal of Banking & Finance*, 26 (2), pp.271-295.

Scordis, N. A. and Porat, M. M. (1998) "Captive insurance companies and managerowner conflicts," *Journal of Risk and Insurance*, 65（2）, pp.289-302.

Servaes, H., Tamayo, A., and Tufano, P.（2009）"The theory and practice of corporate risk management," *Journal of Finance*, 48, pp.267-284.

Simpi, P.（2002）"Integrating risk management and capital management," *Journal of Applied Corporate Finance*, 14（4）, pp.27-40.

Smith, B. D.（1986）"Analyzing the tax deductibility of premiums paid to captive insurers," *Journal of Risk and Insurance*, 53（2）, pp.85-103.

Smith, C. W. and Stulz, R. M.（1985）"The determinants of firms' hedging policy," *Journal of Financial and Quantitative Analysis*, 20（4）, pp.391-405.

Tufano, P.（1996）"Who manages risk? An empirical examination of risk management practices in the gold mining industry," *Journal of Finance*, 51（4）, pp.1097-1137.

【邦文】

青地忠浩（2018）「サプライチェーンリスクマネジメントのフレームワークと実例」『LCA 学会誌』第 14 巻 4 号, pp.256-266.

浅井義裕（2015）「中小企業の保険需要とリスクマネジメント―アンケート調査の集計結果―」『明大商学論叢』第 97 巻 4 号, pp.45-82.

浅井義裕（2019a）「中小企業における小規模企業共済の利用の決定要因」『明大商学論叢』第 101 巻 2 号, pp.137-145.

浅井義裕（2019b）「中小企業における資金制約と保険リスクマネジメント―アンケート調査の結果」明治大学ディスカッション・ペーパー, pp.1-38.

浅井義裕（2019c）「中小企業の事業承継と生命保険・信託に関する実態調査―アンケート調査の集計結果―」『生命保険論集』第 209 号, pp.115-164.

浅井義裕（2021）『中小企業金融における保険の役割』中央経済社.

浅井義裕・石井昌宏（2021）「INPEX のリスクマネジメント」『損害保険研究』第 83 巻 3 号, pp.171-201.

ERM 経営研究会編（2014）『保険 ERM 経営の理論と実践』きんざい.

家森信善・浜口伸明・野田健太郎（2019）「BCP の取り組みを促す上での金融機関の役割の現状と課題：RIETI「事業継続計画（BCP）に関する企業意識調査」をもとにして」RIETI Discussion Paper Series 19-J-037.

井口富夫（1996）『現代保険業の産業組織』NTT 出版.

井口富夫（2008）『現代保険業研究の新展開―競争と消費者利益』NTT 出版.

池内光久・杉野文俊・前田祐治（2013）『キャプティブと日本企業』保険毎日新聞.

石井隆（2013）『最後のリスク引受人 2 日本経済安全保障の切り札 巨大自然災害と再保険』保険毎日新聞社.

石田成則（2024）「保険会社における ERM 研究のサーベイ」『損害保険研究』第 85 巻第 4 号, 近刊予定.

伊藤公一朗（2017）『データ分析の力 因果関係に迫る思考法』光文社.

岩村充（2009）『企業金融講義』東洋経済新報社.

植草益編著（1999）『現代日本の損害保険業』NTT 出版.

植草益編著（2004）『エネルギー産業の変革』NTT 出版.

梶浦敏範・佐藤徳之監修／CRMJ 研究会編著（2023）『サイバーリスクマネジメントの強化書　経団連「サイバーリスクハンドブック」実践の手引き』日刊工業新聞社.

坂元篤志（2020）「日の丸 LNG への挑戦―イクシス ガス・コンデンセート田開発の道程―Part II 巨大プロジェクトの推進と生産開始」『石油開発時報』No.196, pp.2-15.

佐々木寿記・鈴木健嗣・花枝英樹（2015）「企業の資本構成と資金調達―日本企業へのサーベイ調査による分析－」『経営財務研究』Vol.35, No.1&2, pp.2-28.

澤田康幸・眞崎達二朗・中田啓之・関口訓央（2017）「日本企業における災害時リスクファイナンスの現状と課題」RIETI Policy Discussion Paper Series, 17-P-002.

スイス・リー・インスティチュート（2019）『日本の企業保険』.

諏澤吉彦（2018）『リスクファイナンス入門』中央経済社.

関口訓央（2020）「我が国企業のリスクマネジメントの有効性向上に向けて」『商工金融』9 月号, pp.5-24.

損害保険事業総合研究所（2013）『諸外国の自然災害に対する保険制度の実態』.

損害保険事業総合研究所編・ERM 経営研究会（2014）『保険 ERM 経営の理論と実践』金融財政事情研究会.

高木秀卓（1964）「日本の損害保険市場」東京海上火災保険編『新損害保険実務講座　第 3 巻 損害保険市場』有斐閣.

ダモダラン, アスワス著／三浦良浩・兼弘崇明・蜂谷豊彦・中野誠・松浦良行・山内浩嗣訳（2001）『コーポレートファイナンス 戦略と応用』東洋経済新報社.

中小企業庁（2021）『2021 年版 中小企業白書 小規模企業白書（下）』.

通商産業政策史編纂委員会編・中田哲雄編著（2013）「通商産業政策史 12 －中小企業政策－」経済産業調査会.

トーマツ金融インダストリーグループ（2012）『保険会社の ERM「統合的リスク管理」』保険毎日新聞社.

内藤和美（2020）「主な企業分野の損害保険」諏澤吉彦・柳瀬典由・内藤和美編著『リスクマネジメントと損害保険』損害保険事業総合研究所.

長崎正造・高木秀卓（1989）『損害保険読本』東洋経済新報社.

中出哲・嶋寺基編著（2021）『企業損害保険の理論と実務』成文堂.

永松伸吾・柏木柚香・千葉洋平（2022）「巨大災害リスクと保険の役割」『日本保険学会 保険学雑誌』pp.117-135.

中村亮介・河内山拓磨（2018）『財務制限条項の実態・影響・役割』中央経済社.

ドハーティ, ニール・A. 著／森平爽一郎・米山高生 監訳／柳瀬典由・吉田靖・石坂元一・石井昌宏・川西泰裕・高岡浩一郎・神楽岡優昌・石村直之訳（2012）『統合リスクマネジメント』中央経済社.

日経ホームビルダー編（2016）『なぜ新耐震住宅は倒れたか』日経 BP 社.

日本政策金融公庫総合研究所（2013）「震災を契機とした中小企業のリスク対策への取り組み【対策編】～自動車産業における「連携を活用した新たなリスクマネジメント」の可能性～」日本公庫総研レポート, No.2013-1.

バウカット, P. A. ／日吉信弘・齋藤尚之共訳（1996）『キャプティブ保険会社』保険毎日

新聞社.

箸方幹逸（1968）「日本資本主義の成熟と保険事業の発展」『日本保険業史』保険研究所, pp.77-145.

ハスケル, J., ウェストレイク, S. 著／山形浩生訳（2020）『無形資産が経済を支配する』東洋経済新報社.

長谷部智一郎（2019）「無形資産価値評価に関する一考察」『特許研究』No.67, pp.34-46.

花枝英樹・芹田敏夫（2020）「財務リスクマネジメント」日本証券経済研究所編『日本のコーポレートファイナンス−サーベイデータによる分析』白桃書房, pp.235-267.

濱田和博（2019）「パラメトリック保険の現状と課題」損保総研レポート, 第129号.

ハリントン, S., ニーハウス, G. 著／米山高生・箸方幹逸訳（2005）『保険とリスクマネジメント』東洋経済新報社.

伴慎介（2019）「日の丸LNGへの挑戦 - イクシス ガス・コンデンセート田開発の道程 - Part I イクシス ガス・コンデンセート田の発見」『石油開発時報』No.195, pp.2-15.

日吉淳（1996）「わが国における「キャプティブ保険会社」の展望」『Business & Economic Review』1996年11月号, https://www.jri.co.jp.

藤野洋（2017）「コーポレートガバナンスと中小企業−中小企業の生産性向上を促す「攻めのガバナンス」『商工金融』pp.23-61.

マーシュ ブローカー ジャパン株式会社（2022）『プロが教えるキャプティブ自家保険の考え方と活用』中央経済社.

マーシュジャパン（2021）『プロが教える企業のリスクマネジメントと保険活用』中央経済社.

前川寛（1967）「リスク・マネジメントに関する一考察」『三田商学研究』第10巻2号, pp.199-222.

前田祐治（2015）『企業のリスクマネジメントとキャプティブの役割』関西学院大学出版会.

増山啓（2020）「保険リスクマネジメントの改革と課題−三菱重工の取り組みをもとに−」『保険研究』第72集, pp.195-215, 慶應義塾保険学会.

マッキンゼー・アンド・カンパニー（2016）『企業価値評価』第6版, ダイヤモンド社.

松下哲明（2022）「東日本大震災が企業業績に及ぼした長期的な影響」『地域安全学会論文集』No.41, pp.261-266.

水島一也（1968）「日本資本主義の生成・確立と保険事業」『日本保険業史』保険研究所, pp.31-76.

望月一弘（2019）「レピュテーション・リスクと保険」『損保総研レポート』第127号, pp.1-18.

森宮康（1997）『キャプティブ研究』損害保険事業総合研究所.

森本祐司・松平直之・植村信保（2017）『経済価値ベースの保険ERMの本質』金融財政事情研究会.

柳澤宣明（2019）「キャプティブ保険会社の成立要因」『立教ビジネスデザイン研究』第16号, pp.67-90.

柳瀬典由（2007）「規制緩和後のわが国損害保険産業の集中度と規模の経済―事業費率関

数を用いたパネルデータ分析」『保険学雑誌』597 号，pp.1-30.

柳瀬典由（2021）「三菱重工のリスクマネジメント改革について」『損害保険研究』第 82 4 号，pp.139-160.

柳瀬典由（2023a）「全社的意思決定としての企業保険の意義―理論と現状分析を踏まえた課題と将来展望」祝迫得夫編『日本の金融システム―ポスト世界金融危機の新しい挑戦とリスク』東京大学出版会，pp.297-323.

柳瀬典由（2023b）「ERM と企業保険―日本企業のリスクマネジメントに関する実態調査（2022 年度版）より―」『保険研究』第 75 集，pp.67-9，慶應義塾保険学会.

柳瀬典由・浅井義裕・冨村圭（2007）「規制緩和後のわが国損害保険業の再編と効率性・生産性への影響―― 一連の合併現象は生産性の改善に貢献したか？」『損害保険研究』69 巻 3 号，pp.99-125.

柳瀬典由・石坂元一・山﨑尚志（2018）『リスクマネジメント』中央経済社.

柳瀬典由・リスクマネージャー実務研究会（2024）『リスクマネージャーの視点と実務』（仮題）中央経済社（近刊）.

山本勲（2015）『実証分析のための計量経済学』中央経済社.

渡辺幸男（2022）「第 3 章中小企業とは何か」渡辺幸男・小川正博・黒瀬直宏・向山雅夫『21 世紀中小企業論』有斐閣.

＜資料・ウェブサイト記事＞
【欧文】

AIRMIC（2018）"White paper: Parametric solutions," https://www.airmic.com/technical/library/white-paper-parametric-solutions.［2022 年 10 月 2 日］

Artemis "Catastrophe bond & ILS market charts, statistics and data," https://www.artemis.bm/dashboard/cat-bond-ils-market-statistics/ ,［2022 年 8 月 7 日］

Bank of England（2019）"Speech: Remarks given during the UN Secretary General's Climate Action Summit 2019," p.6, https://www.bankofengland.co.uk/-/media/boe/files/speech/2019/remarks-given-during-the-un-secretary-generals-climate-actions-summit-2019-mark-carney.pdf.［2022 年 8 月 7 日］

Bermuda : Re + ILS（2019）"The surprise loss creep from Typhoon Jebi," https://www.bermudareinsurancemagazine.com/contributed-article/the-surprise-loss-creep-from-typhoon-jebi.［2022 年 8 月 7 日］

BP（2020）*BP Statistical Review of World Energy 2020.*

CERA（Canterbury Earthquake Recovery Authority）（2011）"Christchurch Recovery, "https://canterbury.royalcommission.govt.nz/documents-by-key/20121128.5318.［2022 年 11 月 26 日］

FEMA（2023）"National flood insurance program's reinsurance program,"Federal Emergency Management Institute, https://www.fema.gov/flood-insurance/work-with-nfip/reinsurance.［2023 年 3 月 25 日］

IAIS（2017）"FinTech Developments in the Insurance Industry," https://www.iaisweb.org/

uploads/2022/01/Report_on_FinTech_Developments_in_the_Insurance_Industry. pdf.〔2022 年 2 月 20 日〕

Insurance Council of New Zealand（2022）"Private Insurers Canterbury Earthquake Progress to 30 September 2022,"https://www.icnz.org.nz/wp-content/ uploads/2023/01/Canterbury-Earthquake-Progress-Stats-to-30-Sept-2022.pdf. 〔2022 年 12 月 30 日〕

Lloyd's of London（2019a）"Triggering innovation - How smart contracts bring policies to life," https://assets.lloyds.com/assets/pdf-triggering-innovation-how-smart-contracts-bring-policies-to-life/1/pdf-triggering-innovation-how-smart-contracts-bring-policies-to-life.pdf.〔2023 年 1 月 3 日〕

Lloyd's of London（2019b）"Lloyd's launches new parametric profit protection policy for hotel industry,"https://www.lloyds.com/about-lloyds/media-centre/press-releases/ lloyds-launches-new-parametric-profit-protection-policy-for-hotel-industry.〔2022 年 8 月 7 日〕

Lloyd's of London（2021）"Meet Cohort 7," https://www.lloyds.com/news-and-insights/ lloyds-lab/cohort-8.〔2022 年 9 月 7 日〕

NAIC（2022）"Parametric Disaster Insurance," National Association of Insurance Commissioners, https://content.naic.org/cipr-topics/parametric-disaster-insurance. 〔2022 年 6 月 25 日〕

National Academy of Science, Engineering and Medicine（2015）"Community based insurance option,"https://nap.nationalacademies.org/read/21758/chapter/1#ii. 〔2022 年 9 月 10 日〕

Reuters（2020）"Targeted insurance offers hotels some relief in coronavirus fight,"（2020 年 3 月 3 日），https://www.reuters.com/article/us-health-coronavirus-insurance-hotels-idUSKBN20Q1JF.〔2022 年 8 月 7 日〕

【邦文】

一般社団法人 日本ガス協会，https://www.gas.or.jp

海上保安庁 プレスリリース（2015）「南海トラフ巨大地震の想定震源域で，海底の詳細な動きを初めて捉えました」，https://www.kaiho.mlit.go.jp/info/kouhou/h27/k20150818/ k150818-1.pdf.〔2023 年 1 月 2 日〕

株式会社 INPEX，https://www.inpex.co.jp

金融庁（2011）「アクセス FSA」第 98 号，p.5，https://www.fsa.go.jp/access/23/201109. pdf.〔2022 年 8 月 27 日〕

金融庁・日本銀行（2018）『バーゼル Ⅲ の最終化について』，https://www.fsa.go.jp/inter/ bis/20171208-1/02.pdf.〔2018 年 2 月 8 日〕

経済産業省（2017）「伊藤レポート 2.0」持続的な成長に向けた長期投資（ESG・無形資産投資）研究会，https://www.meti.go.jp/policy/economy/keiei_innovation/kigyoukaikei/ itoreport2.0.pdf.〔2022 年 11 月 23 日〕

経済産業省（2021）「令和 3 年版通商白書」．

国際石油開発帝石株式会社（2018a）「ビジョン 2040」，https://www.inpex.co.jp. ［2023 年 4 月 8 日］

国際石油開発帝石株式会社（2018b）「中期経営計画 2018-2022」（2018 年 5 月）．（2023 年 4 月 8 日時点では，「長期戦略と中期経営計画（INPEX Vision @2022）」へ更新されたようである）

国際石油開発帝石株式会社（2019）『国際石油開発帝石 10 年の歩み―融合・挑戦 そして未来へ―』，https://www.inpex.co.jp. ［2023 年 4 月 8 日］

国際石油開発帝石株式会社（2020a）『Fact Book 2019/12』，https://www.inpex.co.jp. ［2023 年 4 月 8 日］

国際石油開発帝石株式会社（2020b）『統合報告書 2019/12』，https://www.inpex.co.jp ［2023 年 4 月 8 日］

国税庁（2023）「令和 3 年度分会社標本調査結果」．

国土交通省（2018a）『海洋開発ビジネス概論 改訂第 1 版』，https://www.mlit.go.jp/index.html.（2023 年 4 月 8 日時点では，改訂第 2 版のみ入手可能のようである）

国土交通省（2018b）『海洋開発産業概論 改訂第 2 版』，https://www.mlit.go.jp/index.html.（2023 年 4 月 8 日時点では，改訂第 3 版のみ入手可能のようである）

国土交通省（2022）「水災害対策最前線―福島県郡山市の工業団地の取組み事例」『カワナビ』Vol. 12, https://www.mlit.go.jp/river/kawanavi/prepare/vol12_5.html. ［2022 年 11 月 23 日］

財務省（2022）地震再保険特別会計 令和 3 年度決算，https://www.mof.go.jp/about_mof/mof_budget/special_account/jishin/2021account.html. ［2022 年 11 月 23 日］

JX 石油開発株式会社，https://www.nex.jx-group.co.jp.

石油資源開発株式会社，https://www.japex.co.jp/business/.

高野剛・大野大地（2013）「地震リスク定量評価，東日本大震災による企業への影響についての考察」一橋大学国際公共政策大学院　公共と市場のリスクマネジメント研究会，p.41, https://www.ipp.hit-u.ac.jp/kaken_risk/seminar/20131120seminar_RMS.pdf. ［2022 年 8 月 27 日］

中小企業庁（2016）「2016 年版中小企業白書」．

中小企業庁（2019a）「「中小企業強靭化法」の概要について」，https://www.chusho.meti.go.jp/koukai/kenkyukai/kyoujin/2019/190614kyoujin03.pdf. ［2023 年 4 月 30 日］

中小企業庁（2019b）「2019 年版中小企業白書」．

中小企業庁（2022）「2022 年版中小企業白書」．

帝国データバンク（2018-2022）「事業継続計画（BCP）に対する企業の意識調査」．

東京海上火災保険（1964）『東京海上八十年史』．

東京大学地震研究所「2010 年 9 月，2011 年 2 月 ニュージーランド南島の地震」，https://www.eri.u-tokyo.ac.jp/TOPICS_OLD/outreach/eqvolc/201009_nz/. ［2022 年 8 月 27 日］

特許庁（2017）「平成 26 年度 特許出願技術動向調査報告書（概要）防災・減災関連技術」p.50, https://www.jpo.go.jp/resources/report/gidou-houkoku/tokkyo/document/index/26_5.pdf. ［2022 年 5 月 7 日］

都道府県センター（2022）「令和 3 年度 決算報告書」，https://www.tkai.jp/Portals/0/pdf/ profile/zaimu/04%E6%B1%BA%E7%AE%97/R3kessanhoukoku.pdf.［2022 年 11 月 23 日］

内閣府（2016a）「災害リスクの引受市場の現状と課題」激甚化する大規模自然災害に係る リスクファイナンス検討会 第 2 回資料，p.6，https://www.bousai.go.jp/kaigirep/ gekijin/dai2kai/pdf/shiryo02.pdf.［2022 年 8 月 15 日］

内閣府（2016b）「災害リスクの引受市場の現状と課題」激甚化する大規模自然災害に係 るリスクファイナンス検討会 第 2 回資料 p.5，https://www.bousai.go.jp/kaigirep/ gekijin/dai2kai/pdf/shiryo02.pdf.［2022 年 8 月 15 日］

内閣府（2022a）「知財・無形資産の投資・活用戦略の開示及びガバナンスに関するガイド ライン」知財投資・活用戦略の有効な開示及びガバナンスに関する検討会， https://www.kantei.go.jp/jp/singi/titeki2/tyousakai/tousi_kentokai/governance_ guideline_v1.html.［2022 年 9 月 23 日］

内閣府（2022b）「被災者生活再建支援制度に係る支援金の支給について」，https://www. bousai.go.jp/taisaku/seikatsusaiken/shiensya.html.［2022 年 7 月 10 日］

日本経済新聞（2019）「工業団地 580 カ所浸水恐れ 全国の 4 分の 1」2019 年 10 月 31 日 報道，www.nikkei.com/article/DGKKZO51614510R31C19A0MM8000/.［2022 年 11 月 26 日］

日本経済新聞（2021）「「大災害債」急増 損保各社，再保険で補えず」2021 年 5 月 27 日報道，https://www.nikkei.com/article/DGXZQOUB1492L0U1A410C2000000/. ［2022 年 10 月 10 日］

日本公認会計士協会（2016）「無形資産の評価実務—M&A 会計における評価と PPA 業務—」 経営研究調査会研究報告第 57 号，https://jicpa.or.jp/specialized_field/publication/ files/2-3-57-2a-20160621.pdf.［2022 年 8 月 6 日］

日本損害保険協会（2022a）「中小企業におけるリスク意識・対策実態調査 2022 調査結果 報告書」．

日本損害保険協会（2022b）「過去の主な風水災等による保険金の支払い」，https://www. sonpo.or.jp/report/statistics/disaster/ctuevu000000530r-att/c_fusuigai.pdf.［2022 年 8 月 6 日］

服部和哉（2021）「保険のコストはリスクを保有する場合と比べ高いのか？」AIG 総研イ ンサイト #10，https://www-510.aig.co.jp/assets/documents/institute/insight/institute- insight-10-ja.pdf.［2021 年 4 月 2 日］

復興庁（2011）「東日本大震災からの復興の基本方針」東日本大震災復興対策本部， https://www.reconstruction.go.jp/topics/doc/20110729houshin.pdf.［2022 年 8 月 27 日］

Marsh（2016）「大規模損害事故トップ 100 1974 年 -2005 年」『MARSH REPORT』2016 年 3 月．［2021 年 2 月 15 日］（現在，同社ウェブサイトには掲載されていない）

みずほ総合研究所（2016）「中小企業のリスクマネジメントと信用力向上に関する調査報 告書」．

三井石油開発株式会社，https://www.moeco.com.

三菱 UFJ リサーチ＆コンサルティング（2018）「中小企業の災害対応に関する調査」．

三菱商事石油開発株式会社，http://www.mitsubishi-exploration.com.［2019 年 12 月 5 日］
　　　（現在，同社ウェブサイトは存在しないようである）

Moody's（2017）「独立系探鉱・生産業界 Independent Exploration and Production Industry」
　　　『Moody's Investor Service』NOVEMBER, pp.1-21.

索　引

柳瀬 典由（やなせ のりよし）

慶應義塾大学商学部教授

1998 年一橋大学商学部卒業，2003 年一橋大学大学院博士後期課程修了，博士（商学，一橋大学）。東京経済大学，東京理科大学の教授を経て，2019 年より現職。2009 年 − 2011 年 University of South Carolina（米国）客員研究教授，2015 年公益財団法人損害保険事業総合研究所理事，2018 年 − 2020 年文部科学省大学設置・学校法人審議会（大学設置分科会）専門委員（経済学），2021 年公益財団法人東京経済研究センター（TCER）フェロー，2023 年公認会計士試験の試験委員（経営学），日本保険学会理事，慶應義塾保険学会常務理事他。

主要業績に，「全社的意思決定としての企業保険の意義—理論と現状分析を踏まえた課題と将来展望」（祝迫得夫編著『日本の金融システム—ポスト世界金融危機の新しい挑戦とリスク』，東京大学出版会，2023 所収），『リスクマネジメント』（中央経済社，2018），Corporate Governance and Shareholder-Employee Risk-Shifting: Evidence from Corporate Pension Plan Sponsors, *Finance Research Letters*, 2023, Pension Return Assumptions and Shareholder-Employee Risk-Shifting, *Journal of Corporate Finance*, 2021，Learning from Extreme Catastrophes, *Journal of Risk and Uncertainty*, 2019，Bank Equity Ownership and Corporate Hedging: Evidence from Japan, *Journal of Corporate Finance*, 2019，Organization Structure and Corporate Demand for Reinsurance: The Case of the Japanese Keiretsu, *Journal of Risk and Insurance*, 2017，他多数。

慶應義塾保険学会叢書

企業のリスクマネジメントと保険
——日本企業を取り巻く環境変化と ERM・保険戦略

2024 年 4 月 10 日　初版第 1 刷発行

編著者————柳瀬典由
発行者————大野友寛
発行所————慶應義塾大学出版会株式会社
　　　　　　〒 108-8346　東京都港区三田 2-19-30
　　　　　　ＴＥＬ〔編集部〕03-3451-0931
　　　　　　　　　〔営業部〕03-3451-3584〈ご注文〉
　　　　　　　　　〔　〃　〕03-3451-6926
　　　　　　ＦＡＸ〔営業部〕03-3451-3122
　　　　　　振替 00190-8-155497
　　　　　　https://www.keio-up.co.jp/
装　丁————後藤トシノブ
印刷・製本——株式会社加藤文明社
カバー印刷——株式会社太平印刷社

慶應義塾大学出版会

慶應義塾保険学会叢書
デジタル化時代の自動車保険

堀田一吉・山野嘉朗・加瀬幸喜編著　テレマティクス、自動運転車など〈人とモノのモビリティ〉を取り巻く変化は、現代の社会課題を解決する一方、新たな問題を引き起こす。各分野の専門家が集結し、自動車と社会そして保険の未来を俯瞰する。　◎定価 3,300 円（本体 3,000 円）

慶應義塾保険学会叢書
高齢者の交通事故と補償問題

堀田一吉・山野嘉朗編著　高齢者をめぐる交通事故の現状と特徴を分析、海外の事例を紹介しつつ、その補償方法を考察する。高齢者を排除しない交通社会の構築に向け、保険の役割を問い直す。生損保実務家に必読の書。　◎定価 3,300 円（本体 3,000 円）

慶應義塾保険学会叢書
人口減少時代の保険業

田畑康人・岡村国和編著　人口減少が保険事業に与える影響に着目し、保険商品・サービス開発、ビジネスモデル、経営戦略、海外進出、保険行政など最新の動向を紹介し、戦略・政策提言を行う。研究者・実務家による共働研究。　◎定価 3,300 円（本体 3,000 円）